“轻负担·高质量”研究丛书

教学因我而不同

JIAOXUE YIN WO ER BUTONG

主　编：杜全平
副主编：孟宪波　张兆伟　李庆华

GUANGXI NORMAL UNIVERSITY PRESS
广西师范大学出版社
·桂林·

图书在版编目(CIP)数据

教学因我而不同 / 杜全平主编. —桂林:广西师范大学出版社,2012.5
(“轻负担·高质量”研究丛书)
ISBN 978-7-5495-1512-7

Ⅰ. 教… Ⅱ. 杜… Ⅲ. 中小学—教学改革—文集 Ⅳ. G632.0-53

中国版本图书馆CIP数据核字(2012)第063124号

广西师范大学出版社出版发行
(广西桂林市中华路22号 邮政编码:541001
网址:http://www.bbtpress.com)

出版人:何林夏
全国新华书店经销
桂林日报印刷厂印刷
(广西桂林市八桂路2号 邮政编码:541001)
开本:787 mm × 1 092 mm 1/16
印张:15.25 字数:270千字
2012年5月第1版 2012年5月第1次印刷
印数:0 001~3 800册 定价:28.00元

序

追求和谐幸福的教育

2011年8月24日，在蓬莱参加第十届国际和平节活动。孔子讲过，礼之用，和为贵。先贤们认为“和”是事物发展的最高境界，“天地和，而万物生焉，四时兴焉”“父子和，家道济；夫妇和，义不分”，人与自然的一切努力无不在向着这个目标前进。实际上，“和”这一思想的诞生是人类渴望至真、至善、至美的真情流露。

这些看似与教育不沾边的话题，正是当前基础教育工作者应当思考和努力的方向。从事基础教育研究多年，我目睹了中国教育事业的发展，特别是改革开放30多年来，我们取得了令世人瞩目的成就，为国家培养了大批优秀人才，这是否可以说我们的基础教育已经步入和谐发展的境界了呢？是否可以说已经至善至美了呢？遗憾的是，回到现实，由于极端应试教育思维的盛行，我们看到的是各种令人担忧的“对立”与“不和”：

教书与育人对立。自古以来，教师这个神圣的职业，是以培养人为最高追求的。可今天，教师成了单向度地向学生灌输知识的机器，而全然不顾学生这个活生生的生命个体的生命尊严。由此，“知识”这个教育的手段，却俨然成了教育的全部主宰，成了教育的最高目的，最终成为奴役学生的工具。

教学与教育对立。教学是人类发明的促进人类自身再生产的一种高级活动。它承载着培育未来人的全部使命，不料在现实的教育中，却被人们窄化为传授知识的代名词。由此，在不少教师的课堂教学中，学生这个丰富而多样的“人”消失了，剩下的只是一个个让成人任意装载知识的躯壳。

教师与学生对立。没有学生就没有教师，“学生”构成了教师这个职业存在的基础和全部意义。在学校教育中，教师与学生构成了人类独特的生命活动与生命成长共同体。可是，今天的教师站在成人世界“我为你好”的道德制高点上，不管学生的内心世界如何痛苦，强行将学生绑架在知识学习的战车上。

如此，升学需要的“知识”成了学生消费的全部食粮，“考试”成了学校教育的最高法宝，“升学率”成了学校教育的唯一追求。在这种思想指导下，丰富多彩的学校教育生活，无论校内校外，无论课内课外，无论节假日双休日，除了上课、做作业、考试，还是上课、做作业、考试……

呜呼，曾经寄托着人类、国家、民族、社会、家庭无限美好，让人无限憧憬的教育，在千千万万青少年眼里，却成了万恶之源。

大量事实一再表明，这种急功近利的学校教育，只强调书本知识的简单堆积，海量的作业训练，频繁的机械式考试，不断泯灭学生天性中原有的好奇精神，导致学生仅仅关注对书本知识的学习，而远非对知识的内在渴求，以至于根本无法从读书本身体验到求知的乐趣，而只是迫于升学的压力而不得不一味地去进行条件反射般的机械学习。著名科学家爱因斯坦曾一再告诫："人们应该防止向青年人鼓吹那种以习俗意义上的成功作为人生的目标。"可是，我们今天的教育现实，在很大程度上恰恰就在不断地运用这种短视的功利性"目标"来诱导甚至逼迫学生苦读书。在我看来，这种急功近利的教育行为，扼杀的绝不仅仅是学生的童年，而且是学生的个性；绝不仅仅是学生的现在，更是学生的、社会的、民族的未来！正如著名学者钱理群所言："应试教育的本质就是急功近利，而不注重对人的终极关怀。"此言说到了根本。因此，我一直认为，极端的应试教育是反科学的，是违法行为。凡是有理想、有道德、有责任的教育工作者都应该思考并尽快走出我国当代教育的这一最大"陷阱"。

进入新世纪以来，面对来势凶猛的应试教育大潮，那些有良知的教育工作者，一再呼喊实施素质教育，一再疾呼减轻学生过重的课业负担。正是在这样的背景下，2009年，潍坊市面向全市中小学提出了构建"轻负担，高质量"管理模式的改革目标。两年多来，他们在教师专业发展、课程建设、课堂教学、作业改革、管理评价等方面率先进行改革，开展了大量的、卓有成效的探索，总结出了"分层次激励，阶梯式培养"、启动高端对话、开展教师职业生涯规划等教师发展策略，为落实素质教育提供了人力资源保障；"自信课堂"、"和谐课堂"、"三自一导魅力课堂"、"自助、互动、赏识型课堂"等一批个性化和课堂教学模式应运而生，新课程理念在课堂上得到较生动的体现；注重和加强了校内外资源开发、利用和研究，丰富了国家课程的内容，引领学生在自然、社会中，以真实生动的形式让学生感受学习，在活动中主动参与、探究发现、交流合作，让他们的个性得到发展。潍坊教育工作者这些可贵的探索再次告诉我们：中国的教育改革从来就没有停下脚步，那些真正的改革者、教育家在基层学校，他们是最具有教育情怀和教育创新精神的群体。

今天，我们反思"轻负担，高质量"这一命题成立的奥秘，就在于改革者主动减少了学生的知识学习时间，给予了学生更多的课外学习、校外学习、自主学习的时间和空间。在这"一减""一加"中，不正是最完美地体现了教育的和谐吗！

人生就是为幸福而来。一个人来到世间，没有哪个人不想让生活过得幸福、快乐、美满。在人类创造的独特的学校教育活动这一师生生命活动样式中，让教师和学生过一种完满幸福的教育生活，是其生命价值的最高体现。

和则万物共生，和则生机盎然，和则幸福自由！让我们高举科学与民主的旗帜，尊重规律，依靠科学，义无反顾地奔向和谐幸福的教育！

是为序。

2011年8月27日于泉城

目录

CONTENTS

题记:临朐所走的是什么路呢?尊重人,尊重教师的职业特点,敬畏教师的发展规律,尊重教育的科学性,释放每位教师的内在积极性与创造性。其实质就是解放教师,追求个性,把每一位教师的优势发挥到极致。

——山东省教育厅副厅长张志勇

关注:
每位教师都是一座高山
——来自山东临朐的"特色教师"发展报告

《人民教育》杂志记者　钱丽欣　施久铭

山东临朐,地处沂蒙山区,大部分学校和教师身处农村,而农村教师有相当一部分是民转公,教师队伍的整体素质和教学水平相对较弱。

不仅如此,近年来农村教师新老交替,青黄不接。2008年,县教育局对全县教师情况摸底发现,未来几年,每年退休的教师多达300人,需补充新教师200多人。

"面对这种现实状况,怎么激发和调动新教师和原有教师的积极性,提高其教学水平,同时也让新教师一入队就不掉队,我们考虑了很多方案。"临朐县教育局局长杜全平说。

"其中,紧紧抓住特色教师培育的环节,搭建'教学特色新秀—特色教师—特色名师'的成长梯队,成熟一批发展一批,确保高质量的滚动发展,是我们的选择。"

教师发展要放低身段

海德格尔说过:人是一种可能性。

同样,教师的发展也有诸多可能性。

孟宪波说:"很多专家提出教师要成为专家型、学者型、研究型教师,扪心自问,就现实条件来说,这些目标对我们山区的大多数教师来说是不可能实现的。但教师成为有教学个性和特色的教师是可能的，普通教师形成自己的教学风格是可能的。”

确实，一味地强调专家型、学者型教师，未必能让广大教师看到自身发展的希望。以往教师发展的问题是过于关注金字塔的顶端，而对处于“基座”的普通教师来说是不现实的。

“一个普通教师成为专家型、学者型教师有一个长期的过程，这中间需要一个中间过渡阶段。”孟宪波强调说，“就这样，发现和培养本土的特色教师，成为临朐农村教师队伍建设的重要政策和重大工程。”

什么是“特色教师”？回答这个问题，要从学理上去论证比较难，要从教师的教学实践中去解读可能就变得简单。

从现实条件出发，临朐提出了特色教师的朴素标准：有适合自身特点和个性的课堂教学方式；有面向全体学生的培养方法；教学成绩突出或较以前有大的提高。

他们基于这样的假设：虽然教师的教学水平有高低，但每位教师都是一座风景不同的高山，发现和点燃他们的亮点，就能使每个人获得属于自己的成功。

这是一条激发全体教师创造力和工作激情的新路子。

对一所学校乃至一个区域来说，特级教师、名师毕竟是少数，相反，在教学中挑大梁的往往都是那些普通教师，只有让这批人看到发展的希望，才能推进区域教育的发展。

事实上，放低身段，可以让每一位教师找到从教的自豪感、荣誉感、尊严感，让教师的劳动得到认同和肯定，让教师提升自我发展意识，走自我塑造、自我完善、自我改进、自我成长之路。

这就是临朐教师发展的可能性。

特色就是那些星星点点的“火花”

2008 年，临朐教育界开始了一项大工程——评选特色教师。

特色教师，首先要有特色教学方法。于是，评选特色教学方法成为特色教师培养的第一步棋。

这一工作分两段进行。先是教师自我申报，再由教研室论证认定。

第一段工作下来，全县教师申报了很多教学方法，叫法千奇百怪，水平更是参差不齐。

经过认真研究，教研室从申报材料中筛选出一些比较突出的、有教学特点的教师，以镇为单位开展调研。

调研中，教研员首先听取这些教师的汇报，重点了解特色教学方法提出的背景、教育理念、教学模式、教学效果等。然后，逐一进行点评，并与教师一同探讨、商榷，提出初步的修改建议和改进方向。

在这个基础上,教研室把百余位教师作为初步的选拔对象,进行课堂教学调研,实行跟踪指导和深入研究。

这是一个巨大的工程。为全面把握某个教师的教学特点,教研室往往要连续听其一个章节或一个单元的课,并介入教师备课、上课、作业布置、检测等环节。教研员经常对某一教师一天连续听课 3—4 节,最多的一次听了 6 节。

"这个时候,我们确实发现很多教师都有自己的教学方法和招式。"教研室副主任高源说,"虽然这些方法只是在其教学的某些环节有所体现。然而,这些教师只是做了一些教学方法的尝试,并没有系统地整理和思考过自己的教学套路和教学思想。在这种情况下,很多亮点可能就慢慢泯灭了。"

显然,这才是教师发展的问题所在。

对此,临朐外国语学校的张永芳深有体会。

像大多数教师一样,张永芳勤勤恳恳地备课、上课、批改作业,一年又一年。"虽然感觉自己课改的思想比较超前,课堂教学也说得过去,也能经常在县里上公开课、优质课、示范课,但具体有什么特色,自己却说不出来。"这种情况很普遍。

连续听了张永芳几次课以后,教研室的几位教研员同时发现,课堂上她最出彩的地方就是提问、设问的环节。

听教研员们这么一说,张永芳豁然开朗:在课堂教学的导入阶段、探究和应用阶段,自己确实精心设计了一些设疑、提问方面的问题,一方面激发了学生的学习兴趣,另一方面突出了教学的重难点。

于是,张永芳的"三段设疑教学法"诞生了。

特色教学方法的挖掘和总结,首先是从最"能做"的方面入手,让教师发现自己的教学长处、教学棱角,再和教师一起研究教学的流程和操作系统,总结自己的特色。

对此,张永芳毫不掩饰地说:"我的教学方法是教研室的老师们从煤堆里拣出来的。"

也许有人会说,你有一个特色方法就成特色教师了吗?当然不是。"我们就是想找一个突破口,先让老师动起来,思考起来,研究起来,试验起来。"孟宪波说。

确实,打着个性烙印的特色教师,触动了教师发展的最敏感神经,让每个人都能找回那个曾经有着豪情壮志的"我"。

教研室主任李庆华说:"我们在特色教学中千万不能赶时髦,摆花架子,盲目追随,死搬硬套,而应该因人而异。"

临朐的特色教师没有统一的高标准定位,鼓励的是个性的张扬和自我的超越。

实际上,这是对教师个体劳动的最大尊重,也是对教师发展规律的最大尊重。

从普通教师出发,让教师发展回到原点,打开了临朐教师的成长之门。

“特色”的本质是“适合”

如今，教学方法五彩缤纷，却经常让老师们感觉很茫然。

五井镇地处山区，镇教办主任魏兆先对此有自己的理解：无论怎样的方法、特色，首先要适合学生、适合自己、适合同类型的学校，这才是特色教学的本质所在。

魏兆先说：“由于这里学校的规模都比较小、师资少，我们必须从实际出发，适应孩子。”

赵焕爱是五井镇西村小学的英语教师，她提出了“小学英语分层次递进式赶超教学法”，既有特色又有实效，去年又试教一个班的数学。

“小学英语分层次递进式赶超教学法”，这个名字虽然有点长，但意思好懂，即分层教学和递进式赶超。

为什么要分层次呢？

“开始的时候可能是我的一种偷懒的行为，我总想让那些好学生帮我教那些慢一点的学生。”

赵焕爱说的是实情，她的无奈选择源于这所农村小学只有 1 名英语教师，她要承担学校 3—6 年级 4 个班的英语教学。

过去，赵焕爱也曾将那些学得慢的学生放学后留下来单独辅导。可想而知，她付出了多少辛劳，一位家长曾感动地说：“你要是个男老师，我一定拉上你去酒馆喝上一顿。”

时间长了，“有一种很累的感觉，”赵焕爱说，“我也不能老这么做，孩子回家太晚，也不安全。我就想，用什么办法可以不用留下他们也能让他们学会。于是，就让学得快的学生教教他们。”

慢慢地，赵焕爱按照学生的学习状况、认真程度、努力程度将学生分为 4 个层次，并将不同层次的 4 名学生组成学习小组，由学习能力强、认真负责的学生担任组长。在小组学习时，组长的作用是帮助、检查、督促其他成员。在课外学习时，组长就成了“小老师”，帮助教师检查作业和其他成员的学习任务完成情况。

在教学环节，赵焕爱就给不同层次的学生不同的教学目标，A 层次的学生提前一周完成教师的教学目标，B 层次的学生和教师的授课速度相当，C 层次的学生略慢于教师的授课速度，D 层次学生在不确定的时间内完成教学目标。

所谓递进，是指教师在开始下一个教学目标时，必须使 90%以上的学生，次第完成前一个教学目标。

为此，赵焕爱设计了一种复合课型。

在新授课之后，赵焕爱可能用 10 分钟、20 分钟或一节课的时间，让各层次的学生自主互助学习，去完成自己的学习目标——A 层次学生自主超前学习；在赶超氛围中，B、C 层次学生次第完成学习任务；在老师和组长的帮助下，D 层次学生基本完成学习任务。

"有时候我的课堂显得有点乱,因为任何层次的学生,都可以到老师跟前提问题,但这样的课型能保证不同层次的学生都有学习任务,始终保持学生的积极性和主动性。"

她还专门设计了一个分层次达标的表格,几个层次学生的学习情况一目了然。

为了让不同层次的学生都有进步,赵焕爱会给学生一定的方法指导。让A层次的学生形成一种超前学习的能力,学会学习而且掌握方法。

"我的学生收获的是知识,也是能力,是一种稳定的学习习惯,对他们将来的影响是很大的,学生很喜欢我的课。"赵焕爱自豪地说。

这是她的"土"办法,没有多少高深的理论,也没有什么"创新",却是最适合学生的!

临朐教师的"特色",从这里起步。

让"特色"可生长

有了以自己名字命名的教学法,特色教师该如何往前走?

"虽然有了自己的教学法,但一开始,我只是把研究的切入点定在记叙文的主问题教学上。"北苑中学的魏静老师说。

记叙文是初中语文教学中最基本也是最大量的部分。针对记叙文教学,魏静采用了"四问题"教学法取得了很好的教学效果。所谓"四问题",即围绕什么样的人物、什么样的情节、什么样的主题、什么样的写法设计四个问题,引导学生通过解读文字来明晰形象,把握情节。

但是,"在很长一段时间上公开课,我只敢这样教记叙文,囿于自己的圈子里出不来。"魏静说。

后来,在教研室高源、陈荣昌、宫来政三位教研员听课的过程中,他们发现并指出问题的所在,鼓励魏静抛开文本、抛开自己固有的模式,大胆研究每一篇文章中其一发而动全身的"主问题"。

之后,魏静在教研员的指导下,在《山市》《口技》《天上的街市》《紫藤萝瀑布》《邹忌讽齐王纳谏》等文章中加以尝试。比如,在《口技》一课,魏静问学生:文章用一个"善"字起笔,善在哪里,怎样写"善"?

为了找出主问题,教研室组织几个进行相同研究的老师同上一节课,看这节课的主问题到底该怎么提,看谁提的问题更好,更能统领全篇,更能调动学生的积极性。而后,让大家讨论。

这时候,魏静终于认清主问题教学的本质,在各种文体的教学中游刃有余。

比如,《鲁提辖拳打镇关西》的篇幅比较长,如果教师眉毛胡子一把抓,学生肯定会无所适从。教研员就与教师一起讨论,最后只提两个问题:鲁提辖为什么要打镇关西,鲁提辖是怎样打死镇关西的。

在一次次研讨中，魏静认识到，要设计好主问题，需要教师站在高处，设计出一组有计划、有步骤、系列化的提问，既可以把难的问题变成易于理解的问题，也可以把大的问题分解成小问题，引导学生向思维的纵深发展。

“我觉得自己越来越善于提问，而且具备了一点提问的艺术。”魏静对自己的进步有一点“小得意”。

这些，高源看在眼里，适时地用布鲁巴克的一句话给魏静提醒：最精湛的教育艺术遵循的最高准则，就是学生自己提出问题。

一句话让魏静认识到：教学研究没有止境。

在《皇帝的新装》和《乡愁》的教学中，魏静的角色发生了变化。在她的引导下，学生们终于提出了一个个有价值的问题。

学起于思，思源于疑。学生提出问题，就等于解决了问题的一半。

“从提问学生，到学生提问，终于让学生回归到课堂教学的中心，这是教学实践探索中的一小步，却是教学思想转变的一大步。”魏静因自己的成长而兴奋。

发现“特色”不是目的，提升“特色”，让“特色”成为教师发展的动力，这才是“特色教师”评选的本义。

别人“送课下乡”，我们“送课进城”

在特色教师打造方面，临朐鼓励教师张扬自己的个性，发挥自己的特长，研究自己的方法，形成自己的风格。

起初，沂山镇蒋峪初中石金彦的语文课并不被同事们认同。“2006 年，我就简化课本教学，在课内时间搞课外阅读。即使别的老师讲了好多内容，我也省略不讲。”

“之所以这样坚持，主要是学生的期中、期末考试成绩都不差。我私下里想，我只要成绩不差，领导就不能拿我怎么样，我就领着那群孩子想干什么干什么，就凭他们的兴趣和爱好去做，只要学生喜欢就行。”至于这种方法是否值得总结，她从来没有考虑过。

按照初中语文教材主题式编排的特点，采用石金彦的方法，一般七八课时就能讲完一个单元。

2008 年，县里要求申报特色教学方法的时候，石金彦开始整理自己的教法。具体流程是：

1. 集结式预习。（2 课时）

第 1 课时，通读这个单元所有的内容。让学生就像看课外书那样看，喜欢的多看两眼，不喜欢的可以跳过去，大体掠一掠这一单元有些什么内容。

通读之后，用知识树的形式整体把握这一单元的知识结构。

第2课时，识记字词。用一节课的时间学一单元的字词。

一般初中语文教师就用一两节课把字词复习一遍，我让学生先读过它所在的那个句子，然后再写，这样对的可能性就很大，这个还是在听英语单词课时得到的启发。

2.集结式讲析。（2课时）

自主批注。教师根据单元学习重点确定所要集结学习的主题，让学生根据主题内容读课文，用批注符号在文中圈、点、勾、画。通过批注，学生了解课文内容、写法、主题等，并对自己不明白的问题打上问号。

交流展示。让学生通过同桌、小组或班内交流，展示自己的学习收获。

精讲点拨。教师对重点和学生不能解决的问题进行精讲，对学生理解不透、心存疑惑的问题加以点拨。

拓展训练。根据学习内容和学生的学习情况，有针对性地进行知识迁移训练、专项集结训练（字词、修辞、写作方法等），做到知识内化。

3.集结式诵读。（1课时）

先从音准、流畅连贯、抑扬顿挫、读音轻重、感情色彩等方面对学生进行朗读指导；然后由学生朗读，以课本内容为主，辅以教师指定或学生自选文章。

4.集结式积累。（2课时）

以背诵、阅读、摘抄等形式进行语言和材料的积累。

石金彦的坚守得到了应有的回报。2009年，石金彦成为首批特色教师。临朐县教研室发出《关于学习、借鉴石金彦语文主题集结教学模式的通知》，这是临朐教育历史上的第一次。

这是对独立的教学研究精神的最大褒奖，也让农村教师看到了自己的价值和无限的希望。

2010年1月，上林初中邀请石金彦为教师们送课，课后她还做了学科教学辅导报告。她用自己的经历和老师们分享了一名普通的山区女教师如何从平庸中奋起、升腾，从而走向成功的故事。

石金彦并没有陶醉于暂时的成功。

为使自己的教学方法不断完善，石金彦通过各种方式学习。“当看到使自己产生共鸣的文章时，感觉信心倍增；当看到与自己的做法对立的观点时，总激发自己深刻反省。”

在很多地方，“送课下乡”“支教农村”只是城镇教师的“专利”。而在临朐，请农村教师“送课进城”，和城镇教师一比高下，呈现出了“农村包围城市之势”。

实践证明，特色教师有了特色教学方法，能在教学上当家作主，不仅使教学有了起色，甚至很出色，而且对自己的教学有了信心，更感受到职业的尊严。

一位临近退休的老教师也要争当特色教师，有人问他为什么。他说，我不为职称，不为奖金，就是觉得当特色教师很自豪、很满足，觉得这几十年没白当老师。

“我是最幸福的”

经过三年的培育和打磨，临朐县、镇、校三级都评出了自己的特色教师，县级特色教师已达上百名，涉及小学、初中和高中的各个学科，有力地促进了各个学科教学改革创新，也鼓励了更多教师向“特色”发展。

这样，临朐把工作重心放到每一个教师个体身上。“这么做，就是让老师觉得我能行。”高源说，“而且不是少数老师行，是每个老师都能做到。”

这么做看似简单，但一级一级地联动起来，催发了教师自发的、原生态的积极性和创造性，打破了“众人同式”的教师发展模式。

正如杜全平所说：“这几年，全县老师的敬业精神上来了，整体水平提高了，教学质量不断提高，教学成果不断显现。”

特色教师的评选，也促成了教师个人的专业发展，不仅带来教育职业的尊严，还催生了教师的幸福感。

实验一小的语文教师马彩清说：“与所有的特色老师相比，我不是最好的，但是最幸福的。”

因为“高品位悦读”的推行，全年级倒数第一的一个班，在马彩清接手一年后成为年级第一名。

临近考试了，班上学生的主要精力还放在“悦读”上，有老师好心地问马彩清：“还不复习吗？”“不复习，学生考试也没问题。”她自信地答道。

因为“悦读”，马彩清的语文课深受学生欢迎。“因为很轻松，作业很少。”学生说。

高品位悦读把语文课本、部分优秀传统文化作品和现代优秀儿童小说、童话、诗歌等进行整合，在2—6年级开设“相信童话”“走过四季”“童年在长大”“徜徉在宋词”“在《论语》的智慧里成长”等5种校本课程。

在这个过程中，马彩清开发和构建了5种基本的悦读课型：美文赏读课、自由读书课、展示课、读书汇报课、主题赏诵课。

美文悦读课主要是指导学生品读课本上的美文，通过引领学生品词、品句、品感情、品写法等，来提高学生的悦读能力，从而统领整个悦读课程的学习。

高品位悦读鼓励学生去说、去背、去参与，活跃了班级的气氛。

马彩清把语文教材整合到悦读课程中，既培养了学生的悦读兴趣，又改变了学生悦读质量不高的问题。

有一段时间,放学回家后,马彩清班上的一个小女孩总是跟在妈妈后面夸语文课如何如何好。作业也写得特别认真,有时甚至一边洗脚一边读书。妈妈很奇怪,孩子以前最不爱上的就是语文课。后来,她了解到,是因为女儿在一次读书交流会上赢得了同学最长久、最热烈的掌声。

这就是“悦读”的魅力。

高品位悦读不仅激发了学生的读书乐趣,还带来了量的积累和质的提升。马彩清的学生用3年时间,由浅入深背诵唐诗390首、宋词60首、《论语》精华152则、童话5本、小说12本,阅读量达到400万字。

在享受悦读乐趣的同时,学生对文字产生了独特的感受能力,写作水平有了很大程度的提高。马彩清还带领学生创办了班级刊物《晨曦》和《四季的脚步》。

“在这个过程中能发现自己的价值,有一种幸福的感觉。”马彩清说话慢条斯理,但充满坚毅。

“小球转动大球”

临朐的初衷和步伐并不止于打造“特色教师”。

李庆华说:“评选特色教师,先竖起标杆,然后每人带一个团队,组建名师工作室,每个人都带一个群体,进而带动整个教师队伍的发展。”

在实验一小,原来马彩清一个人默默地做,自从被命名为特色教学法以后,学校成立了“马彩清工作室”,吕萍、高晓燕、尹爱国等多名优秀教师加入了她的团队。

“老师们都是自发的,”马彩清自豪地说,“没想到一个人能带动一个学校、一个县。”

应该说,特色教研团队已经成为临朐教育的新标高。

特色教学研究团队分为两类,一是同一单位教师组成的研究团队,由特色教师任组长,带领团队成员开展研修活动。

除了“马彩清高品位阅读工作室”外,“白兴玲批注悦读工作室”“李守祥体验教育工作室”……陆续成立。

还有一类是不同单位之间相同研究内容的特色教师组成研究团队,在教研室组织下进行相关研究。

北苑小学的马玉会、冶西小学的马振梅、北苑中学的魏静、杨善初中的张凤组成了“主问题教学研究团队”“小学日记教学研究团队”“九山镇作文教学研究团队”等。

为更好地发挥特色教师资源的作用,教研室从特色教师团队中抽取优秀教师到学校上课、评课、做讲座,加速了特色教学和鲜活经验的区域推广。

小学和初中各选派5—10名教师到一所学校上示范观摩课,之后授课教师与听课教师进行交流、研讨，分享授课教师的经验，听取学校教师在实际教学中的困惑及疑难问题，并加以指导和帮助。

不但如此，特色团队还滋养了特色教研活动。全程听课、当堂教研、一课多讲，多学科课堂教学观摩，特色课堂展示活动……

更有标志性的是，教研员和特色教学研究团队的PK。

2011年4月，一场别开生面的特色教师沙龙活动拉开序幕。

教研员和特色教学研究团队的教师分别自主分析、挖掘教材，各自形成教材解读方案。然后，一起交流解读内容，并根据各自对文本的个性化解读，进行备课，完成教学设计。

有老师说："平时跟教研员交流的时候，也感觉谈得比较透彻，但自己上课的时候总是不到位；对于他们强调的一些理念也觉得明白了，就是自己的课上不好。"

20多位教研员和特色教师在同一平台上比拼，解决了口头指导上的"隔靴搔痒"。

通过共同切磋，使"指导"得以落实。"因为大家都进行了课堂教学实践，研讨的内容更加实际、细微、真实，问题最接近本质。不会有指导者与实践者两张皮的感觉，更不觉得指导者高高在上。"魏静深有感触。

就这样，先让一部分教师、学校"名"起来，发挥他们的辐射带动作用，达到"一石激起千层浪"的效果，最终提升全县的教学与研究水平。

为什么把特色教师培养作为教师发展的突破口和着力点，杜全平有着清醒的认识："《教育规划纲要》指出，创造有利条件，鼓励教师和校长在实践中大胆探索，创新教育思想、教育模式和教育方法，形成教学特色和办学风格，造就一批教育家，倡导教育家办学。这不仅给我们指明了方向，也给我们增添了信心。"

"临朐的特色教师培养工程是长期的，我们只是走上了这条路。后边的路还很长，以后怎么走，走多远，特别是新形势下不断变化发展，我们会遇到许多新问题，因为我们最起码知道走路，特别是长途，不能只以一种工具、一个步伐去走。"

（责任编辑　余慧娟）

语文吹起集结号

反观现状,山重水复疑无路

中国出版科学研究所公布的“全国国民阅读调查”显示,2007 年我国国民图书阅读率为 48.8%,比 1999 年的 60.4%大幅下降。还有调查显示,在校大学生的上网费用是他们购书费用的 4.2 倍。青年作家、西北大学教授徐兆寿认为“读书将成为一种奢侈的生活……这没有什么可怕的,可怕的是我们的教育者对此不管不问,装聋作哑”。据《中华读书报》调查,某校全年级成绩较好的初三(2)班绝大多数同学一年读一本课外书,距课程标准 260 万字的起码要求,尚有不小的差距。阅读数量需增加,阅读范围有待扩展。读的状况如此,写的又怎样呢? 中国公众意见领袖薛涌读了四年的中文系除了毕业论文外,总共就有两次写作经历,约三千字。现在的大学也许会好些。据笔者上高中的儿子反映,关于写日记,老师不作要求,事实上高中学生也没有写日记的时间。吕叔湘曾感言:12 年的时间,两千多课时,用来学本国语文,却是大多数不过关,岂非咄咄怪事!

看当前,学校不乏这样的例子:基本不听课,不完成老师布置的作业,独爱看小说,其他科目成绩都很差,唯有语文成绩高,尤其作文不愁写。“80 后”代表作家韩寒说过:“中学语文课我一节也没听过,可我就是比那些每节课都听的人出色。”集贸市场上的“菜种刘”的叫卖:一块钱不算贵,买不来彩电和冰柜,买包菜种最实惠。你连续听半小时不见重复的。那妙语连珠可与赵本山的小品相媲美。其实“菜种刘”大字也识不了多少。还有这种现象,一个班一两个月没语文老师讲课,学生上自习,到头来考试成绩还差不到哪里去。就算这些是个例,我们观察自己或者他人的语文课堂,尽管老师讲得卖力,还是有许多学生懒洋洋的,甚至不少学生游离于教学之外,老师上课似乎只针对那极少的几个学生。上海大学李白坚教授说:“今天的语文是‘细嚼慢咽’,是‘精讲细解’,是‘吹毛求疵’,是‘回’字的四种写法。”

直面问题,柳暗花明又一村

语文教学的当务之急,是需要探索一种新型的语文教学模式,这一模式应具备的特征是:课堂活动的主体不再是教师而应是学生,课堂教学不再是教师努力地传授,而是学生积极地实践。无论学生的学,还是老师的教,都是空前高效的,而不再是少慢差费。语文课堂要删除无效教学环节,改革低效教学方法,从而达到轻负担、高质量的目的。

人教版义务教育课程标准实验教科书的编排不再是按照记叙文、说明文、议论文的文体特点编排,而是以主题单元的形式编排,如八上第一单元以战争为主题组元,第二单元都是写普通人的,第三单元以建筑园林、名胜古迹为主题,第四单元选编的都是关于科学知识的文章,第五单元的文言文大都是表明情感态度的文章,第六单元的文言文是以自然山水为题材的篇章。课程标准建议:教师应转变观念、更新知识,不断提高自身的综合素养。应创造性地理解和使用教材,积极开发课程资源,灵活运用各种教学策略,引导学生在实践中学会学习。教育主管部门规定,普通中小学要严格按照《课程实施方案》上课。初中七至九年级每周分别设置5、4、5节语文课(含写作课)。2006年9月潍坊市开展语文主题学习实验,实验班的教学任务是一学期学完1本课本、读完6本或者3本主题学习丛书。课程实施方案被无条件地执行,有语文老师担心:一周8节课都搞得紧张兮兮,减为5节,还不单设语文自习课,光讲都讲不完,怎么教学呢?

语文教学要留给学生一手好字、一纸美文、一身书香。语文是门实践性很强的学科,只有让学生更多地接触语言材料,以听说读写活动为主,在大量的语文实践中掌握运用语文的规律,才能真正提高语文素养。阅读和写作是语文教学的手心手背,忽略了哪一面都是残缺。新课标指出:阅读是学生的个性化行为,不应以教师的分析来代替学生的个性化行为,不应以教师的分析来代替学生的阅读实践。应让学生在主动积极的思维和情感活动中,加深理解和体验,有所感悟和思考,从而受到情感熏陶,获得思想启迪,享受审美乐趣。

我的实验是从放手让学生自学开始的。学生自学,老师什么都不管,做甩手掌柜,那我们老师当得不是太可怜、太可悲了吗?自学固然重要,老师也不可缺少。教师应以民主的姿态,做一个睿智的组织者、友善的合作者,引导学生走进文本,帮助他们进行个性化的解读、个性化的体验、个性化的表达。学生是学习的主体,学生好比是手术台前的主刀医生,老师好比是手术台前的助手,学生在自学的过程中,需要什么样的帮助,老师提供什么样的帮助,该出口时才出口,一语中的,让学生心悦诚服。正如主刀医生需要剪,助手却递上刀,这不帮倒忙了吗?正是"不悱不发,不愤不启"。在实践中,我们曾经做过横向的尝试:或者从一单元中选学一两篇课文学习,或者从一单元中选择一两个知识点学习;我们曾经做过纵向的尝试:选择与课文有关的丛书中的文章,与课文整合学习,甚至围绕某个主题把小学的知识或高中的知识与初中的知识加以整合学习。总之是选点突破,而不是面面俱到,节省出时间来让学生读书、写作。有老师会担心,经典文章中的精彩之处不止一个,选学知识点,就意味着丢弃了另外的知识点,岂不可惜!其实不然,可以在另一个恰当的时机,再做另一个巧妙的整合,只是改变了敷衍的扎堆似的学习而已。在实验中反思自己的教学策略、教学方法、教学效果,研读余映潮、李镇西、窦桂梅、程翔等名师的课堂实录,聆听专家教授的讲座,不断总结完善,逐渐形成了自己的单元主题集结教学模式。

一、语文单元主题集结教学的实践操作

语文单元主题集结教学模式,是按某类语文"主题"集结教学内容而开展语文教学活动,使学生形成知识系统,提高语文素养的一种教学模式。它的特点是主题集结、分学合教;块状推进、知识成树。基本课型是:集结式预习课、集结式讲析课、集结式诵读课、集结式积累课、集结式写作课。

(一)集结式预习(2课时)

集结式预习主要是整体感知和识记字词。

整体感知

基本程序:通读—整体把握

1.通读。通读一单元的所有内容。

2.整体把握。通读一单元(或集结课文)的所有课文后,用知识树的形式理清每单元的知识结构。

识记字词

基本程序:发现字词—师生正音—练字识字

1.发现字词。根据每单元中的课文篇数划分学习小组,一组一篇。学生边读边在文中画出生字、词(字词以此为主:人教版"读一读,写一写",苏教版"字词表")。目的是让学生在特定的语言环境中感悟词语的含义,领会词语的用法。

2.师生正音。学生分工合作,以便提高效率。

3.学生依次开火车读课文,分工合作,人人参与。边读边提示大家勾画字、词。

4.用学生专用字帖书写字词,练字、识字一举两得。

(二)集结式讲析(2课时)

基本程序:自主批注—交流展示—精讲点拨—拓展训练

1.学生自主批注。学生读课文,用批注符号在文中圈、点、勾、画,学生通过批注知道课文内容、写法、主题等。同时,给自己不明白的问题打上问号。

2.交流展示。采取合作、互助学习的方式,学生进行同桌交流、小组交流或班内交流,通过交流展示学习的收获、享受学习的快乐。班内交流展示可采用抽签式,以调动学生的参与积极性。

3.精讲点拨。教师对学生不能解决的疑难问题、重点问题等进行精讲。对学生理解不透、心存迷惑的问题予以点拨。

4.拓展训练。在语文学习中,积累是第一位的,但适当的训练也不可缺少,根据学习内容和学生的学习情况,通过精选题目,有针对性地进行知识迁移训练、专项集结(用词、修辞、写法、主题等)训练等,做到知识内化、能力提高,学以致用。

(三)集结式诵读(1课时)

基本程序:指导—选读—展示

1.指导。从音准、流畅连贯、抑扬顿挫、轻重读音、感情色彩等方面,对学生进行朗读指导。

2.选读。学生选择朗诵材料,以课本内容为主,或老师指定的文章,或学生自选。

3.展示。朗读展示的方式不拘一格,如小组展示、小组 PK、个人 PK 等。

(四)集结式积累(2课时)

积累的内容主要是积累语言和积累材料。语言、材料的积累以背诵、摘抄为主。

背诵积累(1课时)

基本程序:背诵—检查—展示

1.背诵。背诵的方式、方法形式多样。如化整为零法,把背诵内容化整为零、各个击破。

2.检查。采取同桌互查、教师检查、自邀检查等方式进行。自邀检查是背过的同学主动起立,请老师检查。教师在检查过程中,给予学生鼓励赏识的同时,要策略地指出学生存在的问题,必要时进行示范背诵。

3.展示。每一位主动起立的学生都在展示,给其他同学树立榜样。

摘记积累(1课时)

基本程序:阅读—摘记—展示

1.阅读。以阅读课为主阵地。课外书课内阅读的方法多种多样,如自助餐式阅读,学生自主阅读《主题学习丛书》;特色菜式阅读,老师选择名著、文言诗文等指导学生阅读,以增加阅读深度;鸡尾酒式阅读,学生把自己喜欢的各种各样的课外书带到阅读课上读。

2.摘记。教给学生摘记的方法,让学生分类自主摘记,摘抄名言、警句,摘记自己感悟最深的词语、句子、段落，实现厚积薄发（初读时，不要过于强调摘记的任务，否则会流于形式，不仅于学生无益，还会挫伤学生读书的积极性）。

3.展示。展示学生的摘记，让学生说理由，谈感想，增强学生读书积累的成就感、自豪感，以激发兴趣。

（五）集结式写作（2课时）

基本程序：即兴写作—再三修改—范文展示—块状推进

1.即兴写作。捕捉学习生活中有价值、可探究的问题，让学生进行写作练习，只有立足于生活，才有话可写。

2.再三修改。学生先自己修改作文，然后同学之间互相修改。

3.范文展示。老师选择较好的作文、日记在班上展示。

4.块状推进。把写作要求按年级划分成描写细致、中心突出、手法巧妙等若干模块，等把一种模块训练到一定的程度，再转入下一个模块的训练。根据具体的训练模块，老师有所侧重地评改指导。

用这种主题集结的方法教学，大致用六七课时就能学完一单元，省出时间学生可进行读书、写作、诵读等方面的训练。使用主题集结教学模式进行课堂教学，符合学生的年龄特点和认知规律，因具有“轻负担、高质量”的有效策略和措施，所以深受学生的喜爱。学生的课业负担轻，课堂效率高，学习成绩好，并且符合潍坊市“345”优质高效课堂的要求。

附：人教版七上第五单元教学设计

第一课时　整体感知

教学目标：

整体感知第五单元的内容，随手标注。

教学过程：

1.通读第五单元的课文，并随手标注。

2.用知识树帮助学生把握本单元的主题。

第二课时　识记字词

教学目标：

集结式学习本单元的字词。

教学过程：

1.分工：一组一课，读课文，勾画词语，并查字典。

2.合作:学生依次读课文,报词语。

3.师生正音。对于重点词语要提醒学生回到句子环境中感悟。

4.布置作业:对照字帖写字。

第三课时　学习文言文

教学目标:

读懂文言文《世说新语两则》

教学过程:

囫囵吞枣读第一遍。所谓囫囵吞枣读就是不管生僻字词,不看课下注释,通读一遍,凭着猜测和悟性回答:本文写了谁,做了什么事,或者写了什么,怎么样?从而整体感知把握。

马竿探路读第二遍。即借助注释,深度理解每一句话的意思,标记出疑难问题。读完之后,可从工具书中查找疑难问题的答案,可与同学老师一起讨论探究。

一步三叹齐声读。全班齐读,读一句(一整句,特别长的句子可断开)重复两遍,一句一句地推进。重复读时尽量脱离书本,挑战自己的记忆力。语感强的学生带着语感弱的学生,有利于语气的连贯、停顿的恰当。同时避免学生读破句子,支离破碎地理解。齐读的气势,使得学生不得不参与进来,偶有不大积极的同学,也会被大潮冲着跑,最大程度的提高背诵的速度。四十五分钟可以把《咏雪》《陈太丘与友期》两篇文言文进行完,有将近一半的同学基本能背下来,背不下来的同学对文章的熟悉和理解也达到了较理想的程度。

第四课时　集结式讲析(课堂实录)

教学目标:

集结亲情故事,对学生进行亲情教育。

教学过程:

1.亲情导入:渲染亲情。

大屏幕上展现文花枝与幸运婴儿的图片。

师:(伴随背景音乐)画面上的大姐姐叫文花枝,23岁的她所带的团队乘坐的旅游大巴在途中遭遇车祸,她左腿断裂,骨头外露,鲜血汩汩地流,营救人员赶来,要先救坐在前排的她,她却平静地说:"我是导游,请先救我的游客。"因错过最佳治疗时间,伤口感染,医生不得不给她截掉了左腿。解放军叔叔怀中的婴儿是四川地震中的幸存者,当救援人员发现时,孩子的妈妈已经死了。母亲死亡的姿势:双膝跪地,上身向前匍匐着,双手扶地,支撑着身体。孩子就在她被压得变了形的身子底下安然无恙,小被子里有一部手机,手机上有一条已经写好的短信:"亲爱的宝贝儿,如果你还活着,一定要记住——我爱你!"危难时刻显亲情,生活处处有亲情。本单元中,亲情将化为诗人的奇思妙想,将融入纷纷白雪,将变成团团荷叶,让我们走进亲情。(教师板书:亲情)

2.读悟亲情。

一读走近亲情。

师:速读课文,概括每篇课文是通过什么事,表现哪种亲情。

(学生读课文,边读边记)

(教师巡回指导)

师:写好的同桌交流。

师:请同学们看黑板。

(师生一起概括,并共同完成知识树)

师:《风筝》一课表达的是哪种亲情?

生:兄弟之情。

(师板书“兄弟之情”)

师:《羚羊木雕》表达的是哪种亲情?

生:朋友情。

(师板书“朋友情”)

师:《散步》呢?

生:一家三代亲情。

(师板书“一家三代亲情”)

师:《散文诗二首》表达的是哪种亲情?

生:母子情。

(师板书“母子情”,讲解“子”,孩子的意思)

师:《陈太丘与友期》呢?

生:父子情。

师:本课有朋友情、父子情,但最重要的是父子情。

师:其中兄弟之情、朋友之情是通过矛盾冲突来反映的,而三代亲情、母子情是通过和谐来体现的。

师:和谐温馨中有亲情,矛盾冲突中也有亲情,下面让我们品读亲情。

二读找悟亲情。

师:小组分工。一、二组《风筝》,三、四组《羚羊木雕》,五、六组《散步》,七、八组《金色花》,九、十组《荷叶母亲》,剩下的《世说新语二则》。

(生读课文)

师:从你所分的课文中,找出你认为最能表现亲情的句子或段落,在小组内交流。

(小组交流)

师:请一位同学把你找到的句子或段落读出来,让大家一起分享。

(每小组一生起来朗读)

卢星:《风筝》,“全然忘却……说谎罢了。”

陈鑫:《羚羊木雕》,“万芳也不玩了……看不出来。”

郇帅委:《羚羊木雕》,“我一个人慢慢地走在……咱俩还是好朋友……”

……

师:再读同学们搜集的这些句子或段落,要求读出思想感情。

大屏幕展示“美文共读”。

我在破获秘密的满足中,又愤怒他的瞒了我的眼睛,这样苦心孤诣地偷做没出息孩子的玩意。我即刻伸手抓断了蝴蝶的一支翅骨,又将风轮掷在地下,踏扁。论长幼,论力气,他是都敌不过我的,我当然得到完全的胜利,于是傲然走出,留他绝望地站在小屋里。——《风筝》

我一个人慢慢地走在路上。月亮出来了,冷冷的,我不禁打了个寒战。路上一点声音也没有。忽然,我听见有人在喊我的名字,我回过头,只见万芳跑了过来。她把小刀塞到我的手里说:“你拿着,咱俩还是好朋友……”

我呆呆地望着她,止不住流下了眼泪。我觉得我是世界上最伤心的人!因为我对朋友反悔了。我做了一件多么不光彩的事呀!——《羚羊木雕》

这南方初春的田野,大块小块的新绿随意的铺着,有的浓,有的淡;树上的嫩芽也密了;田里的冬水也咕咕的起着水泡。

那里有金色的菜花,两行整齐的桑树,尽头一口水波粼粼的鱼塘。——《散步》

母亲啊!你是荷叶,我是红莲,心中的雨点来了,除了你,谁是我在无遮拦天空下的荫蔽?——《荷叶母亲》

请四位同学范读,读后全班同学再读。

三读批注悟亲情。

师:在你所找到的句子或者段落旁边批注,它是怎样表达亲情的?

(生小组内交流)

师:每大组推荐一名同学把批注在全班交流、分享。

曾贤芳:《金色花》“假如我变成一朵金色花……你会认识我吗?”批注:我看着母亲,表达了对母亲的依恋之情。

徐晓珊:《散步》“后来发生了……走大路。”批注:我从中懂得了“我觉得陪同儿子的时间长,便满足了母亲”,这足以证明母亲在他心中的重要性,他多么爱他的母亲。

冯超:《荷叶母亲》“母亲啊!你是荷叶,我是红莲,心中的雨点来了,除了你,谁是我在无遮拦天空下的荫蔽?”批注:把母亲比作荷叶,把我比作红莲,生动形象地写出了母亲对孩子的爱护。

……

（师在知识树上板书）

3.拓展悟亲情。

师：我们从课文中品味到亲情，其实我们每个人都是生活的最爱。我们既要学会享受别人的爱，也要学会给予别人关爱。其实，我们生活的每时每刻都存在着爱，来自父母的、老师的、同学朋友的……不仅人有爱，动物、植物也有爱。

（就地取材，即兴发挥）今天大雪纷纷，昨天风雨交加，在县城读高中的儿子没有带棉衣，老公冒着风雨踏遍了几家店铺，为儿子买了 287 元的 CBA 防寒服。一件衣服穿五年，还是负债累累的房奴的我们居然毫不心疼，但怕给儿子惯下只穿名牌的坏毛病，我们没有告诉他棉衣的价格。到了晚上 10:30，儿子发回短信：不要再给我买名牌了，花钱太多，我现在不讲究吃穿。我立即给儿子回了短信：你是爸妈的好儿子，我们爱你！

把你身边的亲情故事讲出来，我们大家一起分享吧！（说一说还是写一写？我看到大多数学生都已动情，不便说出来，于是我让他们写一写。）

（孩子们一边抹眼泪，一边奋笔疾书。）

学生的短文：

今天真是一个好天气，还未起床，就听见妈妈那熟悉的唠叨了，这是妈妈在催促我起床了。你听："都几点了，还不起床？"唉！本打算趁周末睡个懒觉，又泡汤了，可惜呀！刚穿好衣服，妈妈又唠叨起来："快来洗脸，再不吃，饭就凉了。"终于能不听唠叨了，吃饭的时候可是不宜说话的呀！我只吃了半个馒头就饱了，妈妈可不听我的那一套，硬是给我剥了个鸡蛋，硬要我吃下去，按她的理论应该是多吃鸡蛋长个儿，可我平生最不爱吃的就是鸡蛋。莫数了，我就说："等会儿，等会儿就吃。"然后，趁她不注意，把鸡蛋放到了妈妈的碗里，一溜烟跑了。

刚要睡觉，突然听到咕咚咕咚的脚步声，打开门一看，妈妈赤着脚，冻得直打哆嗦，手里捧着一条刚缝好的棉被，上气不接下气地说："听你爸爸说，今天晚上要下雪，我来给你添床被子。"母亲让我躺在床上，她绷紧了腰，用颤抖的手将被子压在我身上。她还瞅了我一眼，这才放心地走了。

4.课堂小结。

结束语：亲情是散落在平凡之中的一粒粒珍珠，每捡起一粒就是一笔财富，让我们做善于搜集财富的人，让我们做善于搜集爱的人。

第五课时　诵读课

教学目标：

自选本单元的材料开展朗读比赛；加深理解，训练能力，提高素质。

教学过程：

1.朗读指导：班内读得好的六七个同学组成一组试读，老师相机指导（从方言、高低、快慢、感情、手势等方面)。

2.分组准备:组内分工,合作训练。

3.学生登台展示,展示方式有小组展示、小组 PK、个人 PK 等。

第六、七课时　集结式背诵积累

教学目标:

背诵积累、摘记积累。

教学内容:

课内必背内容与补充内容相结合。

教学过程:

1.学生自主背诵。

2.老师巡回检查。

(1)阅读主题学习丛书,读书方法:自助餐式、特色菜式、鸡尾酒式等。

(2)从内容、方式、功用等方面指导做摘记。

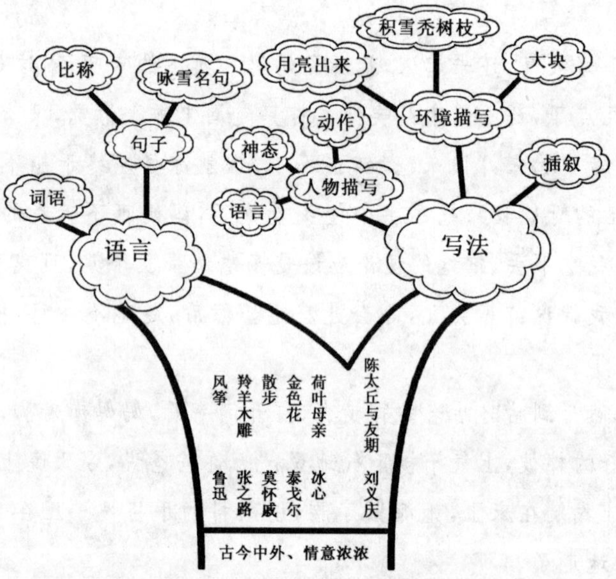

第五单元知识树

二、语文单元主题集结教学的千方百计

(一)把课本当课外书读

初读课文时,像读课外书那样自由自在地通读一单元的所有内容(我曾经做过实验:在学生一脸漠然地翻看语文书时,老师提醒就像看课外书那样自由自在地看课文,学生的表情一下变得活跃起来)。通过个性化阅读,陶冶情操,启迪思想。只有不带任何任务

的阅读,才是个性化阅读,否则是戴着镣铐跳舞。在学习过程中,先从培养学生的读书兴趣入手,兴趣有了,语文学习就会事半功倍。

(二)继承与发展携手,识字与练字双赢

字词教学我们继承了小学低年级的方法,读课文,在原文中勾画字词,再拼一拼、读一读,以求在具体的语境中学习字词。叶圣陶说过:“在一篇课文中对于某个词汇的哪怕是最精辟的讲解,都不如学生在许多篇目中,不同的语境下多次触及同一词汇的理解来得深刻。”不同的是初中生是学生分工合作、自主完成的。

著名的语文教育家余映潮说:“初中三年都没对学生的书写有所规范,那就太对不住学生了。”由此可见,练字的重要性。还有人做过实验,由一位书写好的把一个书写较差的试卷誊抄一遍,答案完全一样,再与其他试卷装订在一起,最终二者得分相差10多分。为使学生养成良好的书写习惯,同时完成大纲规定的识字任务,学生用我们自己开发的字帖(把课后“读一读,写一写”写成了字帖),识字、练字一石两鸟。

(三)知识成树,系统把握

知识树是用树形结构来表述一门学科知识的结构和知识梳理的一种方法,它不仅易于学生上手,而且高屋建瓴,非常形象、直观、有效。从横向说,一篇课文、一个单元、一册书的知识都可以用知识树加以系统表达;从纵向说,文学常识、写作手法、语文知识等也可以用知识树加以系统表达。知识树可以由老师画,也可以由学生画。所学的知识以知识树的形式储存到大脑中,重点突出,脉络清晰,而且不容易遗忘。

(四)专题诵读,培养能力

新课标要求:能用普通话正确、流利、有感情地朗读课文。余映潮说:“课堂上的朗读,小而言之,是培养语感、形成阅读能力的极为重要的正确途径。”蒋仲仁先生说:“不朗读,不出声朗读是学不好语文的。”

集结式诵读课上,先从音准、流畅连贯、抑扬顿挫、轻重读音、感情色彩等方面,对学生进行朗读指导。朗诵的材料,以课本内容为主,或老师指定的文章,或学生自选。学生反复练习,反复琢磨。然后组织各种朗读、演读活动,丰富学生的课中实践,让学生得到充分的语言、技能训练。给学生提供机会练习,给学生搭建舞台展示。每个学生都是好样的,哪怕有不理想的尝试,他们也不甘心服输,会再接再厉。因为氛围的影响力是无形的,更是巨大的。在《黄河颂》的诵读课上,有的学生在一节课中自主上台三四回,一回比一回精彩。连刘振同学,一个先天唇裂、做过修补手术后依旧吐字不清的孩子,都踊跃上

台，神态大方，感情充沛，他赢得了本节课最热烈的掌声。我在教后反思中这样写：

掌声送给刘振——你自信，你勇敢！

掌声送给同学们——你们的爱心能治愈身心伤残！

掌声送给老师自己——幸亏老师设计这堂诵读课，幸亏是谁愿上台谁上台，老师甩手不管！

（五）背诵积累，囤积语言

《新课标》中20余次提到“积累”二字，可见其重要性。

杜常善先生的观点是：中小学阶段汉语文教育的主要任务，首先是积累大量的语言材料，其次才是理解与运用；没有识记，何谈理解与运用。

研读中外名家的文章，都提到了“背”在学习语文中的重要性，“背”是过去学生的童子功。黎澍先生能背整本《水浒传》、钱穆先生能背整部《三国演义》，我们今天不能不佩服他们背的本领。本领是练就的。

每周一节背诵积累课，背过的同学主动起立，老师巡回检查。背诵的方式、方法形式多样。如化整为零法，把较长的文段划分成几块，各个击破；化零为整法，背诵古诗词时，尽量扩大记忆单位（就律诗说，最少以一联为单位记忆；现代诗，以两行或三行为记忆单位）；一诵三叹法，全班同学一起行动，一句话重复吟诵三遍，第一遍读，第二遍或第三遍背出来，一句一句地往前推进，语感强的带动语感差的，在齐读营造出的强大语言场中，提高了背诵的速度。七(6)班的刘靖同学背完了课后要求背诵的内容及老师另指定的课内文段，还背完了《艾子有孙》《纪昌学射》《涸泽之蛇》等17篇自选的课外文言文。曾贤芳同学背完了近30篇课外古诗文。在完成课内背诵任务（包括课后题要求的、老师另外指定的）的基础上，本班人均背诵课外文言文9篇。中华民族源远流长，祖国文化博大精深。特别是古诗文，没有谁能划定一个范围，这些必学，那些不学，而一个人文化修养的提高，背诵这种能力是必备的。学生的摘记本既是学生的百宝箱、好帮手，又是老师的智能语言库、声控文件夹。想提取以前的某篇文章的某个句段，在学生面前说一声，马上就有学生拿出来。

（六）因材施教，各得其所

班级授课制度把几十个程度不等的学生组织起来教学，孩子的志趣爱好、学习的态度方法、背诵的效率质量参差不齐，教师如果在教学中忽视了学生的个性差异，事事搞“一刀切”，势必抹杀学生积极上进的心灵，遏制各类学生的发展。为使学生各得其所，在教学中，实施分层背诵，较好地解决了“有的吃不了，有的吃不饱”的弊端。

学生的背诵能力是参差不齐的，快的同学全速前进着，慢的同学也在一直努力着，这种积极的状态是最理想的。语文教师都知道《山市》这篇文言文确实难背。学习上有困难的学生愁眉苦脸，为了保护孩子们的自尊心，我以说悄悄话的名义点出七八个学困生到外面，其余的同学在教室里继续背。针对学困生的实际，我把分两次检查完的规则改为分六次，每背过一点，找老师检查一次，看谁进行得更快。杜桂涛、刘成这两名同学快得让我吃惊。王恒急得说："刘成，你都背那么多了，快先让老师检查我吧！"刘明帅、王顺海属于啥也不干的特殊公民，我特许他俩只背过三行就算完成任务。我想，背过三行也强于什么也不背。眼看只剩下他俩了，我又特许他们背过一句，老师检查一句。半节课，我们随即凯旋。

（七）大量阅读，开阔视野

20 世纪 50 年代前接受教育的学者们，他们不光读"四书五经"，读《三国演义》《水浒传》，还读朱光潜、朱自清、叶圣陶、徐志摩……大量的课外阅读丰富了他们的情感，开阔了他们的视野，使他们打下了坚实的语文功底。回头看看现今的中学生、大学生们，能够通读四大名著的有几人。舒芜先生说："语文这东西，大概根本不是单靠老师的讲课能够教好，不是单靠语文作业能够学好的。要想学好语文，得在课外多读书。"据专家研究：学生的阅读量只有达到课本的 4.5 倍，才有可能形成语文能力。而义务教育阶段合计的语文课文才有五六百篇，几十万字，这又如何能培养起学生必备的能力。张志公也说过："以自己学习语言的经验看，课内与课外的比例是'三七开'。"由此看来，语文教学要重视大量的阅读。《语文主题学习丛书》、古典名著、经典著作等为之提供了源头活水。阅读课上，我有明确的要求：首先，绝对不读坏书。因为多读一本坏书，就意味着少读一本好书。其次，即使是好书，即使是名著，也要加以选择。再次，要读经典。因为经典是人类文化夜空里永远闪耀的星辰，读经典可以以一当十。最后，从提高写作能力考虑，要多读短篇，多读精品。这样一来，我们语文主题学习实验班在课内可以完成每学期 100 万字的阅读量。学生在学校里博览群书，视野得到了开阔。

（八）主题集结，精讲高效

"教材无非是个例子"，用教材教而不是教教材，要大胆进行取舍。通过对教材进行整合，把一单元中的知识点按某一主题（情感主题、结构主题、写法主题、景物主题、语言主题等）集结解读品析，用一两节课的时间来完成一单元现代文的讲析。我们看于漪老师、窦桂梅老师的课堂，她们并不追求知识的面面俱到，她们追求的是知识掌握的过程与方法，而不是点的叠加。魏书生老师讲课时一般不精雕细刻，从不逐字逐句地分析，但绝不意味着好的段落不引导学生去仔细品味。讲到文章的妙处，不仅让学生把文字变成画面，而且力求将学生导入情境之中，不达目的不罢休。教师对课文知识点的点拨宜少而精，不宜多而滥，如同老鹰家族一样，宁可断其一指，也不伤其十指。如教学人教版七年级上册第三单元时，我把所有写水的句段集结在一起讲练："水涨起来了"（《春》）、"那水呢，不但不结冰……还要在水里照个影呢"（《济南的冬天》）、"溪水因枯涸见石更清冽了"（《秋》）、"水何澹澹"（《观沧海》）、"水面初平云脚低"（《钱塘湖春行》）、"潮平两岸阔"（《次北固山下》）。一单元或者一篇课文重点突出一两点就行。知识点的确定可能是字词运用，如《背影》中的"蹒跚"、"穿"、"爬"、"攀"、"缩"；可能是修辞手法，如《春》中的反复、对偶、引用等；可能是表现手法，如《老山界》中以动写静："除此以外，就是寂静。耳朵里有不可捉摸的声响，极远的又是极近的，极洪大的又是极细切的，像春蚕在咀嚼桑叶，像野马在平原上奔驰，像山泉在呜咽，像波涛在澎湃。"用教材教，活用教材，跨单元或跨课本也可以加以整合。比如，赏析"山间的曲径幽路全被青苔染绿，茸茸的，毛毛的，蒙蒙的"（《阿里山纪行》）时，联系"小草偷偷的从土里钻出来，嫩嫩的，绿绿的"（《春》）。把这两个运用定语后置突出强调事物特征的句子集结在一起学习，掌握起来较容易。再如泰格特的《窗》一文，只学习它欧·亨利式的结尾，并与《丰碑》、《麦琪的礼物》整合，进行主题阅读。俗话说，"少则得，多则惑"，只有老师少讲，学生多读，才能把阅读的主动权交给学生，让学生自已去积累、感悟、品味，充分利用有效时间完成教学过程。

关于情感熏陶、思想启迪，这是文学作品的隐性功能，学生在自读的过程中自觉不自觉地就完成了，不用单挑出来在课堂上讲析，读到作品感人处不自觉地流泪；枯燥的作品即使易中天讲解也不能使人动情。读《论雷峰塔的倒掉》不用老师讲，学生也能感受到结尾的"活该！"骂得痛快。

（九）有效训练，拓展提高

当堂训练是确保学生知识掌握的有效办法，也是培养学生语文能力的重要途径。我根据学习内容和学生的学习情况，精选题目，有针对性地进行知识迁移训练、专项集结（用词、修辞、写法、主题等）训练等，使知识内化、能力强化，能举一反三。如把李白的《渡荆门送别》、欧阳修的《踏莎行》、高适的《除夜作》、王维的《九月九日忆山东兄弟》四首古诗词集结到一起，强化学习作者"换位思考"、"由彼及此"的写作手法。一节课上完，既加深了写作手法的印象，又丰富了积累。有的语文老师总是喜欢在考试前猜题，大搞题海战术，各种模拟题像雪花一样向学生压来，学生被搞得头昏脑涨，身心疲惫，结果事倍功半。

附：

渡荆门送别

李　白

渡远荆门外，来从楚国游。

山随平野尽，江入大荒流。
月下飞天镜，云生结海楼。
仍怜故乡水，万里送行舟。

踏莎行

欧阳修

候馆梅残，溪桥柳细，
草熏风暖摇征辔。
离愁渐远渐无穷，迢迢不断如春水。
寸寸柔肠，盈盈粉泪，
楼高莫近危阑倚。
平芜尽处是春山，行人更在春山外。

除夜作

高　适

旅馆寒灯独不眠，
客心何事转凄然？
故乡今夜思千里，
霜鬓明朝又一年。

九月九日忆山东兄弟

王　维

独在异乡为异客，
每逢佳节倍思亲。
遥知兄弟登高处，
遍插茱萸少一人。

（十）即兴写作，灵感闪烁

“写作技巧从何而来？从书本中来？从老师传授而来？应该说主要来自个人的生活经验。写作技巧并非单纯的技巧问题。‘生活本身充满智慧’，因而作文教学第一要素应该指导学生用自己的眼看世界，用自己的笔写生活。”（王立根老师语）

我所教的班级的课程表中没有作文课，我总是捕捉学生在学习、生活中的亮点、疑点、焦点等问题让他们即兴写作，从而抓住了学生思维灵感的火花，用我手写我心，这样学生有话可写，写出来的作文内容充实，情真意切，避免了学生作文千人一面，以及假、大、空现象的发生。比如在《雪》的朗诵课上，同学们积极参与，情绪高涨，第二节课即兴写了《一堂语文课》，学生作文写得内容充实，感情真挚。有一次，学生集体看电影《太行山上》，第二天上课时，我突然宣布作文题目《看电影》，有学生后悔没有好好看，担心写不好作文。我适时地鼓励学生说："《社戏》一文，全文四千多字，而直接写'社戏'内容的只有六百来字，只占全文的14%左右，而鲁迅不惜笔墨精心刻画的是看社戏来回途中的划船、夜景、偷豆……鲁迅能这样写，为什么我们不能呢?"几句中肯的点拨，给学生道破了天机，学生的得意之作由此应运而生。且看学生的习作片段："一声令下，教室里爆炸了，擦肩摩踵，教室从来没有如此小过，就连走出教室都要似蜗牛一般蠕动出去。……伴着漫长的等待好不容易走出门厅，此时的感觉好比是进入太空。""小鬼子跟八路拼刺刀了，简直是帅呆了，酷毙了。全场一片寂静，接着一场猛笑。我那近视眼的同桌向我借眼镜，我毅然决然地说了句'免谈'。她气得唾沫星子直往我脸上喷，我也毫不示弱地向她喷了一通……"再如学校教学楼楼道内安装摄像头，就"教学楼内安装电子眼"谈谈自己的看法，同学们写出的议论文论据有力，说理透彻。

（十一）块状推进，步步为营

写作我也是按模块集结的方式训练，根据各年级对学生的写作要求确定模块训练的内容。比如初一刚开学的这几周，我看学生的日记和作文，只是看是否有细致入微的描写，而中心突出、手法巧妙、层次分明等都忽略不计，甚至病句和错别字也被忽略。学生毕竟是孩子，处于学习写作的起始阶段，就是大作家的文章，用多个标准衡量，还有不足之处。田玉老师说："成功是成功之父。"我们要让孩子感受到成功的喜悦，以坚定写作的信心。如在练习通过外貌描写来体现人物的性格特点时，我集结了以下例子做学生的示范："一双丹凤三角眼，两弯柳叶吊梢眉。"(《红楼梦》)"丹凤眼、柳叶眉"写出了王熙凤的美貌，"三角眼、吊梢眉"写出了王熙凤的恶毒、狡猾。外貌描写能体现人物的性格品性："我看见他戴着黑布小帽，穿着黑布大马褂，深青布棉袍，蹒跚地走到铁道边，慢慢探身下去，尚不大难。"(《背影》)这一外貌衣着的描写正是父亲失业在家、祖母死了这一处境的写照。等把描写模块训练到一定的程度，再转入下一个模块的训练，这样稳扎稳打，一步一个脚印，一篇篇文质兼美的学生作文也就新鲜出炉了。

（十二）《小荷初露》，涟漪无重数

我把学生的优秀作文、日记，编辑成册，取名《小荷初露》(初一学年命名《小荷初露》，初二学年《映日荷花》，初三学年《卧剥莲蓬》)，印发给每一位学生。这个册子的激励作用还真不小，它既能鼓励写作好的，又能激励写作差的。七(6)班的聂伟同学在日记中写道：

语文老师说，她把我们写的好日记好作文编印成书了。听到这个消息我非常高兴，在心里暗想：如果我的作文或日记能被印在上面，那我不就成名了。回家就可以好好地向父母炫耀一下了，好好地在父母面前显露一把了。

书发下来了。我仔仔细细地翻了一遍，心都悬在嗓子眼了，但是没有找到。我不死心地来回找了好几遍，但始终没有发现。这时候的我可以用小品《心病》中的一句话形容：我的心拔凉拔凉的。

沉痛了一会儿，回头想了一下：这也许错在我，我以前写作文日记都是滥竽充数，随便写上两句就算完事了。现在决定以后不论做什么事，都要用心去做。正如语文老师说的：只要用心去做每一件事，最终会有回报的。

身边的优秀作文比学生购买的《优秀作文选》感染力要强得多，要实惠得多。

（十三）周不测、月不考，没有单元过关，减轻学生身心负担

考试本身没错，只是语文学科本身的特点，决定它不容易操作。读文章和写文章一个道理：由于年龄经验、气质禀赋、学习教育、社会地位、家庭环境等诸多因素的不同，对同一篇文章的阅读理解也不同。标准化的语文试题戕害了学生的灵性，禁锢了学生的思维。我曾在一本语文教学杂志上看到这样的例子：一个中学生拿份语文试卷请作家周国平解答一道阅读题，此题就选用了周国平的一篇文章，周国平看过之后感叹说："怎么会这样？"江苏南通大学文学院陈学勇教授的《吴组湘先生小记》入选北京语文出版社所编《语文读本》七年级下册。该篇阅读提示第一条：从这篇小记可以看出吴先生的什么精神，作者的什么思想感情？陈教授说连他自己都不很明白所谓的吴先生精神；至于感情，写作时确是有的，但是朦朦胧胧，也说不大清楚。事实上有许多问题及答案的设计都不是作者写作的初衷。由此看来，阅读题的出题与答案只代表出题者本人，既代表不了作者，也代表不了学生。语文学科是一门语言学科，不同于数理化，搞题海战术是徒劳无功的。在语文学习中，语文实践是第一位的。要丰富知识、提高能力，只有依靠阅读、写作等大量的语文实践，在阅读中学会阅读，在写作中学会写作。考试、评卷的时间，还不如让学生看小说更实惠、影响更深远。

成效变化，稻花香里说丰年

课堂变活了：课堂不再是老师泛泛而讲，不再是死气沉沉。课堂上呈现出各种各样的学习方式，合作学习的氛围已经形成。讲台成了学生表现的舞台，学生成了课堂的主人，教师只是课堂的组织者，教师与学生的角色发生了天翻地覆的变化。学生不再愁上

语文课，而是像喜欢音体美课那样喜欢语文课。

学生成长了：学生的读写能力得到了极大的提高，县教研室和市教科院的领导专家听课后，对学生的朗读水平给予了高度评价。学校的各种活动主持、演讲比赛、征文比赛都是我的学生做台柱子。我校校本教材《绿原》中登载的学生优秀作文，我班最多。学生的课业负担、心理负担大大减轻，从而把宽裕的时间、充沛的精力运用到语文实践活动中，锻炼了学生的语文能力，提升了语文素养。

自己发展了：2007 年 11 月至今先后一次在国家级会议上、三次在潍坊市初中语文主题学习或骨干教师培训会议上发言做典型经验介绍，一次在全县初中语文课堂教学研讨会上做经验介绍，得到了市、县领导、专家的肯定，受到了与会者的赞扬。2008 年 7 月，撰写的《高效教学模式——单元教学法》在潍坊市《中小学语文主题学习实验通讯》上发表；2009 年 9 月，临朐县教研室下发了在全县学习、借鉴石金彦语文主题集结教学模式的通知。2009 年 11 月，被县教研室评为临朐县特色教学教师。撰写的《语文集结式教学初探》在 2009 年全市金点子成功案例评选中获市级二等奖、县级一等奖。2010 年 4 月和 9 月，甘肃省陇南市成县教育考察团先后两次来学校听我的教学模式介绍并走进课堂听课。2010 年 5 月，被评为市语文主题学习优秀实验教师。2010 年 6 月，《语文主题集结教学模式》获潍坊市中小学教育教学管理(方法)创新燎原奖。2010 年 8 月，撰写的《语文吹起集结号》在《天津教育》上发表。2010 年 9 月，我完成的《语文主题集结教学模式》获临朐县政府教学成果奖。2010 年 11 月，在南京举行的由中国教育学会目标教学专业委员会组织的全国“创造自己的高效教学经验”研讨会上上公开课，并获得一等奖。2010 年 12 月，在山东省创新教育课堂教学研究会上，执教的公开课《天上的街市》获与会专家和领导的好评。2011 年 11 月，在全国首届和谐杯“我的模式我的课”高效教学模式博览会上执教了公开课《词三首》。

团队运作了：团队内开展“碰词儿效应”读写活动。即由其中一人提供一篇文章(或者是自己写的或者是推荐别人的)，大家就这篇文章的某一点(可以是一种观点，可以是一句话、一个词)，生发出去，树立起自己的观点，完成 1000 字左右的文章，为了观点的正确有力，而大量查阅图书资料，以写促读。初步计划每三个星期为一周期，周而复始。活动的目的是通过这种读写结合的方式，提升教育理念。虽然课堂是教育教学的主阵地，但是理念决定行动，教师的教育教学理念直接制约着课堂教学行为。

语文主题集结教学来源于教学实践，验证于教学实践，成长于教学实践，完善于教学实践。集结号一吹起，语文实践更丰富多彩，语文教学更趣味无穷。

(石金彦)

简笔画画“活”了英语课堂

简笔画的产生过程
——找寻英语教学的魔法

1995 年,我被分到一所城区中学教英语,对于一名刚走出校门并且踌躇满志的年轻老师来说,即使一整天都在教室里上课,也觉得不过瘾。因为心里始终充满着对孩子们的爱,在教学中我始终满怀着高涨的教学激情,并且一直在思考:怎样让学生们更喜欢上我的英语课?怎样让课堂更加生动活泼呢?

在一次圣诞节来临前,商店里打出了促销活动的广告,我突然灵机一动,为什么不向学生们介绍一些外国节日,增加外国文化的学习呢?灵感一现,新的问题也随之出现了:中国的孩子虽然受电视节目的宣传影响,对圣诞节有一个模糊的概念,可是对于圣诞节的来历、习俗等外国文化依然没有太多的了解,怎样将干枯的内容赋予生命和活力,让学生乐于接受呢?对此,我冥思苦想,一天看到黑板上历史老师用彩色笔为学生们画的地图和标记,我计上心头。圣诞前夕的英语课,我在黑板上先为学生们画出了一个老人的形象,让学生们猜一猜他是谁,在孩子们猜了几个人物以后,我为他们用英语写出了当天的日期,并用红色笔为老人画出帽子和衣服,简单几笔过后,孩子们欢呼着告诉我是“圣诞老人”,于是,我一边为孩子们讲述圣诞节的故事,一边在黑板上画出了故事中的圣诞树、烟囱、袜子、驯鹿……孩子们个个睁大了眼睛仔细地听着,最后,我让孩子们上台在黑板上大大的圣诞树边上,一边用英语说出自己想要在树上挂什么,一边画出对应的东西。孩子们争先恐后,许多学过的单词都被他们“画”到了圣诞树上。通过这节课,我突然意识到孩子们对于图画的喜爱,图画仿佛给课堂施了“魔法”,使孩子们个个活力四射,对英语的热情空前高涨。

从那以后,我便积极探索如何在英语课中加入简笔画,用图画来画“活”课堂。那时,除了一台录音机,学校没有任何现代化教学设备,学生只能靠“听”来感受英语的情景。为了更好地为学生创设情景,每天晚上,我都会画出第二天上课时需要的课本情景图,等上课时为学生展现,让语言的情景更加立体和直观。为了循序渐进地呈现语言,让学生注重前后知识的融会贯通，我除了将每课的内容画出大图外，还特意画出一幅幅小图，像连环画一样。有时在课堂上，我会让学生们看着第一幅画，猜想接下来发生的事情，并试着用英语表达出来。孩子们总是积极踊跃地给出各种各样的答案，连环画以其独特的功能把孩子带到了真实的语境中。孩子们的思维随着连环画的故事情节而跳动，课堂总是异常活跃。简单几幅画，便将课堂气氛调动起来，孩子们在连环画的直观视觉帮助下，完全能达到当堂内容当堂成诵的效果。

我记得当时初三课本上有这样一课"The man upstairs"，第一幅图我画了一个住在楼上的人往地板上扔鞋子，并解释说："Now it's 9 o'clock. The man upstairs wants to sleep. Bang, one shoe! Bang, the other shoe!"接着呈现楼下的人蜷缩在床上，使劲捂着耳朵想入睡又难以入睡的痛苦表情，问学生："How does the man downstairs feel? What does he want to do?"学生纷纷举手，经过几个同学的猜想，最终大家达成共识：He is so terrible. He wants to talk to the man upstairs. 这就慢慢引出了下文将要发生的事，通过学生的猜想，我把本课的关键词写在了黑板上，课文学完了，学生借助贴在黑板上的连环画，看着关键词，课文也就复述下来了，情景交融，学生学习英语的兴趣更浓了。马克思说："学习一门外语，首先应学会忘记本民族的语言。"通过连环画的特定情景创设，学生在更加近似真实的语言环境中学习语言、掌握语言进而运用语言。

这样坚持做了几年，效果非常明显。孩子们越来越喜欢上我的英语课，对英语学习产生了浓厚的兴趣。在我教的班级中，孩子们的英语水平得到了快速提升，具备了较好的英语素养和能力。校长对我给予了高度的评价。我想，一个年轻没有经验的新教师，能够取得如此好的成绩，都是连环画的功劳啊！毕业的孩子更是问我要连环画做纪念。从那以后，连环画便成了我英语教学不可或缺的忠实帮手。后来，考上高中的孩子给我写信，很自然地谈起了在初中阶段连环画教学对他们成长的作用。其中，一班的班长李涛在信中这样写道：老师，走进了高中，再回想以前初中的生活，您常常出现在我的脑海里，特别是您画的连环画，更是给我们留下了很深的印象，现在我的英语学得很扎实，经常和同宿舍的同学谈论起复述课文的一些技巧，至今我还经常自己画简单的连环画，用连环画帮助背课文，我喜欢这种既简单又形象的画，它使我爱上英语、爱上表达。

随着教材的不断推陈出新和事务的增多，晚上我很难再抽出时间来画画了，这时，我遇到了一位新朋友——《英语教学简笔画》，这本由李世虬老师编写的书，我一看马上就喜欢上了它。书中不管是人物还是动物，寥寥数笔，勾画得贴切入微，我爱不释手，课本上几乎所有的内容都能用简笔画来表达，特别是一些人物的造型，更是滑稽幽默，从单词到课文，它几乎无所不能。我边看边琢磨，并试着在课堂上应用，效果的确不错，这本书真是我当时教学的"一大法宝"，它按照课本顺序编写，平时边教边画，效果还真不错。出现的问题是，一幅看似简单的画，仿照书上的样子画出来，可就不是那么回事了，不是这儿不行，就是那儿不行，看来要把它变成自己的一项基本功，非花大气力不行，但由于我喜欢画画，一幅画照着书上的样子画上十遍、二十遍，倒也能顺利用于教学中。

2002年我去小学教学后，遇到了简笔画教学中的瓶颈。当时学校已有多媒体教室，但毕竟我们不可能每节课都到多媒体教室去上，再说网上的图片也非应有尽有，况且我们也没有那么多制作课件的时间。于是，很多情况下我都是自己创作简笔画来辅助教学。说起创作简笔画，那可太难了，比起照着画，那可是天壤之别。我也曾在网上购过一本外研社《教学简笔画》的书，邮来之后才发现几乎派不上用场；该去的书店我也都去过，但想买到与原来那本简笔画类似的书，希望几乎是零。又在网络上搜简笔画，都说网络无所不能，可我不知费了多少劲，也没找到一张我需要的简笔画，怎么办？与其这样苦苦搜寻，还不如自己创作呢！于是我开始了简笔画的艰难创作过程。先仿照课本上的彩图，勾勒出大体图形，再慢慢“修剪”，直到用最少的笔画勾勒出图形，然而即使这很简单的一幅画，中间却不知要经过多少次修改、多少次加工，才能呈现出目前大家眼中的这种简单的图画。上课时几秒钟搞定的一幅简笔画，课下还不知道要下多少功夫，这就是为什么大家看到简笔画简单，可真正模仿起来确有难度的原因。但是，正是这寥寥几笔的简笔画，却既能为课堂节省大量的时间，又能展现语言情境以提高学生兴趣，让学生为简笔画而欢呼雀跃！

随着我对简笔画的一边创作，一边积累，在我教材教完了一个轮回以后，我便出版了一本简笔画教材。这本教材按课本顺序编写，每课配有相应的图画，既可指导同行老师用，也可指导学生画，可谓一举两得。

简笔画介绍及画法
——支撑英语教学的生命

英语教学的生命在于课堂，课堂教学的生命在于激趣、创新。努力让课堂新、活起来，激发学生学习的积极性和主动性，是简笔画应用在英语课堂中至关重要的目的。在英语课中，利用简笔画简约刻画，简单的笔画以及与现代教学方式结合，让学生在生动活泼的条条线线构筑成的可爱有趣的简笔画中，乐于学英语，更完善地学好英语。

最简约的刻画

概括与简化：简笔画用尽量少的线条，塑造了一个个典型的个体形象，这些个体形象给我们带来了极大的思维和想象空间，“小小简笔画，表达大世界”。即我们抓住物体最显著的基本形状和特点，把复杂的物体简化成由各种形态的点、线、面组合而成的虽简约却神似的物体形象。

例如，同样一个头型，既可以画老人，又可以画小孩。画老人和画小孩的主要区别在眼睛、嘴巴和皱纹上（见下图）。

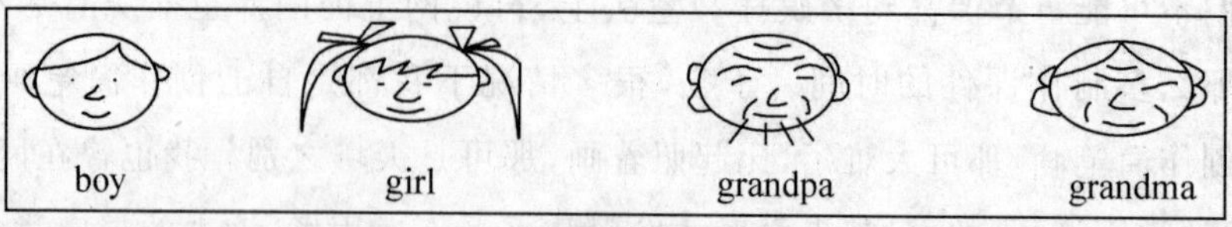

比较和鉴别：通过比较和鉴别，找出同类物体之间的差异和不同类物体的各自特征，再选择一个可以准确识别物体标志的角度，来表现这个物体的个体特征。如画大象，要选好角度突出大象的长鼻子；画骆驼，则要突出骆驼的驼峰。画猫头鹰，主要抓住猫头鹰的面部特征，特别是眼睛的特点，再用椭圆形线条，流畅地画出来。

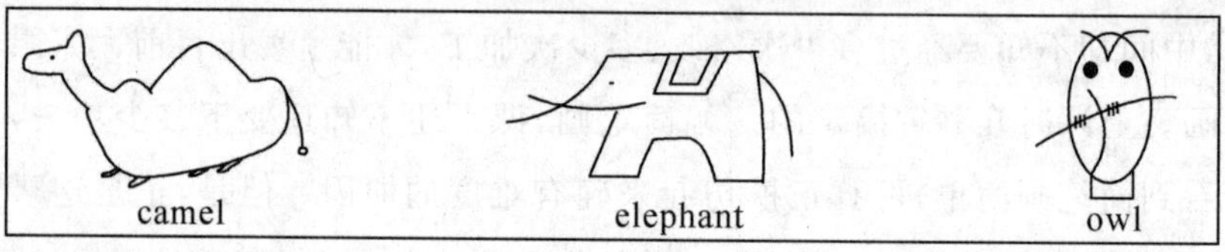

另外，利用简笔画，还可以直观地区分一些近义词、反义词等。如方位词 on 和 over 的区别，on 和 over 都表示“在……上面”，而 on 与物体紧贴着，中间没有距离；而 over 则表示在一个物体的上方，中间有距离。如果靠汉语解释，说起来既麻烦，又不利于学生理解，采用简笔画，则一目了然。

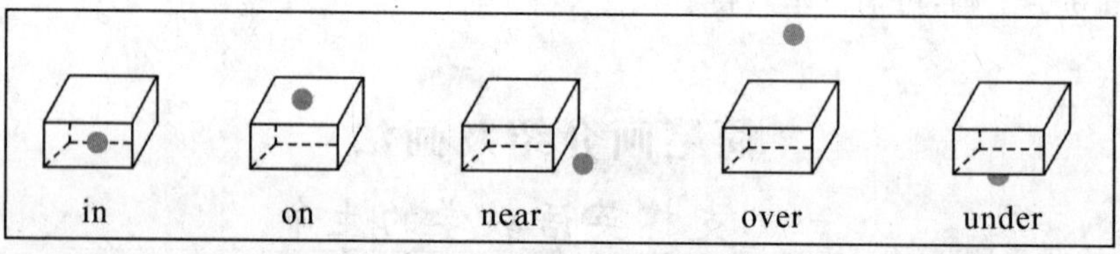

提炼与夸张。任何一个物体，都是一个复杂的有机组合体。用简笔画表现时，必须对这个复杂的物体，从外形轮廓到各个部位进行提炼、概括，再抓住特点做适当的夸张、强化，使其成为既简约又富有个性特征的物象，达到一眼可以认出“这是画的××”、“那是画的××”的程度。如下图：猪是“胖”的化身；老鼠是“瘦”和“灰溜溜”的化身。通过这样一幅简笔画，向同学们展示了两者不同的特征。

最简单的笔画

用简笔画辅助的英语课堂是有灵性的，表现在哪里呢？主要表现在简笔画笔画简单，容易上手，在最少的时间内，起到最好的课堂效果。英语教学中的简笔画是由各种几何图形以及它们的组合构成的，如：

各种线形的组合：

一条折线围成一个圆弧再加上几个点，就构成了“孔雀开屏”的画面；“小河”就是几根曲线的组合；“柳树”就是直线和曲线的组合；“万里长城”无非是曲线、折线的组合。

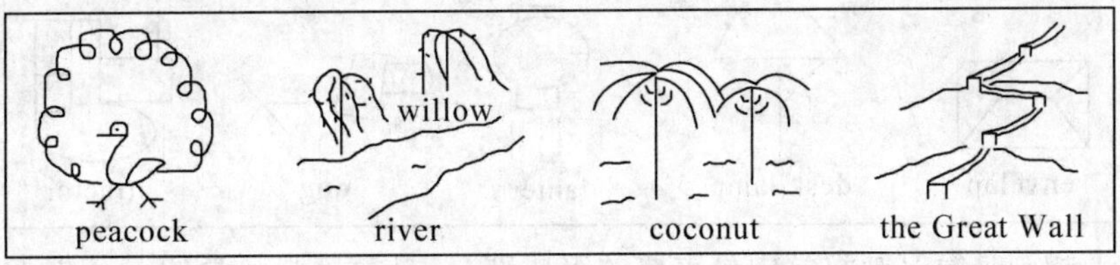

再如各种三角形，经过简单的组合，会出现多种图形，如一个三角形加一个半圆，再加几根光芒就是“一盏灯”；一个钝角三角形加一个竖弯就是一把“撑开的雨伞”；一个锐角三角形加一个竖弯就是一把“折起来的雨伞”等。如下图：

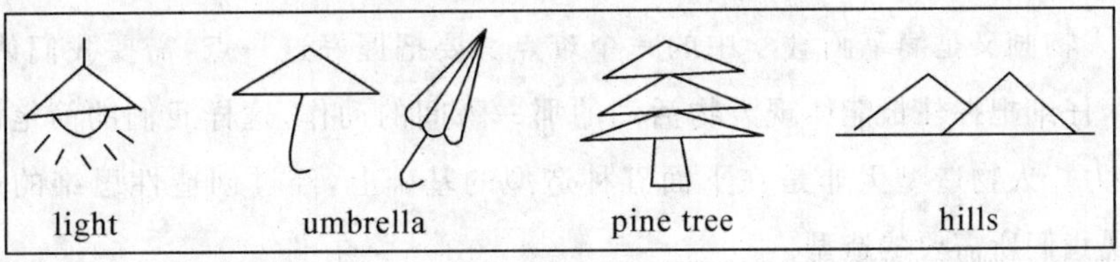

再如各种四边形的组合：

一本书本身就是一个四边形；一个四边形加上几根竖线就是一张课桌；两个长方形套在一起就是一部电视机；电脑是长方形和梯形的组合；收音机是四边形和圆形的组合。

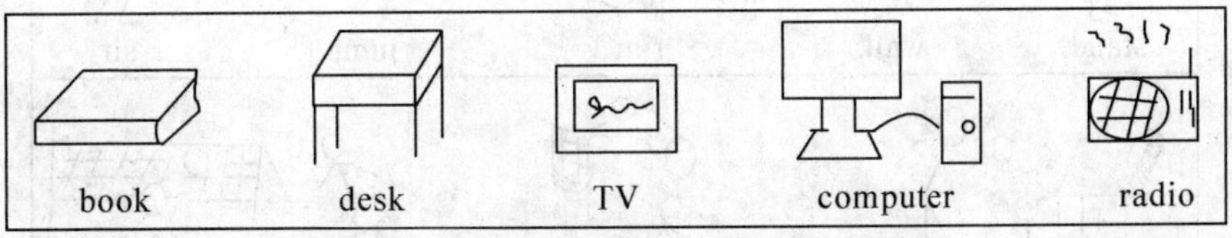

各种圆形的组合（见下图），一个椭圆形加一个小的椭圆，再点上几个点加上尾巴，就是“一头猪”；一个虚线形的椭圆形加几笔就是“一只绵羊”；两个正圆加几笔就是“一只小鸡”……

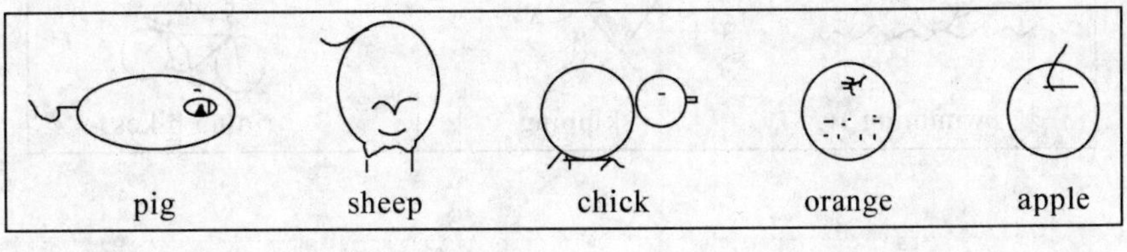

当然，实际教学中，利用这些图形进行组合，变成我们所需要的图形，是最常用的。现在介绍几种图形，如一个三角形加梯形的一部分，再稍加修饰就是“一条鱼”；一个半圆加波浪线，再加上几道光芒就是“海上日出”；“一个信封”就是长方形里面套两个梯形……（见下图）

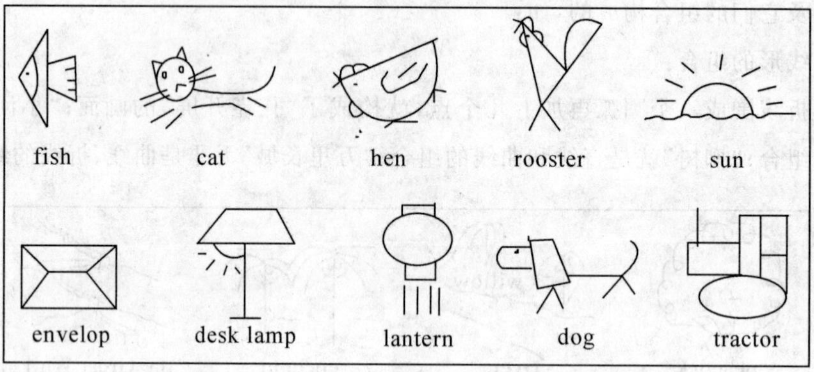

简笔人物画是简笔画教学中最重要的组成部分，是简笔画教学的一个重点。每个学生虽然都生活在由人所组成的群体中，常常目睹不同年龄阶段、不同性别、各种姿态的人物形象，但人物动态变化微妙，结构复杂，若让其拿起笔来用简笔画的形式予以表现时，大多数人往往会感到束手无策，不知从何落笔，即使有一些绘画基础的学生，仍望而生畏。简笔人物画又是简笔画教学中的一个难点。要把握好这一点，需要我们认真动脑，用心观察，仔细把握住最能体现人物活动的那一瞬间的动作，这样我们的简笔画教学才能充满活力。人物造型无非是在下面五种造型的基础上，经过创造性思维的进一步加工，而出现我们所需要的造型。

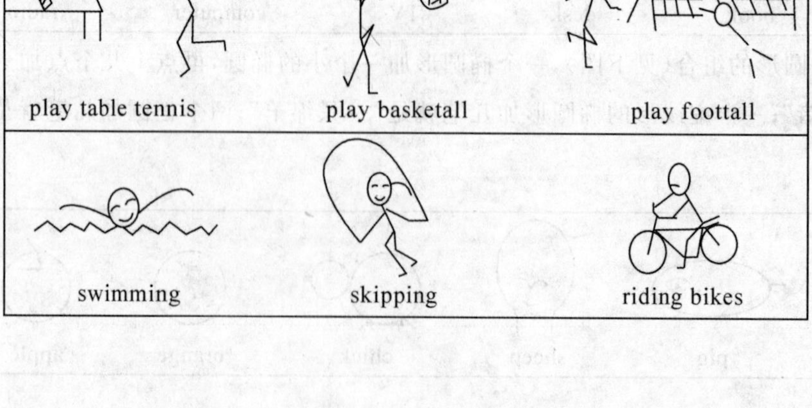

经典与现代的结合

简笔画还能给我们节省许多制作课件的时间，让我们把大部分心思放在对教学内容的理解与把握上。当然，教材中有些内容仅靠简笔画还不足以让人更直观地去理解，这时，简笔画与多媒体技术的结合就显得更有说服力。

如第二册 Module 7 Festivals 一模块，我发现虽然这一内容我们都可运用简笔画表现出来，但“节日”的一些喜悦气氛简笔画似乎很难表现得更贴切，于是，我除了在黑板上把与节日有关的活动画出来外，还用多媒体课件向学生展示了一个“Christmas Day”的全部活动，这样学生的学习兴趣与热情马上增添了许多，特别是当放上“We wish you a merry Christmas”的音乐时，学生不由自主地跟着音乐哼唱起来，仿佛他们在过一个真正的圣诞节。这样的教学效果十分明显，学生不光流利地说出了：We sing songs. We have a Christmas tree. We give presents. We eat peanuts and sweets. 这些句子，而且还知道了Father Christmas 的神奇传说。

英语是一门实践性很强的学科，简笔画与多媒体技术的结合在遵循学生初学语言和认知规律上作用明显。如把单元知识进行调整，或把利于活动的内容放在一块学，或用一个主题把教材内容编写成相互关联的一个个故事。如 PEP 版五年级下册四至六单元从语法上讲，都是练习现在进行时的特殊疑问句和一般疑问句形式，可把第六单元 A 部分关于第一人称的一般疑问句和第四单元 A 部分关于第一人称的特殊疑问句放在一起学习。同样第四单元 B 部分关于第三人称的特殊疑问句又可以和第五单元关于第三人称的特殊疑问句、第六单元 B 部分第三人称的一般疑问句集中到一起学习。在这一过程中，人物简笔画就成为必不可少的重要载体。多媒体课件使简笔画动起来、活起来。这样两者优势互补，丰富了训练内容，拓展了训练空间，学生的语言能力和实践能力得到了培养和提高，老师也探索了一套行之有效的运用多媒体和简笔画结合的训练方法，将学转化为学用结合，使课堂教学变“一言堂”为“群言堂”。

由此可见，简笔画作为直观教具，在教学中能提供较为真实的画面，从而为教学内容服务。它能使我们的教学过程“活”起来，进而激发学生的求知欲望，培养其学习兴趣，保证教学目标的实现。教学是一门艺术，艺术的生命力在于创造。简笔画使用最简单的线条，却能表达多种不同的含义，正是由于简笔画的这些特点，才使得它在英语课堂上经久不衰。

六种模式

——注入英语教学的活力

用简笔画辅助英语教学，可以根据所学内容、学生掌握情况、课堂设计等分别应用不同的教学方式,激发学生学习英语的兴趣,给英语教学注入活力。

"画—读"法:

老师画出简笔画,学生根据老师所画内容,用英语给出对应表达。比如老师画"一朵花",同学们就用单词"flower"来表达;老师画"一只鸟",同学们就用"bird"表达。也就是说教学单词、短语时,先画出该事物的形状,让学生经过大脑的思维,以平面化、程式化的形式让学生先感知它,而后学它的读音。如新标准英语第二册第五模块,主要学习:get up,go to school,have lunch,go home, watch TV,go to bed 六个短语,并要求能根据实际情况,向别人介绍一天的活动。从"起床"入手,逐一画出下面六幅图,短语和活动情况便很容易呈现出来,学生们一天的主要活动也更加立体化、生动化地展现在黑板上。

简笔画还有助于课文的整体教学。如讲课文前可进行改编教材、缩写课文、长篇故事改成故事梗概、剧本改写成短文等活动,让原来的课文既简单上口又容易被听懂。然后根据改写的内容,编绘一组简笔画。讲课时,边画边讲。遇到生词时,勾勒几笔简笔画,学生便能轻松自如地掌握单词了。

"画—写"法:

即看图写词。老师在黑板上画出简笔画,学生根据所画图形写出单词,以考查学生图—词结合的能力。这种方法的优点在于通过画出事物的图形,从而在单词和事物之间建立联系,通过视觉效果加强记忆。如 tree、house、apple 等很多单词都可以迅速画一个图形后再引导学生写出单词。有时为了考查学生对单词的掌握情况,还可以采用老师写单词,学生画出相应的图画的方式。"画—写"法改变了以往教师说单词学生写单词的方式,让学生刨除从"听"到"写"的"死记硬背"模式,改为看到图画想起单词的新型记忆方式,这不仅为学生提供了更加生活化的场景,也有利于学生记忆的长久性。

"画—猜"法:

"画—猜"法就是老师画画,学生猜。这种方法像做游戏一样,让课堂充满了智慧与挑战。实践证明,学生特别喜欢"Guessing game"的游戏,每当课堂上学生学累了,老师教累了时，一句："Now let's play a game, OK?"所有的学生立刻就会睁大智慧的眼睛，异口同声地答道："OK!"如学习现在进行时时，我就在黑板上画了一只松鼠，问学生："What's this?"当学生回答出："It's a squirrel."时，我就继续问："What's it doing? Can you guess?"于是有的学生猜："Is it playing football/basketball?"有的猜："Is it listening to music/watching TV?"还有的猜："Is it taking pictures?"等等。当我再画上一根长长的风筝线时，学生就马上回答出了："It's flying kites."在这一过程中，学生的注意力和好奇心都得到了满足，学习的积极性也被调动起来了，最重要的是他们在游戏中学会了表达，现在分词的用法也不攻自破。

"读—画"法：

老师读单词或句子，学生画出代表该词语的简笔画来，这是一个思维升华的过程。它要求学生在对所学知识能够快速加工、整合、创造，做到文图结合，这样有利于培养学生用英语进行思维的能力。如学完第二册有关方位的词 in，on，under 的用法后，我就安排：我读单词，你们小组合作创作一幅画，来表现这几个方位词的用法，很快一幅幅图画交上来，下图就是一个小组的集体创作：无论是树上的窝、窝中的鸟，还是树下的鸭都运用和理解得非常正确。

"看—读—画—写"综合法：

老师出示单词，学生先读出单词，然后画出该单词的简笔画，最后和老师一起进行拼写训练，此法是一种综合考查学生对单词读音、汉语和拼写三者能否有效结合的方法，在复习课上大范围地应用。

"听—画—读—写"综合法：

这种方法用于新授课单词的教学，学习一个单词时，先放一段与本单词相关的一种声音，让学生先从感官上感知，然后师生之间或生生之间集体创作简笔画，同时老师读出单词，再跟上书写，这样学生不仅从听觉而且从视觉上理解了单词，当提到这些单词时，学生很自然地就会想到与此相联系的声音。如在教学职业类单词时(见下图)，可先用录音机放一段与本职业有关的声音，待学生明白了单词的意思后，再画出代表该职业的简笔画来，并跟上读写，这种各种感官共同参与的教学活动，效果是非常明显的。

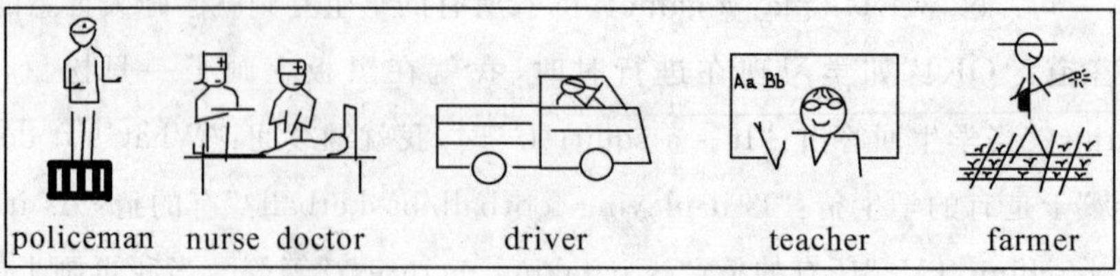

简笔画体现的理念和好处
——守卫英语教学的灵魂

简笔画是通过目识、心记、手写等活动，提取客观形象最典型、最突出的特点，以平面化、程式化的形式和简洁洗练的笔法，表现出来的既有概括性又有可识性和示意性的绘画。英语教学中的简笔画是指利用一些简单的几何图形，组合成一些幽默风趣的画面，以创设尽量真实的语言情景来实施教学的一种手段。

简笔画用“画—英”的理解方式取代了“汉—英”的思维方式，克服了单纯将英语译为母语的传统教学模式的束缚，使学生能保持学习的最佳状态，从而提高学习效率，为真正掌握和运用一门语言铺平了道路。

几年来，我一直坚持用简笔画来从事英语教学，我越来越感受到它在英语教学中的重要作用，它像英语课堂中的灵魂一般不可或缺。运用简笔画打造英语特色课堂已初步显示出了它的科学性和实效性，主要有以下几个方面的好处：

一、科学性

首先表现在简笔画所创设的意境，激发了学生情趣。教育家乌申斯基说过：“没有丝毫兴趣的强化性学习，将会扼杀学生探求真理的欲望。”兴趣能对学生将要进行的学习活动提供心理准备，对正在进行的学习活动具有巨大的推动作用。

如学新标准英语第一册 Module8 Unit1 Is it a dragon? 一模块，在教学 Is it a...? 这一问句即答语时，我在黑板上画了这样一部分内容：先画上两只燕子，问学生：“What season is it?”帮学生回答出：“Spring.”来后，接着画出一棵大树，再问：“Can you tell me what it is?”帮助学生回答：“It’s a tree.”然后在树后画上如下图所示的物体，让学生猜，由于此时学生的词汇量非常少，有时就出现了和课文中同样的问题：Is it a dog\cat\panda\chamelon\rabbit...? 待答案一一被否定后，有几个聪明的学生从课文找到了答案：“I know. I know. Is it a kite?”“Yes，...”还没等我把 it is 说完，他们就大喊“Yeah!”通过这个环节的教学，学生已经完全明白了 Is it a...? 这种类型的一般疑问句即答语的应用。

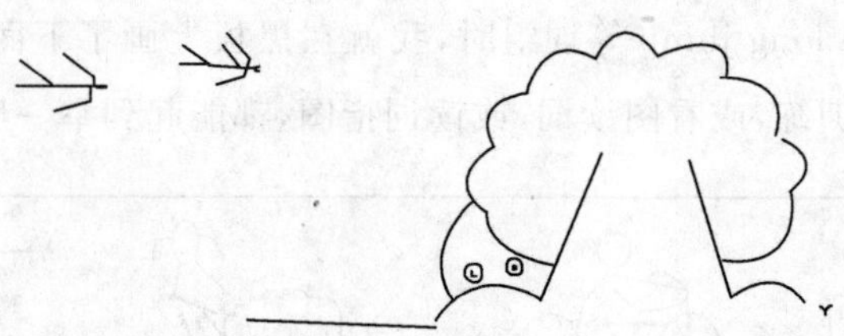

其次表现在简笔画的手法新颖，活跃了学生思维。由于小学生年龄小，课堂上总是对直观形象的事物感兴趣，因此在课堂上我们要善于抓住学生眼睛为之一亮的一刹那，来调动他们积极的学习情感。

如学习 26 个字母时，我就在黑板上用字母画了一幅简笔画：

然后问学生：“How many letters can you find?”学生争先恐后地举手：Q，A，I，w，m，V，U…恨不得一口气说出所有的字母，再和同学复习字母时，不用多强调，他们一定会记住字母的读音和写法。

二、可操作性

简笔画工具简单，画面简洁，内涵突出，寥寥几笔便可清晰地勾画出一幅生动地表达某个明确概念的示意图，并且教学时可边画边复述对话，并着重复述画中的关键句型，然后引导学生看图进行反复跟读、师生对话、生生对话、集体复述、分角色实际操练和对话表演等，不仅使学生理解和掌握课文内容，还提高了学生视听说的能力。

三、趣味性强

诙谐风趣、生动活泼的简笔画呈现在黑板上时，犹如传递语言信息的使者，沟通英语知识的桥梁，使板书图文并茂，妙趣横生，更具情趣，不仅能给学生美好的感官享受，最大限度地感染学生，而且能使之产生强烈的表达欲望，这样就发挥了教学的最大潜能。

四、简笔画化难为易、化繁为简

在动词的教学过程中，有些单词靠动作模仿，有时很难达到预想的效果，如果采用简笔画教学，效果会十分明显。如在教学 listen to the radio，wash clothes，go to London， draw a picture, do the long jump 等词组时，我就在黑板上画了下面的简笔画，并在课堂上引导学生进行读写训练，或看图读词，或读词指图，都能起到举一反三的效果。

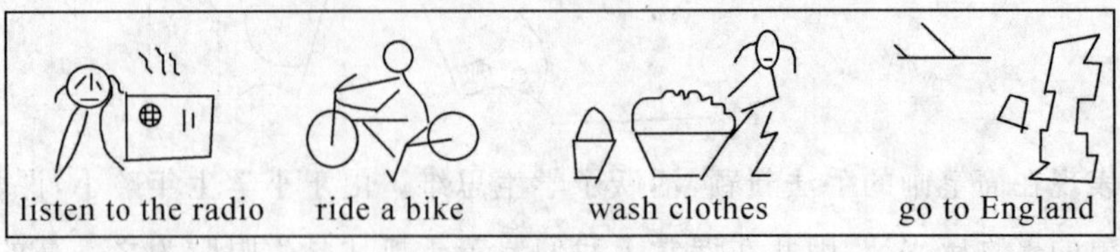

五、改变了教师的教学行为

简笔画的运用更新了教师的教学观念，从而带来了教学行为的变化，教师自觉地将简笔画纳入了教学要求和教学基本功训练，不再认为简笔画只是一种教学形式的补充，而是将简笔画看做是低年级英语教学的一个有机组成部分。我和老师们编写的《小学英语简笔画教程》现已正式出版。

六、培养了学生的思维品质

夸美纽斯在《大教学论》中指出："一切知识都是从感官开始的。"人的感官是知识的入口处，也是人类获取知识的唯一途径。所以，教学中恰当地运用简笔画教学，往往能使教学效果事半功倍。没用简笔画上课之前，对单词的教学无非是通过图片或实物的形式呈现在学生面前，学生不用思考，第一眼就认识了该事物，而利用简笔画教学，学生会积极地去思考：老师到底会展现给我们一幅什么样的图画呢？接着学生会仔细观察图形，并通过图形与英语教学内容的搭配，留下深刻的印象。爱因斯坦说过，"想象力比知识更重要"，因为知识是有限的，想象力则包含着世上的一切。简笔画正是靠其自身的独特魅力更好地开发了学生的思维和想象能力，学生在教师的指导下，通过感知、体验、实践、参与和合作等方式，实现任务的目标，形成积极的学习态度，促进了语言实际运用能力的提高。

七、活跃了英语课堂

在英语教学中，通过用简笔画教学单词和课文，一些用语言不能直接表达出来的内容,通过"画"便让人觉得一下子茅塞顿开,原来很多生词的汉语意思靠死记硬背才能记住,现在只要一想到图形,单词便张口就来!更重要的是,学生不仅提高了学习热情,更增强了学习效果,有些绘画能力强的同学还创作了自己的简笔画,并为其配上相应的英语!通过长期这样的强化训练,学生在简笔画技术性层面得到了提高,构思绘画的实用能力、审美能力也得到了有效培养。

效益及影响
——传承英语教学的魅力

叶澜教授说:"课堂教学蕴含着巨大的生命力,只有师生们的生命活力在课堂上得以有效发挥,才能真正有助于学生们的培养和教师的成长,课堂教学才有真正的灵性。"由此可见,课堂并非教师教、学生学的机械相加,一堂"好"课一定要彰显出一定的灵性方能成功。英语简笔画教学体现出的是一种魅力,这种魅力使得学生乐于英语学习,并且学习效率高,同时,这种魅力也令教师们在不断地探索和实践中得到了进步。

课堂,学生智慧的摇篮

1. 最"活"的思维

简笔画能给学生创造一个幽默的语言环境,从而培养学生积极的学习态度。有一次下午上英语课,在教"banana"这个单词时,我发现有的同学打瞌睡,这时我忽然想到了"猴子拼写 banana"这个单词的笑话,于是说:"Now children, let's play a guessing game. OK?"话音刚落,几乎所有的孩子都大声喊道:"OK!"于是我在黑板上先画了一个圆圈,中间加了一笔,说:"This is the part of an animal. Guess! What is it?"一只只小手举了起来,有的说是 Pig,有的猜是 Dog,有的猜是 Cat……点不到名字的几个同学甚至站在凳子上大声高喊,当我慢慢再添几笔的时候,我发现所有的孩子都睁大了智慧的双眼,每一个聪明的小脑袋都在随着老师的"画"思维,当我即将画完的时候,所有孩子异口同声地答道:Monkey. 我又接着问:"Does the monkey like bananas?"孩子们回答:"Yes!"我故意用一种滑稽的语调说:"Do you know how to spell the word bananas? B-A-N-A-N-A-N-A-N-A...I don't know when to stop."所有的孩子都大笑起来,并情不自禁地跟着说:"B-A-N-A-N-A-N-A-N-A…I don't know when to stop."经过这样一个游戏,孩子们对"banana"这个单词的记忆可以说是永久性的。因此在课堂上,我经常组织"画一猜"这种游戏,它能启迪孩子的智慧、提高学习兴趣,是一种既简单又灵活的方法。在画画的过程中,学生的眼神随着老师笔下的线条在传情、达意;思维随着线条在流动、诉说,话在嘴边张口就来,学生的积极性、主动性、创新性如同小溪流水般潺潺流动,课堂上不用多余的话语,学生眼神流露出的那股兴奋跃然纸上。

当然,这是需要过程的,一开始在用这种方法的时候,效果并不明显。比如我在教新标准英语第三册"What are they doing?"时,在巩固环节我在黑板上画出了大象妈妈和大象宝宝,我的意图是想让学生用学过的所有动词短语来巩固动词的-ing形式,如果他们猜不出,我就画上湖泊,心想那样他们很自然地就会回答"They're drinking."了。游戏开始了,第一个同学上来就猜:They're flying.同学们笑了,听课的老师笑了,我也笑了,笑孩子单纯而奇特的思维,大象怎么能飞呢?答案肯定是否定的。接着学生又猜了多种答案,也被我一一否定了,举手的学生越来越少,很明显由于得不到肯定,他们的热情有些下降,于是我便画上了湖泊,所有的孩子一起喊:They're drinking.针对这节课,听课老师提出:大象怎么就不能飞呢?在孩子的眼里大象是无所不能的,既然考查学生的发散性思维,学生给出的答案就应该被肯定。还真如他所说,以后我再用这种方法的时候,就从儿童的思维实际出发,对给出的猜测一一肯定,孩子的回答热情明显高涨。

正是由于简笔画的手法新颖,活跃了学生思维,因此在课堂上我们要善于抓住学生眼睛为之一亮的一刹那,培养他们的发散思维,同时提高孩子的学习兴趣。

英国哲学家约翰密尔指出:在压抑的课堂环境下,禁锢的课堂氛围是不可能产生创造性火花的。因此在课堂中要创造一个民主科学、宽松和谐的课堂氛围,鼓励学生畅所欲言,正确的自由发挥应给予肯定,这样才能使学生产生成功的自我体验,只有不把学生的头脑禁锢于一个狭小的天地中,学生的发散思维才能被激发出来。

2.最"真"的成长

教师一生"桃李满天下",真正给我们留下最深印象的,往往不是那些品学兼优的孩子,而是那些所谓的"后进生"。2007年我担任四年级四个班的英语老师兼四(2)班班主任,遇到了一个叫刘鹏的孩子,他长得英俊可爱,两只大眼睛如秋水般清澈,面对我的到来,他用孩子那种特有的眼神观察着我、打量着我,好像既想靠近,却又不敢靠近。课堂上,这个孩子可以说连上课5分钟也坚持不了,一会儿望着窗外,一会儿望着别的同学,一会儿又发呆……各科成绩可想而知。可我不相信这样的孩子竟是所谓的"差生"!于是,我开始家访,告诉刘鹏的妈妈他的种种表现,希望家长协同老师把孩子的学习搞上去,家长满口答应。可过一段时间之后,孩子的情况并没有任何改变。我去找原班主任了解情况,她给我的答复可以说是"毫无希望",她告诉我说:在刘鹏身上不能抱任何幻想!我的天呐!难道这孩子就这样永远输下去、永远都不能再改变了吗?我的心情沉重到了极点,我曾教过好多好多的"差生",他们都在我的调教下改变了很多,我不相信在刘鹏身上会不起作用。

于是我仔细观察刘鹏的各种表现,发现这孩子很喜欢表现。有一次学校组织听课,他竟大声回答了我提出的一个问题。我当场表扬了他，并奖给他们组一颗星，没想到全班同学都为他鼓掌，刘鹏自己也害羞得红了脸。课后我问同学们为什么这么做，大家异口同声地说这是刘鹏第一次得星。我没再说什么，可我感觉眼睛里热热的。后来，在课堂上我经常设计用简笔画猜读、猜说、猜想的游戏，这个孩子开始慢慢坐端正了，眼神开始往黑板上集中了，嘴也敢张开大声说英语了。他得到的星也越来越多，家庭作业简直就是我的字体的“复制”。我越表扬他，他就做得越好，日后的实践证明：刘鹏真的没让我失望！同学们对他更是“刮目相看”，刘鹏自己也是信心倍增，上课回答问题更加积极主动了，下午放学，不值日也跟着值日生打扫卫生，并且仔细检查门窗是否关好，保温桶是否搬到教室，等等。我从内心感到了这孩子的改变，学期结束，刘鹏被评为班里的“进步明星”，刘鹏捧着奖状甭提有多高兴了。记得美国著名心理学家威廉詹姆士说过：“人类本质中最殷切的需求是渴望被肯定。”得到肯定的孩子，才会产生意想不到的动力。

3. 最“美”的作业

运用简笔画教学，打破了英语课堂长期的“汉—英”思维方式，用“画—英”取代传统的“汉—英”，克服了将英语译为母语的传统教学模式的束缚，使学生能保持学习的最佳状态，提高学习效率，为真正掌握和运用一门语言铺平了道路。用简笔画教学生看图想词、看图说词、图词结合，真正实现了“画中有话、话中有画”的理想境界。同时学生的作业，也不再是单纯的抄写性、默写性作业，我们学校孩子的英语作业本已成为学生的作品集，作业不再是一种负担，而是学生自觉、自愿的行动。

一个夏日的午后，我在大街上遇见孙宁的妈妈，一见面，她就拉着我的手连声道谢，说多亏了小学英语课上的简笔画，才让她的儿子喜欢上了英语，爱上了英语！

那是 2008 年，孙宁刚上三年级，由我担任英语老师。刚开始，我就发现他是个不会学习的孩子，尽管不打不闹、不招惹是非，却只顾自己玩儿，不是玩铅笔橡皮，就是折纸飞机，反正心思不在学习上。如果紧盯着，他会学得很快、读得很好；但稍不注意，他又去玩他的去了。这样看来，他是个聪明的孩子，就是自制力差，学习还没入门。如果不赶紧采取措施拉他一把，时间长了，会误人子弟的。该怎么办呢？

天助我也。一次上课，我发现孙宁趴在课桌上信手涂鸦，走近一看，他画了一只小鸟，栩栩如生。当时，我经常利用简笔画辅助教学，于是计上心来。我拿起画展示给大家看，并且大大地表扬他：“没想到孙宁是个大画家，以后就让他给我当助手，专门负责帮我画画。”

从此，我就让他课前把单词以画的形式呈现在黑板上，不仅减轻了我的负担，尤其重要的是调动了孙宁的学习积极性：他不再做小动作了，而是紧随同学们的节奏认真学习。他画的画受到老师、同学的赏识，他自豪、高兴，这种成就感激发了他学英语的兴趣，由“要我学”变为“我要学”，所以上课表现才有了翻天覆地的变化。

课下我也和他的家长沟通过，告诉他们孙宁是个聪明的孩子，就是自制力差，让我们家校联手，利用他爱画画的优点，督促他摒弃缺点、发扬优点，好好学习，迎头赶上。家长表示一定和学校配合好，以改正孩子的缺点。在大家的共同监督下，再加上孙宁同学聪明好学，到五年级学期结束时他的英语水平有了明显提高，这种状态一直保持到小学毕业。在孙宁的带动下，全班学生都爱上了画英语画，我就干脆把学生的英语作业本变成了"英语漫画本"，时间长了竟改成了"漫画集"。

正如刘春生老师说，作业不应当是单一枯燥的文本，而应是富有色彩、充满情趣的多元复合体。我们常常根据节日文化，布置学生做贺卡、搜集英语故事和英语传说、根据英语歌曲配画，或是根据故事情节设计英语连环画等，极大地丰富了学生的文化视野。孩子的这些作品，他们都保存得特别好，生怕弄脏了，还时不时地拿出来欣赏，作业做得用心了，效果可想而知，这种开心作业对孩子成长是一笔不小的财富。

课堂，教师成长的战场

采用简笔画教学，教师在实践中不断得到锻炼和成长。

1. 最"活"的课堂

2010 年 9 月 13—16 日，山东省第二届明德教师培训班在济南举行，受到省教研室陈元宝老师的器重，我将为这次培训提供一节公开课，课题是一年级 Unit 1。

课上主要学习一首童谣和一则日常用语。"Songs and chants"的这首歌谣内容如下：

"Good morning, birds!

Good morning, bees!

Good morning, sky!

Good morning, trees!

Good morning to you!

Good morning to me!

Good morning to all the people I see!"

Everyday English 如下：

"—May I come in?

—Yes. Come in, please.

—Thank you!"

当时攀登英语跟简笔画结合对我来说还是一项新实验，因为攀登英语和小学英语不同之处就在"Songs and chants"环节同"Everyday English"环节是毫不相关的两部分内容，如何把整节课的内容用一条主线穿起来，是这节课的关键所在。为了准备这节课，我仔细研读了攀登英语教师手册不下 5 遍，一次次琢磨教材，一次次设计教法，又一次次否定了自己的设计。简笔画和攀登英语到底怎样设计才能最好地结合在一起呢？我又仔细看了好多攀登英语课堂实录，想从中找到问题的突破口，可还是无济于事。越是困难重重，越要敢于挑战！每天下午回家，我的包都要装着课本和备课本，课本熟得都能倒背如流了，教法却始终不理想。有天晚上，我在网上看我执教的“In a park”一课的课堂DV，看着看着，突然，我有了灵感——能不能在热身环节和歌曲童谣环节之间加上一个导入的环节呢？顿时，我茅塞顿开。

下文就是我对本节课的设计：

一年级攀登英语 Unit 2 课堂教学实录

1. Warm-up

T：Good morning，boys and girls.

Ss：Good morning，Ms Yu.

T：Sit down，please.

Ss：Thank you.

T：OK. Now who'd like to show? The banana group，please.

（让学生以组为单位上台介绍自己）

S1：Hello. My name is David.

Ss：Hello，David.

（Then one by one.）

2. Preview

T：Well done，everyone. Now I draw and you say English. OK?

Ss：OK.

T：（边画边问）Look！What's this?

S2：A bird.

T：（继续画）Yes，What are they?

Ss：Birds.

T：Let's say “Good morning”to them.

Ss：Good morning，birds！

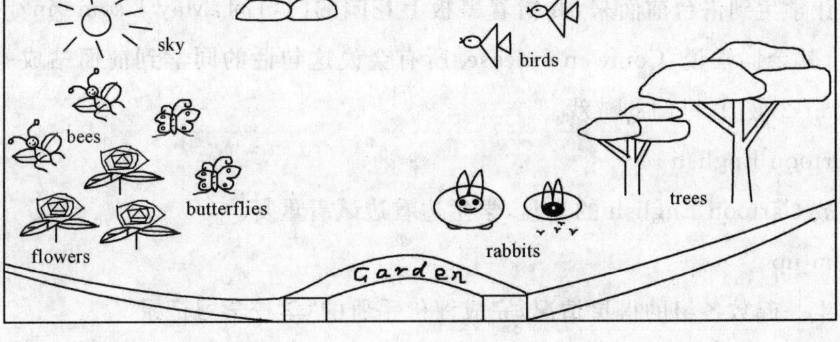

（直到画出如上图所示的图画来，同样方法复习巩固单词：bees，butterflies，flowers，trees，rabbits，sky. 以及问候语“Good morning，...”）

T：Good job. The watermelon group，very good. The peach group，Wonderful…

3. Songs and chants

T：Now let's begin songs and chants，OK？First，follow.

（放教学光盘 songs and chants 的内容。）

Ss：（Follow the tape.）

T：All of you listened carefully. So the apple group can get 2 stars，the watermelon group can get 2 stars...（边总结各组的表现情况边给各组授星）

Now let's perform. And you can do the actions. OK？

Group1：（Perform）

Group2：（Perform）

...

T：Good job！The apple group can get 2 stars. The banana group can get 2 stars... Look at the picture again. Now，it's a beautiful garden. Do you want to go into it？

Ss：Yes.

T：But it needs a password. If you can say it，you can go into the garden and to be their friends. Watch and listen carefully，find out the password.（同时放 everyday English 的光盘。）

4. Everyday English

Ss：（看教学光盘并跟着重复。）

—May I come in？

—Come in，please.

—Thank you.

T：Can you find out the password？

Ss：Me，me...

老师让学生到讲台前面来，并指着黑板上花园的门口问：May I come in？当他说完这句话时，其余同学说：Come in，please. 所有会说这句话的同学到前面站成一排，并做教师包 Unit 2 敲门、进门的游戏。

5. Cartoon English

老师放 Cartoon English 的光盘，学生边看边试着重复。

6. Sum-up

和学生一起数各组的得星情况，完成评价手册的“学校学习记录”。

就这样，我设计了先在黑板上画出本课生词的简笔画，学生看画读词，然后用本课的问候语向他们问好，这样“Songs and chants”的内容就解决了，再通过一句：Look! It's a beautiful park. Do you want to go into it? 学生一定会回答：Yes! 这时说：OK! But it needs a password. If you can say out the password, you can go into it. 于是再呈现“Everyday English”的内容，让学生先听，再重复，小组活动之后再试着展示。15日到济南市槐荫区营东小学上的这节课，课堂上孩子们的表现证明这种设计是非常科学合理的。

听完这节课后，陈老师由衷地感慨：一支粉笔画“活”了英语课堂。听课教师也深有感触地说：“把画画和英语教学结合，实现了学生动笔、动脑启智、激趣的有机互动，教师不用费唇舌喋喋不休地说教，学生就能留下深刻印象，真可谓是一支粉笔把课堂画‘活’了，教‘活’了，不愧是课堂教学的新突破，教师易于操作，学生易于接受，教学效果明显。”

受邀来我县培训骨干教师的天津市教科所王敏勤所长，听了我的汇报和示范课后欣然题词：于化红老师倡导的英语简笔画教学有利于激发学生的学习兴趣，简单易行，便于推广。愿于老师不断总结完善，并在更大范围推广。

2. 最具活力的设计

在简笔画教学中，越来越多的教师加入这个团队，在教学一线上，他们同样有了自己独特的教学设计。下文是城关街道北苑小学的高文青老师写的一个案例。

简笔画让小学英语课“锦上添花”

这节课是新标准小学英语第八册 Module 3 Unit 1 的练习巩固拓展课。在备课之初，我就反复考虑：应该采取哪种方式既让学生积极操练上节课所学的新知识，以达到牢固掌握、灵活运用的目的，同时又能及时了解学生的掌握情况，及时矫正教学措施呢？通过反复权衡利弊，我决定采用简笔画这种直观手段来辅助教学。为什么呢？因为本节课不是新授课，学生所接触的知识不是新内容，不符合小学生猎奇的心理，容易产生视觉疲劳，学习兴致不高。而利用简笔画就可以解决这一弊端：它形象直观，幽默生动，给学生以强烈的视觉冲击，吸引学生的注意力，刺激学生的学习热情，能给课堂教学注入生机和活力，从而提高课堂教学效率。

上课伊始，我就给学生布置好学习任务：各小组在组长的带领下对 Module 3 Unit 1 的课本内容自主复习，并根据内容画出简笔画（画的质量要求不高，能表达出意思就行），每幅图都要有相应的英语介绍，其句子可以是课文中的，也可自由发挥；规定时间完成后小组轮流展示，并评出优胜组，给组员奖励剪贴画。布置完后，各组都积极迅速地行动起来，不敢有丝毫怠慢。然后我在教室里巡视，适时地点拨调节，使整个课堂活而不乱、井然有序。在小组展示环节,学生们的表现令我惊讶,每个组的作品都有其亮点,简直令人难以取舍。各组展示完毕后,进入归纳总结阶段:要求学生根据 Unit 1 课文内容共同在黑板上完成一幅作品,每组派出一名“画家”上台画出一部分,该画家再让其他同学说出英语句子,判断正误后负责写在黑板上,同时全班同学也要写在练习本上。

纵观这堂课,整个教学过程是活泼的、快乐的,学生在老师的指引下边学边画、边画边学,学习兴趣浓厚,学习积极性高。也就是学生在不知不觉中学得、习得英语,丝毫没有学习语言学科的枯燥乏味,始终都处在兴致盎然的学习氛围中,课堂效果令人满意。

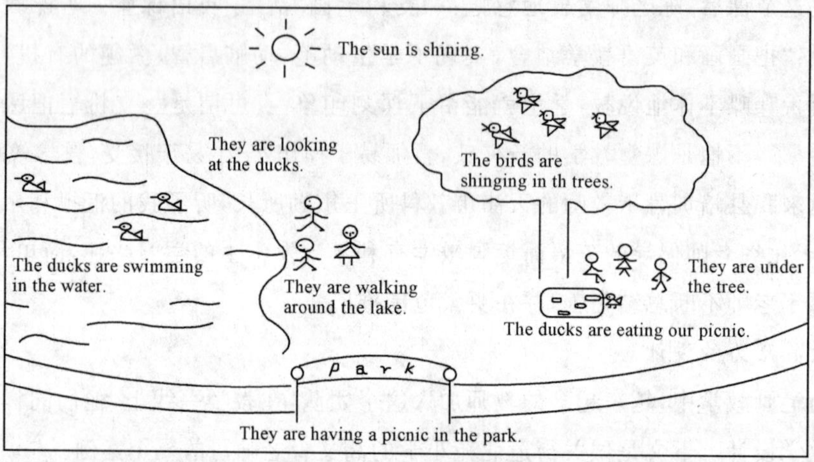

俗话说:兴趣是最好的老师。如何让学生对英语这门枯燥抽象的语言学科保持持久旺盛的兴趣,值得每位老师深思。小学生年龄小,缺乏知识和经验,抽象思维不够发达,形象思维占优势,具体的、直观的形象最能引起他们的注意,让他们产生浓厚的兴趣。而英语又需要学习者反复操练,这难免让学生感到枯燥乏味,厌学甚至放弃也是难免的。这就需要老师开动脑筋,采取符合小学生年龄、心理特点的措施来培养学生的学习兴趣,让他们在非母语的环境中学好英语。所以简笔画就是一种好办法。利用简笔画把抽象的语言变成形象的图画,能够迅速地给学生创造生动有趣的英语情境,一目了然,减少母语的输入,引导他们直接进入外语思维环境,增强学生形象思维能力,激励他们听说英语的积极性,使课堂气氛变得活跃,学习效率高。实验表明,人们的听觉只能记忆感知事物的 25%,但若听觉和视觉结合起来就可以记忆 60%左右。运用简笔画辅助教学,可以使小学生的听觉和视觉在语言学习过程中有效地结合起来,那么学习的优质效果是不言而喻的。

简笔画让学生边学边画、边画边学,劳逸结合,全然没有学习语言的枯燥,始终兴致盎然,由“要我学”变成“我要学”,学习效率高。通过简笔画这种辅助手段,由英到画,由画到英,中间没有汉语的介入,直接锻炼培养了学生的英语思维能力,有利于综合语言能力的提高。另外,一幅简笔画就是一个情境图,也就给学生创造了一个个真实的情境。这些情境给学生贴近真实、身临其境的感觉,帮助学生更好地理解语言,真正领会该语言的用途,能够达到脱口而出,比单纯的死记硬背要好得多。再者,简笔画是广大少年儿童喜闻乐见的一种艺术形式,参与性、可操作性强。心理学家认为:对于直观性的事物和可操作性的事物,两者之间后者更易引起小学生的注意。在课堂上,学生不仅仅满足于看着教师做示范,他们更是跃跃欲试、摩拳擦掌,必将在老师的示范下学生一起参与绘画,最重要的是会自觉结合英语进行练习。在这种互动轻松的活动中,定能充分激发起学生的求知欲和表现欲,同时渗透着创新精神和动手实践能力的培养,促进学生的全面发展,这又符合新课标注重素质教育的理念。

简笔画让英语课锦上添花,活跃课堂气氛,融洽师生关系,课堂效率高。英语是抽象枯燥的,如果一味地照本宣科,那英语课堂就是死水一潭,学生能在沉闷压抑的氛围中学好吗?而小小简笔画仿佛一缕春风,给课堂注入了生机和活力。利用简笔画,使呆板乏味的抽象语言,变成一幅幅直观形象、生动风趣的画面,利于学生发挥形象思维的优势,学习内容简单了,学生心情舒坦了,课堂气氛活跃了,师生关系融洽了。在这样的和谐环境中,不管是老师还是学生都在享受着教学的艺术。心理学家研究发现:人在心情愉悦的情况下学习,效率会特别高。借助于简笔画,营造出宽松、民主、和谐的教学氛围,充分调动每一位同学的主观能动性,鼓励他们大胆去说,积极表现,定能"人人有收获、班班有进步"。

简笔画是老师的一项基本功,如果能画一手漂亮的简笔画,一定会让学生对老师刮目相看,会更加尊敬、崇拜老师,不但树立了老师的良好形象,还产生了对学生的亲和力,形成了课堂上师生的平等关系和轻松和谐的课堂氛围。俗话说:亲其师,信其道。所以,只要学生喜欢老师这个人,就一定会喜欢老师的课。

总而言之,简笔画是一种辅助教学的好手段,它让小学英语课堂锦上添花。如何更好地让它服务于小学英语教学,还需要广大教师在今后的教学实践中不断摸索、不断创新、不断提高。在教学实践中,老师们可将不断产生的简笔画教学新思路,灵活运用于课堂之上。

教学是一门艺术,艺术的生命力在于创造。作为一种教学辅助手段,简笔画之所以能在课堂教学中经久不衰,不断创新是其关键所在,它像一根常青藤,永葆青春的活力,它以独有的魅力,画"活"了英语课堂!

(于化红)

高品位悦读：向阅读的最高处行走

《语文课程标准》中提出，“小学语文教学要培养学生广泛的阅读兴趣，扩大阅读面，增加阅读量，提倡少做题，多读书，好读书，读好书，读整本的书。鼓励学生自主选择阅读材料”，并对小学六年的课外阅读总量提出了不低于145万字的要求。但笔者发现，目前的课外阅读存在着“四重四轻”的现象，致使有的学生不喜欢阅读，多数学生读书品味不高，有数量没有质量。

1. 在阅读时间上重课外轻课内。许多教师都把让学生读课外书的时间放在课外，而不舍得在课堂上拿出时间让学生读课外书。

2. 在阅读内容上重数量轻质量。教师让学生读课外书，但读什么内容的书，读的效果如何，却不去关注，更没有适当的评价策略对学生的阅读实施督促和激励。

3. 在阅读过程中重形式轻体验。许多教师要求学生读课外书，但只注重形式，忽视学生读书时所产生的美好体验和感受。

4. 在阅读形式上重泛泛而读轻教师指导。教师要求学生读课外书，却只让学生泛泛而读，更不在文本的价值取向或作品的表达方法等方面作必要的引导。

那么，怎样让孩子从心底里爱上读书，变“被读书”为“自主读书”，让阅读活动成为“悦读”活动，值得深思；如何提高学生的读书品味，让优秀书籍的营养真正浸润孩子的心灵，值得探索和研究。

高品位的课程体系

对学生阅读现状的一系列深入思考告诉我们：学生的读书兴趣，需要教师激发；学生的读书习惯，必须在课堂上养成；学生的读书内容，需要师生共同选择；文本的价值取向，需要教师引导；学生的读书方法，需要教师点拨；要提高学生的读书品味和读书质量，必须以课堂为基地，以课程为载体，以活动为依托。

因此，我根据儿童的阅读特点和规律，在班里采取了“高品位悦读”教学：从古今中外的文学宝库中，精心选取部分优秀的儿童小说、童话、诗歌等，加以整合，构建成“相信童话”“走过四季”“童年在长大”“徜徉在宋词”、“在《论语》的智慧里成长”五种高品位的阅读课程；通过开设不同形式的阅读课与丰富多彩的读书活动，使学生把“被阅读”变成发自内心的“悦读”；通过引导，让学生把精选的好书读深读透。以此来实现培养习惯、丰富情感、积累语言、塑造品质、涵养文化的目标，最终达到化文成人的读书境界。

从“高品位悦读”的定义可以看出：

“高品位悦读”的内容是师生共同选取的中华优秀传统文化作品、国内外优秀儿童小说、童话、现当代诗歌等；

“高品位悦读”的基地是课堂，并由课内向课外延伸，由眼前向终身延伸；

“高品位悦读”的形式主要是丰富多彩的阅读课型和读书活动；

“高品位悦读”的主体是学生，也是教师；

“高品位悦读”强调的是体验，注重的是过程。

“高品位悦读”的目的是培养习惯，丰富情感，积累语言，塑造品质，涵养文化，化文成人。

美妙的“悦读”历程

相信童话

“相信童话”是小学四年级的“悦读”课程，是以《安徒生童话》、《格林童话》、《绿野仙踪》等书为主要载体，通过师生同读、共赏、齐议，在潜移默化中吸收优秀童话的营养，让孩子变得诗意、智慧、善良、乐观、富有想象力的一种“悦读”课程。“悦读”的篇目为《格林童话》《安徒生童话》《绿野仙踪》《一千零一夜》《365夜故事》等系列童话书籍。

“相信童话”课程的实施主要有以下几个环节：

读童话。让孩子读书，一定要有静读的过程，没有静读，就没有深刻的感悟，就没有思考。自2006年9月，我们开始共同读《安徒生童话》《格林童话》《绿野仙踪》等童话书籍，孩子们表现出浓厚的兴趣，读得如痴如醉。在一年的时间里，仅童话故事的阅读量就达到了100万字以上。

讲童话。童话故事有个显著的特点，就是只要读一遍，就可以讲出来，但学生记住的是故事情节，原文中的语言是不可能完全记住的。所以，开展讲童话活动，既提高了孩子的读书兴趣，又锻炼了他们的语言表达能力和逻辑思维能力，效果非常好。

演童话。童话故事生动形象，情节性强，人物形象鲜明，让孩子把读过的童话故事改编成童话剧来表演，是一种创造性的阅读。四年级一年的时间，孩子们先后表演了《白雪公主》《卖火柴的小女孩》《小红帽》等100多个童话剧。

写童话。在读童话故事的同时，我鼓励孩子们创作童话故事。由于小孩子的想象力本来就很丰富，通过大量的阅读，更激发了他们的想象力和创作欲望，孩子们创作出了许多有趣的童话故事，其中林启泽创作的《猪八戒在牛奶村》和王童创作的《红宝石的传说》都达到了4000多字。

案例一：

教师导读——向文字的最高处引领

《绿野仙踪》导读课札记

文字的内涵深厚，而学生的认知水平有限，怎样引领学生走进文字的最绝妙境界？需要教师的导读，以童话《绿野仙踪》为例：

《绿野仙踪》是20世纪童话作家莱曼·弗兰克·鲍姆为少年儿童创作的一个童话故事，就是这一本书开了美国"神奇童话"之先河。书中跌宕起伏的故事情节很快吸引了孩子们，他们急切地关注着多萝茜的命运，牵挂着稻草人的结局。但在交流时，孩子们依然只讲感兴趣的故事情节，对于其中最核心、最关键的元素反而只字不提，我是这样来引导孩子读这本书的：

1. 理线索：《绿野仙踪》是以多萝茜归家的历程为线索展开故事情节来叙述的。

2. 找主要人物：多萝茜、稻草人、铁樵夫、胆小狮是这个童话故事的四个主要人物。

3. 抓主要事件，解读人物。例如：

多萝茜——幸福的追求者。故事的主人公多萝茜是生活在堪萨斯大草原上的一个美丽可爱的小姑娘。一场突如其来的龙卷风把她卷到了满地金国，从此，多萝茜踏上了艰辛的归家之路。在归程中，她做了许多好事：救下稻草人，救了铁樵夫，收服胆小狮，让被施了魔法的飞猴重获自由。最后，多萝茜在朋友们的帮助下，历尽艰辛，终于回到了自己的家乡。

在解读多萝茜这个人物形象时，我给学生提了两个问题：

1. 为什么多萝茜放着满地金国的国王不当，一心要回到堪萨斯大草原？——事实上，这是她对幸福的执著追求，因为贫穷的堪萨斯草原有她的家，有属于她的幸福。

2. 多萝茜仅仅是一个小姑娘，毫无魔法，为什么每次和比她强大无数倍的敌人作战，她都能取胜？这个问题让孩子们陷入了深思，最后得出结论：可爱的小多萝茜经过了无数次大战，这些大战从本质上讲，都属于善良与邪恶的斗争。多萝茜纯洁可爱，毫无魔法，却能一次又一次战胜比她强大的敌人，这是正义对邪恶的胜利——在任何时代，正义和善良都具有不可战胜的力量。

3. 读懂结尾处的含义。课上，我给学生提了一个问题：多萝茜一行历尽艰辛去寻找奥兹大王，但翡翠城里并不存在传说中法力无边的奥兹大王，只有一个冒牌的矮小老头，这说明了什么？这样一引导，孩子们就有了精彩的感悟：翡翠城里并不存在传说中法力无边的奥兹大王，只有一个冒牌的矮小老头，这说明：世界上根本不存在超人的力量，所有的愿望,只有通过自己的不懈努力才能实现。

4.解读题目的含义:关于读书,我有个观点,那就是正着读下去,倒着想回来,每读完一本书,不要立即放开,应该合上书,慢慢思考,咀嚼回味一番。开读书交流会时,我这样教孩子:为什么题目叫绿野仙踪?这“踪”里给读者留下了什么?在思考之后,孩子们有了精彩的感悟:多萝茜、稻草人、胆小狮一行,经过了千种艰辛、万般磨难,分别得到了自己追求的理想。在追求理想的旅途中,他们留下了一路踪迹,每处足迹都闪烁着这样的光芒——执著、智慧、爱心和勇气!(吴晓冉)患难与共,荣辱与共,在朋友最需要帮助的时候伸出援助之手,这就是友情的最高境界。这一点,多萝茜和稻草人做到了,铁樵夫和胆小狮也做到了。如果世界上人人都像他们这样,那就会没有邪念,没有黑暗。(李佳慧)

就这样,学生渐渐开始向阅读的最高处行走。

走过四季

春夏秋冬,一年四季,大自然以其独特的魅力吸引着孩子。飞舞的彩蝶让孩子迷恋,鸟儿的鸣叫让孩子喜欢,片片飘舞的落叶在孩子的眼里也是一幅美丽的画。其实,大自然就是一本神奇的书,也是丰富多彩的课程资源。我突发奇想:如果把大自然的脚步和学生经典诗词的诵读结合起来,那将会达到“古诗生活化,生活诗意化”的美好境界,于是就有了“走过四季”课程。

“走过四季”是跨四、五两个年级的古诗课程,包括秋、冬、春、夏四季,是把背诵诗词和学生的实践活动、书法、绘画、学生的生活,以及美丽的大自然融为一体,其实质就是让孩子诗意地走过每一天,每天诵读一点点,每天收获一点点,让学生用心观察秋、冬、春、夏四季景色的不同,聆听大自然的花开花落,感受大自然的呼吸,同时背诵优秀诗篇360首,感受古典文化的魅力。

走过四季的主要做法:

以实践引领“悦读”。以学生的实践引领学生诵读,追求古诗生活化,生活诗意化的诵读境界。比如,走过四季中的“咏菊”专题,先让学生观察菊花的颜色、形状,谈谈菊花的特点,给菊花拍照,然后再诵读描写菊花的诗词。

以再创造美化“悦读”。主要是抓住诗词中的某些意向给诗词配图。抓意象给诗词配图,既是感受诗词意境,体会作者思想感情的有效途径,也是对经典文化之美的一种再创造。

以活动促进“悦读”。“高品位悦读”重视过程和体验,我们经常举行各种丰富多彩的展示活动,并且颁发奖状,极大地调动了学生兴趣。

以主题赏诵深化“悦读”。即把相同主题下的古诗、现代诗、散文等整合在一起,构建赏诵主题课,以教师引领赏诵的方式,让学生理解意思,体会感情,领悟表达,以此来深化学生的“悦读”。

1.秋之旅。秋天到了，我们的校园里到处摆满了菊花和一串红，精心的花匠用黄色的菊花做心，用鲜艳的一串红和翠绿的叶子作景，拼出了“庆祝国庆”的字样，吸引着孩子们前来观赏。我们的秋季诗词之旅就从唐代诗人元稹的菊花开始：

秋丛绕舍似陶家，遍绕篱边日渐斜。

不是花中偏爱菊，此花开尽更无花。

自此，一首首菊花诗的韵律在我们的教室里流淌。而陶渊明的《饮酒》成为孩子们最喜欢的诗作之一：

结庐在人境，而无车马喧。

问君何能尔，心远地自偏。

采菊东篱下，悠然见南山。

山气日夕佳，飞鸟相与还。

此中有真意，欲辨已忘言。

2.冬之行。冬天到来，梅花开了，我们开始了以“咏梅”为主的诗词之旅。孩子们对梅花进行了观察和研究，拍了大量的照片，研究了梅的分类和梅的生长环境。在活动中，孩子们渐渐懂得了梅的品格，读懂了那一个个爱梅诗人的情怀。于是，那一朵朵幽香、高洁的梅花就开在了学生的心里，内化为一种精神。在诸多的咏梅诗中，陆游的梅花绝句成为孩子们的最爱：

闻道梅花坼晓风，雪堆遍满四山中。

何方可化身千树，一树梅前一放翁。

严冬之时，对于被贬的苏轼来说，内心无疑是抑郁的，而老友连根送来的红艳艳的“梅花”，在严寒中带来几多暖意，几多欣喜，宽慰了苏轼的心情，这种友情的境界，着实令人向往，孩子们从陆游的另外一首《红梅》中，体会到了什么叫真正的友情：

年年芳信负红梅，江畔垂垂又欲开。

珍重多情关尹令，直和根拔送春来。

3.春之赞。春天来了，我鼓励孩子们到大自然中去观察春天，发现、采集春天的信息，当孩子们归来的时候，教室里便插满了各种各样的小野花，也把春天的气息带进了教室，于是，在淡雅的花香中，我们诵读了大量有关春天的诗，孩子们在诗意之中走过了一个美好的春天：

竹外桃花三两枝，春江水暖鸭先知。

蒌蒿满地芦芽短，正是河豚欲上时。

4.夏之韵。夏天是属于荷花的，伴着对荷之诗的诵读，那中通外直、不蔓不枝的荷花，那出淤泥而不染的荷花，熏陶了孩子们的情怀，在孩子们的眼里，这个夏季，因为有了荷而富有了诗意，而那映日的荷花也就永远地开在了孩子们的心里：

毕竟西湖六月中,风光不与四时同。

接天莲叶无穷碧,映日荷花别样红。

由于走过四季课程把诗的背诵和孩子们的实际生活联系在一起,因此背诵起来不单调,不乏味,再加上我们经常举行古诗文背诵比赛,我们精选的这些古诗词真正走进了孩子们的心里,浸润了孩子们的灵魂。

案例二:

诵读活动——孩子们展示“悦读”成果的舞台

那一个个舞动的诗魂

“明月几时有?把酒问青天。不知天上宫阙,今夕是何年……”周五下午第二节课,教室里响起了姜琪那婉转的歌声,“春花秋月何时了,往事知多少?小楼昨夜又东风,故国不堪回首月明中……”李佳慧唱着唐后主李煜的《虞美人》也走上了主持台,至此,由我们班的孩子自发组织的“经典诗文诵读展示”——“那一个个舞动的诗魂”拉开了序幕。

首先是刘天宇领背的《少年中国说》:“……美哉,我少年中国,与天不老!壮哉,我中国少年,与国无疆!”那铿锵有力的声音在教室里回荡,仿佛让人看到了中国顽强不屈的崛起历程,看到了中国辉煌的现在和美好的未来。

“春江潮水连海平,海上明月共潮生。滟滟随波千万里,何处春江无月明……”伴随着优美动听的古筝曲,由谭良诵读的《春江花月夜》把人带入了浩瀚江边那明月皎洁、烟波浩渺的美好境界。

“红藕香残玉簟秋。轻解罗裳,独上兰舟。云中谁寄锦书来,雁字回时,月满西楼……”“执手相看泪眼,竟无语凝噎……多情自古伤离别,更那堪,冷落清秋节……”“……姑苏城外寒山寺,夜半钟声到客船”……

谁说少年不识愁滋味?孩子们动情地诵读,分明让人看到了女词人李清照紧颦的双眉,听到了她冗长沉重的叹息;分明让人感受到词人柳永离别的凄苦、羁旅的惆怅;分明让人听到了寒山寺那夜半的钟声,看到了诗人张继的辗转无眠。

诵读展示还在继续,一首首咏梅诗仿佛让教室里溢满了梅花的芳香,一首首咏荷诗又仿佛让人领悟到荷的绰约风韵。描写四季景色的诗让人一会儿在“泥融飞燕子,沙暖睡鸳鸯”的春光中流连,一会儿又在“古道西风瘦马”的秋风中萧瑟。李白、杜甫、白居易等一个个伟大的诗人;《长恨歌》《琵琶行》等一首首不朽的诗篇,都穿过时间的烟云,透过历史的尘埃,来到了我们的教室,那一个个不朽的诗魂,和着优美的音韵、伴着孩子们动情的诵读,在教室里舞动。

“……俱往矣,数风流人物,还看今朝!”这次展示活动在大家的齐声诵读中落下了帷幕。周五下午,那一个个舞动的诗魂,让学生享受到了他们自己亲手烹制的精神盛宴。

童年在长大

“童年在长大”是小学五年级的“悦读”课程，是根据曹文轩“不管人生多么坎坷，美是人类永恒的追求”的思想来构建的“悦读”体系，是以儿童小说为主要载体，通过师生共读，让孩子们走近小说，走进文字，随书中的人物一起经历酸甜苦辣，一起成长，以此培养孩子淳朴善良的情怀的一种“悦读”课程。“悦读”的篇目为：《爱的教育》《草房子》《青铜葵花》《根鸟》《窗边的小豆豆》《汤姆·索亚历险记》等小说。

“童年在长大”课程的实施主要有以下几个阶段：

1.静读(时间是3—4周)。此环节主要是师生静静地读书，可以在自己印象最深的地方作记号，写体会。

2.感悟(时间2节课)。师生反复咀嚼品味，把触动心灵的感受写成文字。

3.交流(1—2节课)。师生交流读书感受，在轻松自由的汇报课中，诉说着各自的感动，交流着各自的思想。

4.创作(贯穿于整个读书过程中)：学生根据自己的喜好和随时涌现的灵感，把自己想表达的内容以书面的形式表现出来，形成作品。

案例三：

读书汇报——向文字的最妙处漫溯

《草房子》读书汇报课札记

一月一次的读书汇报课如期举行，今天我们要交流的，是曹文轩的儿童小说《草房子》。当我走进教室时，孩子们已经把教室装饰得非常漂亮。他们一个个满含期待，一脸兴奋。这次，孩子们把第一个发言的机会让给了我。于是，我为孩子们解读了《艾地》一章——有多少怨恨不可以转化成爱：

“……

当秦大奶奶被众人救起时，她那苍老的生命显得那样弥足珍贵，油麻地的村民竭尽全力把她从死亡线上拉了回来，她那恶婆子的形象也被河水冲洗得一干二净，此时，众人眼里的秦大奶奶，已不仅是乔乔一家和油麻地小学的救命恩人，更是一位了不起的英雄。在奋不顾身救乔乔的瞬间，秦大奶奶那颗潜藏在生命最底层的、朴实而善良的真心一下蹿了出来。

然而，秦大奶奶却在保护学校的一个南瓜时，又一次落入水中，这一次，她再也没有活过来……这个曾经对油麻地小学充满了怨恨的老人，这个曾经和油麻地小学斗争了半辈子的女人，最后死在对油麻地小学的无限爱意中。这就是曹文轩，他把最朴实、最凝重的一笔送给了秦大奶奶，他用最细腻的笔触，一点点挖掘出秦大奶奶人性中的可贵之处。

在秦大奶奶的墓前，是一大片艾草，这是从原先的艾地移植过来的，由于孩子们天天来浇水，竟然没有一棵死去。它们笔直地挺着，在从田野上吹来的风中摇响着叶子，终日散发着特有的香气。

老师的理解是：'艾'与'爱'谐音，艾地，实质上是一片充满了爱的土地。人与人之间的怨恨无论有多深多大，都可以随着时间的推移而烟消云散，唯有爱散发出的幽香，是永恒的。"

教室里静极了，孩子们认真地听着，眼里闪着泪花。我的发言，无疑让孩子们受到了极大的启发，这次读书汇报课所需的时间特别长，因为每个孩子都参与了发言，气氛非常热烈，孩子们的读书感言也格外精彩：

"读着这本书，我常常会身临其境，感觉似乎跟着作者来到了'草房子'，来到了油麻地小学，来到了这些孩子们之间：看着秃鹤在台上有板有眼地扮演着伪军长的角色；陪着纸月孤独地走过了一段又一段山路；跟着细马在毫无遮拦的原野上顶着肆无忌惮的北风艰难地割草、放羊；又似乎和杜小康来到了荒无人烟的芦苇荡，品味着人生的苦涩与无奈；跟着桑桑在夜晚的小巷玩起了捉迷藏，当起了'地下邮递员'……书中的每一个画面都是那么清晰，仿佛就在眼前。"（邱放）

"我喜欢杜小康，他经历的那些人事变迁，生离死别，也许我们永远也经历不到，他面对的那种无以言状的孤独与难以承受的坎坷，也许我们永远也无法承受，但是，从杜小康身上，我看到了一种希望和力量。"（王宝璇）

"我几乎是哭着读完《药寮》这一章的，特别是被病魔折磨得极度衰弱的桑桑，为了实现妹妹的愿望，背着妹妹爬上了城墙，最后，他累得几乎爬不起来。此时，我真想说：'桑桑，你这样懂事，你的病一定会好起来的！'"（丛雨）

静读使人收获，交流使人睿智，我们的读书汇报课，让孩子漫步在了文字的最绝妙之境。

徜徉在宋词

"徜徉在宋词"是六年级上册的"悦读"课程，是以精选的60首宋词为主要载体，同时配合读《三国演义》《水浒传》等小说，通过师生共同诵读或自由阅读，让孩子们感受中华优秀文化的魅力，并且受到熏陶和感染的一种课程。

1.精选名家名词，把诵读宋词与学生的语文实践活动融为一体。这次的实践活动，我们转而探究历史，我让孩子们走进那个动荡的朝代，去了解词人们的身世遭遇，用心去倾听他们的语言，了解他们的理想和追求。比如，诵读李清照的词，先了解李清照的身世际遇：少女时代的李清照生活幸福，性情活泼，我们就诵读她的《如梦令》和《点绛唇》。李清照和丈夫赵明诚结婚以后，两人感情甚笃，丈夫在外任职，两地相隔，此时，李清照对金石的研究和对诗词的造诣也日臻成熟，了解到这些，我们再来诵读著名的《醉花阴》。了解到晚年的李清照凄凉悲苦，我们诵读她的词《武陵春》（风住尘香花已尽，日晚倦梳头）和《声声慢》（寻寻觅觅，冷冷清清，凄凄惨惨戚戚），这样的诵读方式，更有利于孩子们背诵积累。

2.抓住词中的某些意向给词配图。给宋词配图，是理解词意，体会词人思想感情的好办法。比如，诵读范仲淹的《苏幕遮》，就让学生抓住里面的意象“碧云”、“黄叶”、“寒烟”、“斜阳”、“芳草”，和下阕的“明月”、“高楼”等意象，来给词配图，画完了图，词的意思也就基本理解了。

3.抓词的意象来引导学生有感情地诵读。比如，诵读柳永的《雨霖铃》时，我让孩子抓住这些意象来领会词的意境：开篇“寒蝉凄切(寒蝉)，对长亭晚(长亭)，骤雨初歇(刚刚停下的潇潇秋雨)，都门帐饮无绪(帐饮，送别的酒宴)，留恋处，兰舟催发(兰舟)”，所有这些都凝造了一种离别前的环境和气氛。接下来，从“执手相看泪眼(泪眼)，竟无语凝噎(凝噎)”这些意象中，感受离别前难以言说的痛苦和不舍。然后，话题一转，抓住“念去去，千里烟波(烟波)，暮霭沉沉楚天阔(暮霭，楚天)”这些意象来体会，就可以很好地感受词的意境，理解了词人离别的愁苦、羁旅的孤寂与惆怅，学生也就可以很有感情地把这首词诵读出来了。

徜徉在宋词中，孩子们见证了李清照少年生活的无拘无束，中年的只身飘零，晚年的凄凉悲苦；理解了辛弃疾把栏杆拍遍的无奈和“廉颇老矣，尚能饭否”的不甘。宋词课程，美化了学生的学习生活，积淀了学生的文化底蕴。

案例四：

宋词日日诵——走进词人的情感世界

明月楼高休独倚

把范仲淹的《苏幕遮》作为“徜徉在宋词”的第一首，原因有二：一是上学期曾让学生积累过“先天下之忧而忧，后天下之乐而乐”这个千古名句，孩子们对范仲淹不感到陌生，愉快的记忆可以激发学生的学习兴趣；二是范仲淹作为北宋著名的政治家和文学家，其词刚健清新，气势挥洒，但仅存五首，这首词是描写羁旅思愁的上作，特别是“碧云天，黄叶地”两句，成为描写秋景的千古绝唱，“明月楼高休独倚”也成为脍炙人口的佳句，有理由让学生背诵这首词，领略北宋政治家范仲淹的家国思愁和挥洒文采。

碧云天，黄叶地，秋色连波，波上寒烟翠。山映斜阳天接水，芳草无情，更在斜阳外。

黯乡魂，追旅思，夜夜除非，好梦留人睡。明月楼高休独倚，酒入愁肠，化作相思泪。

我把这首词抄到黑板上，让学生抄下来。词的上阕描写的天高云淡、碧空万里的景象，并不难理解，关键是让学生读出高远苍茫的感觉。我让学生试读了一遍，感觉相当不错，有了大量的唐诗垫底，学生的理解能力让人欣慰。

我领读，一边读一边讲解了“波上寒烟翠”和“芳草无情，更在斜阳外”这两句的含义，这两处较难理解，关键是让学生在脑海中浮现出画面。同时，我也让学生初步感知了“芳草”这个思乡之作中经常用到的意象。

词的下阕需要读出词人的乡愁和顿郁之感，小小的孩子没有这种体验，我要用自己的朗读把学生带入这种情绪之中。教师动情地诵读是直接而有效的方法，两遍下来，学生已经读得沉郁顿挫了。

“明月楼高休独倚，酒入愁肠，化作相思泪。”小小的孩子虽不懂得什么叫离思，什么叫乡愁，但从今天开始，美丽的宋词已经走进孩子们的心灵了。

双燕归来细雨中

周一早上，随着欧阳修的优美笔触，我们的宋词之旅开始来到美丽的西湖。

在欧阳修隐居颍州所创作的十首《采桑子》中，“群芳过后西湖好”可谓是最别致的一首，此词不仅写出了作者眼中不同凡俗的西湖暮春美景，更体现了作者隐退后的超然恬淡的心情，称得上是欧词中的佳作。

我让孩子们把这首词抄下，然后根据自己的理解配上插图。丛雨问：“老师，画西湖的荷花好不好？”我反问丛雨：“为什么要画荷花？”“因为有句诗说‘接天莲叶无穷碧，映日荷花别样红’啊！”我笑了，因为丛雨把杨万里的《晓出净慈寺送林子方》和这首词联系在了一起，这应该说是一种学习的迁移。但丛雨显然没有理解这首词的意思，更不清楚本首词描写的是哪个季节的美景。

我告诉孩子们，可以从“落红”“飞絮”“垂柳”“双燕”“细雨”这几个意象中去推测本词所描述的季节。很快，孩子们有了创意，有的画上了细雨中归来的燕子，有的画上了袅袅的垂柳，有的画上了几片飘落的花瓣。

为词配上了插图，孩子们对词所描述的意境也就理解了大半，其余不懂的地方可以放在诵读中理解。我开始领孩子们诵读，“群芳过后西湖好”挈领全篇，直言群芳凋谢之后，正是西湖最美的的季节。这一句不难读，关键是有一个感情的跨度，“群芳过后”既点明季节，又写出西湖特有的风姿，既要读得美，又不宜太高昂；“西湖好”句，直抒胸臆，要读出作者对西湖的真挚热爱之情。“狼藉残红”“飞絮濛濛”“垂柳阑干尽日风”三句，具体描述了西湖遍地落花、飞絮飘舞、垂柳在微风中尽情舞动的美景。我让学生边读边想象画面，学生读得特别美。

“笙歌散尽游人去，始觉春空，双燕归来细雨中”，孩子们尽情诵读着暮春季节的诗词。

知否，知否？应是绿肥红瘦

昨夜雨疏风骤，浓睡不消残酒。试问卷帘人，却道“海棠依旧”。知否，知否？应是绿肥红瘦。

对于像这样散发着清灵与才情的诗句，我情愿读上一百遍。

孩子们也是如此喜欢，仅仅用了 5 分钟的时间，所有的孩子都把李清照的这首《如梦令》背下来了。

按照惯例，我应该把这首词的大体意思讲一讲，然后让孩子们展示诵读，或者是比赛诵读，通过朗读，来体会词的美好意境，感受词人惜春的情绪和高雅的情趣。

“昨夜雨疏风骤”既是对时间的交代，也是对现实景物的描写，正因为有了这样的风狂雨猛的天气，所以才有词人对海棠的关心，才有下文与侍女的对话。

而“绿肥红瘦”之精妙，堪称千古绝唱。词人因为关心海棠，所以浓睡之后醒来的第一件事，就是向侍女询问。“绿肥红瘦”既是词人略含娇嗔的反驳，又是词人心中的海棠景象——春天即将过去，绿叶茂盛了，娇媚的花儿自然显得稀少了。是爱惜花儿，是怜惜自己，还是不舍春光渐去？各种情绪应该都有。

我启发孩子们：可以在“海棠依旧”前加一个什么样的问句？

王浩说：“海棠花怎样了？”

丛雨说：“不对，这样诗意就淡了，应该是‘海棠如何？’”

丛雨的回答自然更贴切些，接下来，孩子们分角色诵读。

旁白：昨夜雨疏风骤，浓睡不消残酒。试问卷帘人，

词人：海棠如何？

侍女：海棠依旧。

词人：知否，知否？应是绿肥红瘦。

这样反复诵读了几遍，孩子们兴趣盎然，再次朗读整首词时，效果已经很明显了。

今年花胜去年红

在所有伤春怀友的词作中，欧阳修的《浪淘沙》(把酒祝东风)可谓是上乘之作。词作融情于景，把对朋友的如水深情寄托在盛日美景之中，感人肺腑，能引起读者的强烈共鸣。因此，我让学生诵读这首词，在诵读中体会词人对友人的深厚情意。

词的上阕是对以往友情的回忆：这应该是一个风和日丽的春日，词人和朋友把酒临风，携手游春。“把酒祝东风，且共从容”，直接写出了朋友相聚时的潇洒和意气。“垂杨紫陌洛城东”，点明了游玩的地点。我把“紫陌”的意思告诉孩子们，让孩子们感受词人对朋友间这种高贵友情的自豪。

“总是当年携手处，游遍芳丛”，写出了朋友们的感情深厚，游兴之浓，心情之好。讲明了这些，孩子们已经完全明白了上阕的意思，不用老师领读，邱放已经能读得声情并茂。我让邱放范读，其他的孩子也读得兴致勃勃。

词的下阕感慨朋友间的聚散匆匆，思春怀友之情溢于言表。与“月与灯依旧”所不同的是，今年的花开得比去年更好，而且词人设想“可惜明年花更好”。但是，花开得再好，朋友却天各一方，这样的美景与谁一起把酒欣赏呢？其情之切，其心之迷茫，让每个读者为之动容。下阕的意思很好理解，但朗读起来有一定难度。我范读一遍，让孩子们在听的过程中加深对词的理解。这样的范读，效果特别好。

“今年花胜去年红，可惜明年花更好，知与谁同？”什么叫友情？面对良辰美景，把朋友放在心里最重要的位置，时时思念之，这就是最朴素、最美好的朋友之情，愿我的孩子们能体会得到。

学期末的诵读展示

徜徉在宋词中,日子过得飞快。转眼寒假来了,孩子们既盼着放假,又对学校有些依依不舍。学期将结束,我们把课本复习了一遍。但孩子们的兴趣还在能不能开宋词展示会上。杨文浩问我:“老师,会不会因为复习就不举行活动了?您放心吧,我们一定能考好的。”我说:“怎么可能?下午就举行。”

下午,我们早早来到教室,王童、夏菲、魏一辰早就把黑板修饰好了。

下午2点,“徜徉在宋词”展示会正式开始,由丛雨和王玉霞主持。齐诵、个人展示、小组合作表演……我又一次看到了我们孩子的精彩。

活动结束的第三天,学校举行综合素养展示,孩子们的表现仍然特别优秀,这完全在我的意料之中。

吕新笑嘻嘻地说:“老师,您不会食言吧?”

我说:“什么呀?”

“老师,您真忘了,还是装的呀?”

呵,老师当然没忘——一定让你们每个人都拿着奖状回家过年。因为,你们的确都是优秀的孩子。于是,从来没有领过奖状的吕新高高兴兴地捧回了第一张奖状。

在论语的智慧里成长

“在论语的智慧里成长”是六年级下学期的“悦读”课程。根据学生学习的需要,把论语重新改编,把原来的20篇分为“学习篇”“朋友篇”“理想篇”“修养篇”“师生篇”五类,目的是让学生通过诵读,感受智者的人格魅力,并且受到积极的人生态度和高尚品格的熏陶。

“在论语的智慧里成长”课程的实施主要采取以下策略:

1.故事引领诵读。历史故事多如牛毛,关于孔子的故事也比比皆是,在诵读《论语》时讲上几个生动有趣的故事,既可以调动学生诵读的兴趣,又可以帮助理解诵读的内容。

2.活动促进诵读。孩子是活跃的个体,他们喜欢活动,如同喜欢享受美味佳肴一样自然,在诵读的过程中,经常举行“《论语》擂台赛”和“攻擂小能手”等活动,以促进学生的诵读。

案例五:

聆听智者的智慧

开　始

我们的《论语》之旅始于一个美好的清晨。我把修养篇的第一篇工工整整地抄在了黑板上:“学而时习之,不亦说乎?有朋自远方来,不亦乐乎?人不知而不愠,不亦君子乎?”

孩子们在教室里正襟危坐。买了书的孩子手里各自捧着不同版本的《论语》,没有书的孩子聚精会神地盯着黑板。

我说："谁第一个读呀？"陈浩东立即把胖乎乎的小手举了起来。呵呵，这个孩子啊，总是这么喜欢表现自己，那就你来吧。陈浩东读得磕磕绊绊的，但总算是读下来了。我说："不错呀，只读错了三个字，老师和你这样大的时候，还没听说过《论语》呢。听老师把它背下来吧。"

我刚刚背完，陈逸飞迫不及待地喊："老师，酷呆了呀！"我说："那就一起来读吧！"

世界上还有什么声音比孩子们动情的朗读更动听呢？当他们读到能背诵的时候，我说："一遍比一遍背得好，高兴不高兴啊？"孩子们高声回答："不亦说乎！"

"陈浩东，你日思夜想的好朋友自远方来了，心情怎样啊？"

陈浩东高声朗读："不亦乐乎！"呵呵，"乐"字不会再读错了。

"别人不了解你，你也不会生气，这才是——"

"不亦君子乎！"孩子们齐声诵读。

这个与黎明共舞的早晨，我的孩子们舞出了《论语》篇的第一步。

讲故事

我说："今天，咱们先不着急读《论语》，老师先给你们讲个故事，好不好？"孩子们高兴坏了："耶！"

"宋朝的时候，有一个名叫朱寿昌的人，他可是个出了名的孝子。他的生母刘氏，原来是他父亲的小妾，因为正妻妒忌她有了小孩，于是啊，设了一个计谋，将她赶出了朱家。从此以后，母子骨肉分离，五十年未能相见。

五十年以来，朱寿昌无时无刻不在思念母亲，每到一个地方为官，他都要四处查找母亲的踪迹。可是人海茫茫，找人谈何容易。宋神宗当朝的时候，他再也没有心思做官了，决定辞掉官职去寻找母亲。临行时，他告知家人自己的决定，发誓说：'找不到母亲，我今生今世绝不回家！'这一次，他将寻母的重点放在秦地（今陕西）。后来呀，历尽千辛万苦的他，终于在同州（今陕西大荔县）找到了自己的母亲。当时他的母亲已经七十多岁了。

朱寿昌弃官寻母的孝行，在当时社会引起轰动。著名政治家、文学家王安石、苏轼等人都赋诗大加赞扬呢。"

这群可爱的孩子，显然是被感动了。陈卓韵双眼红红地说："幸亏找到了，多好呀！"

"孩子们，在孔子的徒弟有子眼里呀，一个懂得孝敬父母的人必定是道德高尚的君子呢，让我们一起诵读有子的一段话吧！"

教室里响起了朗朗的读书声："其为人也孝悌，而好犯上者鲜矣；不好犯上而好作乱者，未之有也。君子务本，本立而道生。孝悌也者，其为仁之本与！"

也许，孩子们还不完全懂得有子话的含义，但是，有了动听的故事做导航，孩子们读得津津有味。

相信时间，相信种子。

自编的故事

刚走进教室,孩子们就迫不及待地说:"老师,开始吧?"

我说:"好呀! 今天要读的《论语》有点难呢! 怕不怕呀?"

"不怕!"

多么可爱的孩子啊! 让老师先讲个故事吧:

有一天,孔子的学生子贡问孔子:"老师,如果一个人很贫穷,但他从来不去对别人低三下四,曲意逢迎,以求得别人的施舍;如果有一天,这个人成百万富翁了,也不飞扬跋扈,你觉得这个人怎么样啊?"

孔子回答说:"这样的人很好啊! 但是,如果一个人很贫穷,但他却很注意修养自己的美德;虽然富贵无比,但很谦和有礼,那就更好了!"

子贡说:"是不是一个人要完善自己的美德,就要像制造一块美玉那样,要不停地'切呀、磋呀、琢呀、磨呀?'"

孔子一听,可高兴了! 他说:"端木赐呀,我可以与你一起谈论《诗经》了,因为你学习的时候,可以举一反三了呢!"

故事对孩子显然很有吸引力,孩子们入迷了呢! 我说:"这就是今天要诵读的内容啊!"

不一会儿,一只只小手就举起来了,孩子们争先恐后地背给我听。让老师做旁白,一起来诵读吧:

子贡问孔子曰——

孩子们回答:"贫而无谄,富而无骄,何如?"

孔子回答曰——

"可也,未若贫而乐,富而好礼者也。"

子贡恍然大悟,曰——

孩子们齐诵:"《诗》云,如切如磋,如琢如磨,其斯之谓与?"

孔子高兴极了,曰——

孩子们的声音更响亮了:"赐也,始可与言《诗》已矣,告诸往而知来者。"

多么美好的早晨啊,我的孩子们在愉悦的气氛中接受了中华经典的熏陶。

比　赛

有所追求的岁月总是那么匆匆,不知不觉,我和孩子们已经在《论语》的琼浆玉液中浸润了两个月了。这段日子以来,孩子们读《论语》,谈《论语》,比《论语》,看得出,他们已经深深地爱上了这种美丽的晨读,爱上了这部最经典、最智慧的著作。每当看到孩子们摇头晃脑的可爱样子时,总有一种感动暖暖地溢于心头。

早晨,我刚来到办公室,姜琪满头大汗地跑进来了:"老师,今天背哪一篇啊?"

我说："今天不背了。"

"不背了呀！"失望一下子就写在了这个孩子的小脸上，我乐了，这个以前不爱读书的孩子，今天已经成为小书虫了。

来到教室，孩子们全体作出惊讶状："老师，为什么呀？"

我说："考你们呗！"

教室里一下子热闹了，孩子们个个摩拳擦掌。我说："孔子认为什么样的人是君子呢？"

谭良第一个抢着回答："君子之于天下也，无适也，无莫也，义之与比。"

李佳慧也不示弱："君子耻其言而过其行。"

"君子成人之美，不成人之恶。小人反是。"

她一口气说了两句，胜过了谭良。

"不患人之不己知，患其不能也。这也是君子。"呵呵，会触类旁通了，这个聪明的陈卓韵啊！

"君子上达，小人下达。"

"君子泰而不骄，小人骄而不泰。"

"君子和而不同，小人同而不和。"

"君子坦荡荡，小人常戚戚。"

"君子喻于义，小人喻于利。"这就是我们的古诗大王李悦，一口气说了五句，教室里响起了一片掌声。

"君子易事而难说也，说之不以道而难说也，及其使人也器之；小人难事而易说也，说之虽不以道说也，及其使人也求备焉。"李梦璇真是了得，背这么长的一段毫不含糊。

"君子讷于言而敏于行。"

"君子求诸己，小人求诸人"……

下早读的铃声响了，教室里仍然小手林立。在这个与黎明共舞的早晨，我相信，我的孩子们已经读懂了什么是真正的君子品格。

幸福的成长体验

"高品位悦读"构建了适合学生身心发展的阅读体系，丰富了学生的成长体验。就传统文化而言，我们从唐诗背到宋词，再背到《论语》，一条线下来，由浅入深，学生很系统地触摸了中华优秀传统文化的脉络，又没有把所有传统文化一股脑地砸向学生，学生既保持了兴趣，又没有压力，幸福指数达到了100%。

就读整本的书而言，孩子们从读童话，到读曹文轩的儿童小说，再到六年级读《三国演义》等小说，这是一个内容层次上的跨越；从只知道看热闹，关注故事情节，到能从文学作品中提取蕴含的哲理，还能学着创作，这是孩子们阅读方法上的飞跃。

“高品位悦读”丰富了学生的成长体验，例如学生在读《青铜葵花》时，书中所描述的故事，在学生的现实生活中也许永远体会不到，但孩子们在读书时所见证的弱小的女孩葵花的不幸，以及青铜一家人的善良；孩子们随大麦地人经历的火灾、蝗灾、水灾的无情袭击，以及大麦地人从磨难中顽强站起的历程，这些在书本中得到的经历，读书时所产生的或愉悦或悲伤的感受，是任何非读书活动所不能代替的。

“高品位悦读”注重的是过程，强调的是感受，培养的是兴趣，尊重的是个性。在“高品位悦读”的路上，孩子们快活着，收获着，经典文化的营养直抵他们的心灵，涵养了他们的精神和气质。

案例六：

孩子有多喜欢

我喜欢

走进办公室，刚端起杯子，王童就跑了进来：“老师，美术老师请假了，再上语文吧？”

“上了两节了，不嫌烦啊？”我不喜欢上多余的课，课程表上的课程安排，都是严格根据要求来的，这样的安排，既有利于学生的全面发展，又便于学生调节学习的节奏，也避免了学生对某一门课产生厌倦心理。

“可以上读书课啊，我们喜欢！”

听到这三个字，就想到了小豆豆，巴学园里调皮可爱的小豆豆。

小豆豆进入巴学园，第一眼，看到了巴学园与众不同的校门——从地里长出来的校门（其实就是两棵大树而已）；第二眼，发现了别具一格的教室——用废弃的电车做成的教室。于是，小豆豆就无限向往地对妈妈说：“我喜欢！”凭感觉，凭爱好，凭真心，不知道自己已经被退过一次学的小豆豆说出了她内心真实的感觉。从此，她在巴学园里度过了幸福的童年。

我的孩子们说：“马老师，我好喜欢这种读书方式！”同样就是简单的喜欢。

看到孩子们认真读书的样子，看到孩子们渴望上语文课的眼神，我觉得这种教学方式，对得起孩子，对得起自己。一本薄薄的语文书，二十几篇短短的小文章，要用半年的时间来学；一个词语，自学期开始，到学期结束，要反反复复让学生写上几十遍；千篇一律的试卷，让学生一遍又一遍地做。我认为，这是一种对学生时间的浪费，对生命的浪费。

孩子喜欢，也是单纯的喜欢，他们已经体会到了读书的乐趣，并随文字一起成长。在读书课上，他们曾感动得哭过，也曾被一些有趣的故事情节逗得哈哈大笑过。读书的过程，是孩子们情感成长的历程，也是心灵成长的历程，这是任何试卷、任何说教都代替不了的。

2006 年秋季，刚接过六年级二班，夏菲的妈妈发现自己的孩子一反常态，回到家后，妈妈走到哪里，她就跟到哪里，饭桌上、厨房里，一直和妈妈说在语文课上如何如何，言语之中露出对语文课的喜欢，对老师的敬佩。妈妈就问孩子："为什么这样喜欢语文老师呢？"问完，满怀期待地等孩子回答，以为孩子会一口气说出语文老师的许多优点：年轻啦，漂亮了，谁知孩子却只回答了妈妈一句："喜欢就是喜欢，没有理由！"孩子一边说，一边露出幸福的神态。

"这样的语文课，我喜欢！"其实，已经不止一个孩子说过这样的话。

"你这样爱读书的孩子，老师也喜欢！"我也不止对一个孩子这样说。

于是，多数时候，我们的教室里，就静悄悄的——孩子们都在读书呢！因为，他们喜欢！最后，还是用迪金森的诗来表达一切吧：

这渠道最穷的人也能走
不必为通行税伤神——
这是何等节俭的车——
承载着人的灵魂。

个个都是好孩子

"真是个好孩子！"当张永健背过一首诗时，我说。

"真是个好孩子！"当夏菲读完一本书和我讨论时，我说。

"真是个好孩子！"当张新宇提出不明白的问题让我解答时，我说。

"真是个好孩子！"当王晨捡起横在教室地面上的笤帚时，我说。

两星期后，每个孩子都听到了我说的这句话，每个孩子听到我发自内心的表扬后都是一副幸福的神态，无一例外。于是，他们一次一次去做曾经让老师说"好孩子"的事情，而且做得越来越好。

后来，我和孩子们一起读黑柳彻子的《窗边的小豆豆》时，惊喜地发现，让小豆豆喜欢的校长小林宗作先生，也经常对小豆豆说这句话。就是这句话，时时回响在调皮可爱的小豆豆耳旁，让她时刻充满自信地觉得自己是个好孩子，并且在做一件可能不太好的事情时，会去想：好孩子会这样做吗？

黑柳彻子在《窗边的小豆豆》的后记中这样写道："如果我没有进入巴学园，没有见到小林先生，恐怕无论我做什么，都会被贴上'坏孩子'的标签，被自卑的心理包围，不知道该怎样做才好。可能就会怀着这种无所适从的心理，直到长大吧？"

庆幸的是，小豆豆被一个伟大的妈妈领进了巴学园，遇到了一个了不起的校长——一个聚精会神地听小豆豆说了四小时的话而不打哈欠的校长。小豆豆在"你真是个好孩子"的爱和理解中长大。

我们老师被称为"园丁"。但是，多数时候，教师手里就像拿着一把无情的剪刀，见哪个孩子与众不同，旁逸斜出了，"咔嚓"剪一下，久而久之，孩子再也不会做出特别出格的事情，也就从此失去了个性。如果发现哪个孩子成绩跟不上了，就采用拔苗助长的办法，不管他是否能接受，是否喜欢，时间一长，这个孩子对学习再也没有兴趣，甚至对任何事情都失去信心。

我们希望培养出的苗子整齐划一，合乎教师的标准，这是极端错误的。每个孩子都不是十全十美，每个孩子都不会一无是处，教师的任务不是修剪，而是提供阳光和养分。只有阳光当头照，小树苗才会拼命往上生长。而“你真是个好孩子”就是照在每个孩子心头的一缕阳光。

永远不会忘记小林宗做校长在巴学园经常说的一段话：“无论哪个孩子，当他出生的时候，都具有优良的品质。在他成长的过程中，会受到很多影响，有来自周围环境的影响，也有来自成年人的影响，这些优良的品质可能会受到损害。所以，我们要早早地发现这些‘优良品质’，并让他们发扬光大，把孩子们培养成富有个性的人。”

其实，孩子个个都是好孩子，关键是要有一双善于发现的眼睛和一副乐于引领的情怀。

谢　谢

——记忆力超强！

——谢谢！

这是今天下午我和学生的对话。我是写在黑板上的，学生则是脱口而出。

学期快要结束，也许别的老师早已忙着带领学生一遍又一遍地复习功课。初为人师时的我也曾经这样——一切教学活动都围绕学生来进行。对于一本薄薄的语文课本，总是翻来覆去地复习一遍，再复习一遍；不厌其烦地做一次次练习，再做一次次练习，唯恐学生复习不全面。

其实，这样反复地复习，是对学生时间的一种极大浪费，特别是那一部分优秀学生。不客气地说，这种反反复复的复习，或多或少地掺杂了老师的虚荣心——拿学生的表现换取别人对自己教学的认可。

不敢说我已经达到了多么高的境界，但我至少已经不再为此烦恼。让优秀学生浪费宝贵的时间，来陪另外一部分孩子做意义不大的练习，是不公平的。

我依旧带领孩子们徜徉在宋词中。

我们背的是柳永的《玉蝴蝶》，一首怀念友人的词作，有意境，也有难度。

为了调动孩子的积极性，我讲解了词的大体意思之后，让学生分两部分背：先背上阕，再背下阕。几分钟过后，学生把上阕背过。在学生开始背诵下阕时，我在黑板上写下了这样几个字：记忆力超强。我刚写完，不知哪个孩子带头说了一声“谢谢”，随即，所有的孩子一起说：“谢谢！”声音里充满了感动，小脸上带着喜悦。见我笑而不答，孩子们接着使劲背了起来，结果，背诵下阕比背诵上阕用的时间还短。

“记忆力超强”是我对孩子们的真诚赞美，我把它写在了黑板上，也就写在了孩子们的心里，从而成为促进孩子们学习的动力。孩子们脱口而出“谢谢”，是他们读懂了我的赞美。正是这种相互之间的真诚与默契，让孩子们处于一种积极的兴奋状态。在这种状态下学习，其效果也就特别显著了。

——读得真投入！

——谢谢！

——见解真独到！

——谢谢！

在“高品位悦读”的课堂上，一路都是这样愉快的情景。

流泪的丛雨

下午上《草房子》读书汇报课，交流的场所依旧在教室。孩子们把黑板修饰得非常漂亮，书中的几个重要人物的图像，都被孩子们画到了黑板上，各具情态，形象逼真。

与交流《青铜葵花》时相比，这次参与发言的孩子更多，谈得更独到，更深刻。但丛雨却迟迟没有到讲台上发言。

丛雨长得文静漂亮，落落大方，颇有点“林妹妹”的味道，酷爱读书，很容易受感动。记得上次交流《青铜葵花》，丛雨就半途下场了，因为说到葵花的爸爸为了打捞自己画的向日葵而落水，女儿葵花自此成了孤儿时，丛雨泣不成声，最后只好走下了讲台。那节课后，我看了丛雨的发言稿，写得非常感人。

眼看下课时间快到了，其他的孩子都发言完毕，如果丛雨再不上场，她就要失去交流《草房子》的机会了。在我的再三鼓励下，丛雨又站在了讲台上。

这次，丛雨交流的是《药寮》一章。当她说到病重的桑桑为了完成妹妹的心愿，背着妹妹爬上城墙，累得几乎爬不起来时，她又一次泪流满面。

丛雨的两次流泪让我想到了很多，第一次，她是为原本就没有妈妈的葵花失去与之相依为命的爸爸而流泪，第二次，是为了桑桑的病和桑桑对妹妹的爱而落泪。与其说是曹文轩的文字感动了丛雨，倒不如说丛雨善良的心感动了我。在这个物欲横流的今天，在一部分人视金钱为父母视读书籍为粪土的今天，在一部分人的心灵渐渐麻木的今天，这个生活幸福的孩子为另外一部小说中遭遇不幸的女孩流泪，让我看到了文学的感染力。

后来，在学校举行的古诗文诵读展示会上，丛雨的一曲《葬花词》赢得了同学们的热烈掌声，这个善感孩子，对文字有着独特的感悟能力。

曹文轩说：“美的力量绝不亚于思想的力量。一个再深刻的思想都可能变为常识，只有一个东西是永不衰老的，那就是美。”

愿我的读着曹文轩的纯美小说在长大的孩子，能深刻体会到这一点，我相信。

每个孩子都是诗人

最近一段时间，每当我打开邮箱时，经常看见孩子们发给我的小诗。品读孩子们的小诗，如同品尝一枚枚尚未成熟的橄榄果，虽其色青青，其味涩涩，却总能从中咀嚼出一丝甘甜，这丝丝甘甜不时让我感到一种温暖，一如看到孩子们稚气的小脸，感受到他们的单纯和善良。

春天是个美丽的小姑娘/她轻轻唤醒了小草/山坡上一片翠绿/她唤醒了小花/大地上一片缤纷/她唤醒了小树/小树摇着嫩芽微笑/她唤醒了小河/小河唱出哗啦啦的歌/……

这是一个叫李胜男的女孩发给我的，读到这首时，我面前浮现出了那个黑黑瘦瘦的女孩。记得刚接过这个班时，这个女孩几乎整天不说一句话，上课时，她总是瞪着一双大眼睛认真地听我讲课，但从来不主动举手回答问题。我很快了解到这是一个自卑而孤独的女孩，但我也发现她特别爱读书和写作，于是，作文课上，我经常读她的作文。渐渐的，在这个小女孩的脸上，我看到了自信的笑容，课堂上也经常听到她精彩的发言了。现在，从她发给我的这首小诗中，再也找不到她当初的羞涩和自卑。

在挺拔的高粱上/秋是火红的/在沉甸甸的谷穗上/秋是金黄的/在巍峨的群山中/秋是苍翠的/在潺潺的流水中/秋是蓝色的/在我的心中/秋是多彩的

这是李源发给我的《秋的色彩》，李源是一个多梦的女孩，在她的笔下，时不时地会诞生一副色彩明丽的画，一首节奏明快的小诗，一件稚嫩拙朴的小手工制品……操场上，教室里，经常听到她银铃般的歌声和笑声，真不知道这个女孩哪来的这么多的活力和热情。一想到这个女孩，我的心情便变得格外明朗。

读着孩子们发给我的一首首小诗，我忽然发现，原来，每个孩子都是诗人，每个孩子都可以写出美丽的小诗，因为文字已经使他们本身成为了一首灵动的诗。毋庸置疑，一个热爱文字的孩子，一个热爱创作的孩子，一个热爱诗歌的孩子，对生活会包含着怎样的热情！此时此刻，我被一种幸福的感觉包围了，我知道，我精心栽培在孩子们心田里的那颗文学的种子，也已经在发芽了……

朴实美丽的脚印

“高品位悦读”在实施期间，得到我们学校领导、县教研室领导和市教研室专家的关怀与指导，在领导和专家的指导下，“高品位悦读”日臻完美。

2007 年 6 月，“高品位悦读”之“美文品读课”《自己的花是给别人看的》得到市教研室专家薛炳群主任和县教研室高源主任的赞赏和指导。

2008 年 6 月，市教研室专家薛炳群主任再次莅临我校，深入课堂听“高品位悦读”之读书汇报课“童年如歌”，给予了我们高度评价和鼓励。

2009 年 11 月，在“全县个性化教学观摩研讨会”上，我作“高品位悦读”经验介绍，引起与会老师们的极大兴趣。

2010 年 1 月，“高品位悦读”教学在“全县个性教师论坛”中作交流，市教研室薛炳群主任和县教研室李庆华主任亲自莅临现场作了指导。

2010 年 4 月，在“潍坊市小学语文课堂教学观摩研讨会上”，我作了小学语文“高品位悦读”的经验介绍，得到与会领导和教师们的高度称赞和认可。

2010 年 4 月，在临朐县“特色教学交流研讨会”上，我和北苑小学六年级二班的孩子上的春天课程系列一“给心底留一抹新绿”，让听课的老师享受到了“高品位悦读”之美韵。

2010 年 7 月，在甘肃成县支教期间，我把“高品位悦读”的经验和做法传授给那里的老师，引起老师们的极大关注和兴趣。

2010 年 11 月，我应邀去天津市河东区实验小学上“高品位悦读”之“美文品读课”《老人与海鸥》，得到天津市教科院王敏勤教授的高度称赞和认可。2011 年 11 月，我再次去天津参加“全国我的模式我的课研讨大会”并作课“为秋增添一抹色彩”，得到与会老师们的高度赞赏。

2011 年 12 月 24 日，“山东省创新教育课堂教学研究暨临朐特色教学成果展示会”在临朐召开。会上，我作了《高品位悦读：让我和学生幸福成长》的教学报告并执教公开课《梅之韵》，受到省教育厅副厅长张志勇专家的鼓励与赞赏。之后，我多次在“全国小学语文主题学习观摩研讨会”等会议上作发言交流。

在“高品位悦读”实施期间，《临朐教育报》分别以图片和文字的形式报道过两次。2011 年 1 月，《创新教育》以“高品位悦读：让师生过一种幸福的学习生活”为题，详细介绍“高品位悦读”教学的做法和成果；9 月，《山东教育报》以“高品位悦读：奏响师生读书的旋律”为题，对“高品位悦读”作了详细报道；2 月，《人民教育》在《每位教师都是一座高山》一文中，也作了介绍。我个人的教育教学论文、案例、随笔等也有 30 多篇在《中国教师报》《山东教育》等刊物上发表。

目前，孩子们的读书兴趣非常浓厚，他们深深地爱着我们的语文课堂，爱着我们的这种读书方式，阅读的书籍人均 20 本以上，阅读总量已经达到了 400 多万字，人均背诵古诗词 400 余首，孩子们的语言表达能力显著提高，创办三种班内刊物。在以后的路上，相信我们的孩子将会更加出色。

（马彩清）

批注阅读：与文本深层次对话

“白老师的语文批注阅读课有这几个特点：让学习变成学生自己的事；让学习变成一个思考的过程；学生在学习过程中留下了自己的足迹，形成了自己的成果；学生边动笔边读书，让学习变成了能力迁移，达到了不动笔墨不读书的目的；课堂批注过程变成了学生个性发展的过程。”

这是2009年秋，山东省齐鲁名师李秀伟老师听了我讲的何其芳的《秋天》后这样评价的。

2010年4月，全县特色教学现场会在我校举行，市教科院刘德义所长亲临我校指导我的语文批注阅读教学，当听了我讲的杨振宁的《邓稼先》后说：“批注阅读教学把语文的工具性和人文性完美地结合在了一起。”天津教科所所长王敏勤教授和我座谈时说：“批注阅读教学能培养学生良好的语文学习习惯，一定要坚持搞下去。”

一位普通的山村教师同时得到这么多专家的关注和指导，这在我校历史上还是首次。

回想我的语文批注阅读教学之路，充满了思考与探索，也充满了付出与收获。

一、驿外断桥边——由一次语文达标试题引起的反思

几年前，我在教初二语文时，学完第一单元后，曾对59名同学做了一次调查问卷，结果却不尽如人意：

内容	积累运用	阅读表达	写作感悟
学会人数	11人	30人	37人

积累运用中出错最多的是：(1)把下面一段话中画横线的成语，用正楷抄写在田字格里，共3个，由于印刷不好，把田字中的虚线全印成了实线，原本很简单的题，就让近三分之二的学生迷迷糊糊，把田字格当成口字格，每个成语抄写了四遍。(2)写拼音或汉字，共10个空，5个空是写汉字，有3个同学一个也不会，全对的仅1人；阅读表达，学生读不懂要求，其中一个题出自毛泽东写的一篇新闻稿《人民解放军百万大军横渡长江》，“主体

部分可分为哪几层”，本来很简单的问题，却出现了这样三种理解：一种是课文可划分为哪几个层次；第二种是主体部分有几层；第三种是主体分层。不会提取整合相关信息，答非所问，乱说一通；写作感悟更是让人苦不堪言，初中生了，写的作文，还是内容空洞无物，材料陈旧：不是老师给我补课，就是妈妈背着去医院；语言苍白无力，就连最简单的用词造句也是语句不通，寡然无味，没有中心，东一句西一句地来凑字数，前后不连贯，为用词而用词，寡然无味。凡此种种，让语文老师不寒而栗。

我们语文教师的敬业精神、工作量大是有目共睹的，那为什么效益如此低呢？语文教学到底做到了些什么？语文到底应怎么教呢？这一系列问题，不能不引起我们的深思。

《语文课程标准》指出：“指导学生正确的理解和运用祖国语言，丰富学生语言的积累、培养语感、发展思维，使他们具有适应实际需要的识字写字能力、阅读能力、写作能力、口语交际能力。”但在实际教学中学生对语言的感悟理解能力并不高，缺乏积累，不会迁移运用，语文学习充其量是学到了一些死的符号。在当前语文课时减少、内容有增无减、学生课业负担需要减轻的情况下，怎样才能让语文教学变得生动、活泼、扎实、有序、高效呢？据统计：文章看一遍，留下的记忆是10％，听一遍是20％，读一遍是30％，说一遍是70％，写一遍是90％。因此，我认为语文教学就应该充分调动学生的主体参与度，做到眼到、口到、手到、耳到、心到。在过去的三年里，我探索实践了初中语文批注阅读教学法，让阅读过程变成了探究思考的过程，把听、说、读、写能力的培养落到了实处。那什么是批注阅读教学呢？批什么、注什么，怎么批、怎么注呢？

二、问渠那得清如许，为有源头活水来——语文批注阅读教学法的探索实践

语文批注阅读教学法是学生在老师的指导下，边读边圈点勾画、标注阅读体验、评价，尔后进行交流提升的一种语文教学法。它的实质是主动探究，读者主动地运用已有的生活经验和知识储备，设身处地地与文本进行广泛的、深入的、全方位的直接对话。在思考、分析、比较、归纳的基础上，用不同的符号、简洁的文字加以标记。可议论，可描摹，可抒情，可记叙，可联想，可赞扬，可批评，可理性，可感性。它强调的是，学生在独立阅读的过程中，对语言文字的感悟、理解、鉴赏、评价、运用，是广泛的吸收、真实的吐露，更是对浮华热闹的课堂表象的反叛。

语文批注阅读教学有五个流程，即初读批注整体感知、精读批注深刻理解、品读批注自由表达、悟读批注能力迁移、交流提升批注。下面，以《人教版义务教育课程标准试验教科书》七年级上册何其芳的《秋天》为例呈现它的过程与方法。

第一环节:掀起你的盖头来——初读批注整体感知

它是对课文印象性体验的批注。具体方法是:

1.教师激趣导入,唤起学生的能动性。

2.学生感知目标,了解这节课的学习任务。

3.感知文本,用符号和文字自读批注。

(1)边读边用符号批注。段序用阿拉伯数字标出,生字难字用(●),总括句、过渡句、重要句用"____",有疑问处用(?),有感叹或惊奇处用(!),注意处、发表感想处用(△),重要段落语段用(★),打算摘抄的内容用"≈≈"。

(2)用文字批注。在文首批注作者及背景资料、文体;在文中标注生字的拼音、生词及常用词的语境意义;在文后批注文本写了什么或为什么写或怎样写的。从文学常识、字、词、句、篇的角度用"我学到了……"、"我的疑惑是……"的句式表达批注时的独特体验。

学法指导:可参考课前阅读提示、课下注释、课后研讨。

此环节的设置在于促进学生走进文本和文本的直接对话,调动自己的经验,积极的思维活动和情感,获得独特的感受、体验。毛泽东曾说过:"要想知道梨子的滋味,就要亲口尝一尝。"阅读是一种个性化的行为,是任何人也不能代替的,"绝知此事要躬行"。圈点勾画批注,尊重了个体体验,满足不同学生对语文学习的需求,把学习的过程变成思考的过程,让文字活跃在学生心中,完成了知识到能力的迁移,做到了阅读的高效性。教师解读文本,找准切入点,唤起学生强烈的好奇心、求知欲,促进学生主动地去学习,以自学自悟、主动探究为重点,指导学生边读边用约定的符号在文本上对题目、文体、标点、字词句、段、篇章结构,内容、语言、写作特色等进行理解、感悟、阐释、发现并圈点勾画。

第二个环节:众里寻你千百度——精读批注深刻理解

这一环节主要是抓住重点词句,引导学生咬句嚼词,由此及彼、由表及里而逐层深入地理解课文的思想内容。具体方法是:

批注疑惑的解除方法。这其中的疑惑是针对词句篇而言,不知写了什么,为什么这么写,怎样写。我引导学生从词语入手,查工具书、心理揣摩、语境推断、联系主题、换词比较、语法分析、词语的色彩等来分析其表达作用并在文首记下问题解除的方法。

批注谋篇布局的方法,即文本写了什么,为什么写,怎样写,包括内容的选择,写作思路等。我要求学生在文中用"‖"、"/"批注段落与层次;在文侧用简洁的语句批注段落与层次的大意;用(oo)批注文中富有表现力的词(提示性、总结性、主题性、过渡性、因果关系、转折关系、递进关系等)或关键句的方法。批注过程一般是:先自己批注,再小组内交流研究后全班交流。

《秋天》一文这样引导：在文侧批注散文诗的结构、修辞、写作的角度、语言特色及其表达效果，设计这样的问题启发学生思考：

1.诗人笔下农家的秋天具有怎样的特点？诗人是如何加以表达的？

2.秋天到来之后，渔家的劳作和生活具有怎样的情致？

3.怎样理解牧羊女的“梦寐”？让学生感悟到画面清丽、意象丰富、语言精练、意味隽永，多用比喻、拟人等修辞，生动传神；写景有序，由近及远，由景入情，情景交融。

这一环节，旨在培养学生主动参与、乐于探究、勤于动手，收集和处理信息、分析和解决问题的能力。理解课文内容，感悟它的妙法非细读不可。细嚼慢咽，深钻细研，冥思苦想，苦苦追寻，才能洗其精华。茹志鹃说：“书，光看是不行的，看个故事情节，等于囫囵吞枣，应该精读。”因此，我们在教学中必须透过语言文字所描述的表象，引导学生深入理解其本质的内涵。这样学生能抓住其本质，本身就是领悟了其中的思想。

第三个环节：你在丛中笑——品读批注自由表达

这一环节品读的内容及过程是：

1.品词句。在文中用“oo”、“__”标出自认为写得最恰切，最生动形象，给人强烈美感，给人有力的感染，给人最自然的思想教育等内容的词句。从语言、内容、情感来品读。

2.品篇章：写作手法、结构、内容、情感等。

具体包括开头和结尾、过渡和照应、层次结构、详略的安排、点题显志、写作方法等方面。

评点形式：

(1)用“我最喜欢的是……因为它美在(怎样写\写出了\表达了)……”的评点形式。

(2)有感情地朗读你喜欢的语段。

这一环节旨在提高学生的思考能力、分析能力、感受语言、品味语言的能力，陶冶其情操，培养其写作、表达能力。揣摩，能得语言的思辨之味，体会到语言的表达之美。朗读能把躺着的书面文字立起来，出口时的声音负载着思想感情，增强了语感。把沉淀在文中的感情生发出来，更好地与作者对话，和作者达到情感的共鸣。不通过一定的品读，学生就不可能真正达到对课文的了解与欣赏，那些语言大师的经典著作也只能成为负载信息的冷面符号，无法调动学生学习的兴趣和情感，语文教学就无趣、无味。只有通过品读，它的韵味、情感、精妙之处才能与学生产生共鸣，互通互溶。因此，教师必须引导学生对语言材料的意蕴、情趣、结构、写作方法进行品析感悟，从而领悟到文本在遣词造句、篇章结构方面的妙处，提高鉴赏能力，使自己的思想情感受到美的熏陶，并积累丰富的语感。

第四个环节:靠近你温暖我——悟读批注能力迁移

学生在阅读过程中,感于言而动于情,此时加以引导,以知识储备、生活经验、联想与想象进行拓展延伸,以选文里的言语运用实例为基点,延伸扩散到现实生活之中,激发学生的联想与想象,拓宽课堂,实现生活、语文的对接,实现综合性学习,让知识成为学生自己思考的结晶,把知识转化为能力。

这一环节多采用运用性批注方法。运用性批注包括读书心得、改写、缩写、续写、美文仿写等多种形式。如学习了《大自然的语言》一文后,学生被竺可桢诗意的语言所吸引,一吐为快,沈秀同学写道:"冬姑娘悄悄地走来了,它宛如一位蒙着面纱的清秀女子,她把世间的纯洁送给了大地,山坡上、田野里,到处呈现一片雪白的景象,偶尔,一只小野兔出来觅食,雪地上拍下了它一串串梅花似的脚印。太阳也出来凑热闹了,金色的光芒洒在大地上,于是那一串串脚印转眼间黯淡了。"高楠同学说:"树叶回到了大地母亲的怀抱,雁南飞了,这一切的一切在无声无息地告诉大家:冬天来了。冬天的景象就像一幅单调的水墨画,没有什么浓艳的色彩来装饰,有的只是无尽的枯草和光秃秃的萧瑟感,冬天应是四季中最单调、最寂寞的,但唯一能安慰的是漫天飘雪的美。"吴致芹写道:"风儿嗖嗖地袭来,路上的行人裹紧了衣服,树木换上了轻装,在与风儿的默契配合下,开始跳起了动感的舞蹈……"他们观察仔细,抓住了特点,妙用词语,巧用修辞把景物写得生动形象,语言优美。在批注阅读教学中,学生对课文有自己独特的体验,深深的感动,把学生引出文本,拓展文本。如学了莫怀戚的《散步》后,学生们被文中的人物、语言、情景所感动,带着这份感动,写自己的亲情故事。其中有十几个同学写得非常出色,我专门拿出两节课,全班交流了优秀的作品,听者无不听得入神,跟着作者同欢喜,同流泪。高楠同学的《爸爸的鼾声哪去了》,把爸爸的鼾声写得是那样的入木三分,又善于设置悬念,引起听者的兴趣,原来这鼾声并没有消失,只是出现在作者睡梦中,作者睡熟了,爸爸才肯去睡。吴致芹同学的《十二块钱的母爱》,一家四口人,妈妈执意要买三双棉鞋,面对"我"的不解,妈妈笑着说:"你们上学的上学上班的上班很冷,我在家不冷除了抱着火炉子,没什么事,我穿你们换下来的就行。"平常的话语,催人泪下。吴朝霞同学的《我多想过一个完整的生日》,她过生日了,妈妈没回来,虽然爸爸对她关爱倍加,可毕竟代替不了妈妈的爱,于是,一切都在她的眼里失去了颜色。从这里我们感受到家长的辛劳。……感受着他们的作品的同时,也都有了自己的一些新的感悟。第二节课的时候,我又让学生互相评改了作文。通过这次作文课,同学们更进一步地体会到写作文并不难,要从小处着手,写出真情实感,激发了写作的热情。

第五个环节:轻歌曼舞还复来——交流读提升批注

师生互动交流,让知识再构建,能力再提高,情感再深化。实际上批注的交流,伴随阅读的各个阶段,学生在自学领悟的基础上,在批注中有了新发现、新思想、新感受,就拿来分享。你有一个苹果,我有一个苹果,加起来就有两个苹果;你有一种思想,我有一种思想,加起来就有多于两个的思想。学生在自读批注中,都会有自己新的发现、新的思想、新的感受,这时,教师要给他们一次成果展示、问题探究的机会,在交流中解除疑惑,思想碰撞,生成新的问题,再进一步地批注探究。展示的方式,可以是班内展示,也可以是小组内展示,可以是组长发言,也可以是自主展示,畅所欲言;对一些自己解决不了的疑惑,采取先小组内探究,后全班探究的方式,生生不能解决时教师要即时引导点拨,学生在互动交流中,产生了思想的碰撞,提高了思想认识,学习别人的优点,克服自己的不足,博采众长,自熔一炉,凸显个性。同时,也体会到收获的喜悦,在交流中学会了合作,激起了学习的兴趣、开发了学习的潜能,在阅读中学会了阅读,提高了听说读写的能力,完善自己、升华自己。在这其中教师要抓住契机,引导学生深层次的批注理解。

三、大珠小珠落玉盘——批注阅读的形式和方式

吕叔湘同志在《全国中学语文教学研究会开幕式上的讲话》里指出:“语文课跟别的课有点不同,学生随时随地都有学语文的机会。逛马路,马路旁边的广告牌,买东西附带的说明书,到处都可以学到语文。”语文教学应打破时空的界限,使课内自主学习与课外自主实践得以沟通,变禁锢、封闭的课堂为课堂、校内、社会彼此相连的一泓活水。“借沃土育苗”土中自含肥料,只要教师撒下种子就能自生自长,可谓“师逸而功倍”。批注阅读教学过程中,以课本课堂为主体,创新了其他几种形式的阅读批注,突破了课本课堂的束缚,让狭小的课堂走向宽阔,单一的课堂走向多元,树立了“大语文”的观念,满足不同学生的需求,扩大语文的视野,学生在“大语文”的海洋中遨游,获取了更多的知识,提高了自己的语文素养。

批注阅读的形式有文本式批注和积累式批注。

(一)文本式批注:让学生在文本上对题目、文体、标点、字词句、段、篇章结构,内容、语言、写作特色等进行理解、感悟、阐释、发现并圈点勾画、感悟、评价。可采用眉(文首)批,记下疑难问题,问题解除的方法;夹(行间)批,记下重点字词句的理解与语境含义;旁(文侧)批,批注文章的层次、思想感情、表达方式、写作特色、精彩语句等的内容。文字批注比较灵活,力求简洁,准确表达自己意思。

文本式批注的辅助形式小蝌蚪找妈妈式批注,是把阅读理解的问题放回文中,从中挖掘、筛选、提炼、整合相关信息,作出解答,以此提高学生发现问题、分析问题、解决问题

的能力。

（二）积累式批注：又分为笔记式批注、集射式批注、收藏式批注、手抄报式批注、摘记卡式批注、蜜蜂采蜜式批注、亲子共成长式批注。

1. 笔记式批注。把文中的生字词、文学常识等基础知识，精彩句段，读书时遇到的疑惑的解除等积累到笔记本上，读记并举，加深印象，便于温习，另一方面积累了大量的语言材料和写作材料；纲要式，把要点、行文思路等记到笔记本上，有利于提高学生谋篇布局的能力；创造性的批注，要求学生以文本为切入点，对文章的语言、结构、内容、思想情感进行评点赏析等创造性写作。

2. 集射式批注。集是集束，九九归一。射是主题燃放。如记叙文专题练习后采用集的方法，把练时的主要考点、答题技巧束出来。在复习古诗词时用用射的方法，确定主题（主题可以是作者、年代、内容、感情），找与主题有关的诗词，并选择自己喜欢的，从各个层面进行批注。此举提高了学生的分析归纳能力和举一反三的能力。

3. 收藏式批注。以不用的书为底本，把自己在平时阅读报刊等资料时，剪下来的知识，进行分类粘贴在底本上，并记下剪贴的理由，学生自己设计封面、目录，由此，积累了丰富的知识。

4. 手抄报式批注。我每月设计一个栏目，让学生准备八开挂历纸，围绕专题，把自己感兴趣的文章、句段、语文知识、语文学习方法等摘录到上面。学生设计的版面图文并茂，充满情趣，手抄报为学生展示自己的才华打造了一个很好的平台。

5. 摘记卡式批注。我设计了两种读书摘记卡：一是名著摘记卡，另一种是读文卡。学生在读《主题丛书》美文时，摘记下题目、精彩语句、艺海拾贝，创造性读写。读名著时，在卡上记下书名、作者内容摘要、相关人物、情节、性格，我要说的话。批注阅读能促进学生在积极的体验中不断产生新的想象和联想，培养了学生的创新意识。

6. 蜜蜂采蜜式批注。我在新学期开始下发亲情、成长、挫折、读书等话题，让学生在平时读书时采集与话题有关的好题目、名言佳句、名人故事、优秀范文，并点评。最后自己创写一篇或多篇高质量的文章。此方法积累了写作素材，激发了学生的写作热情，大大提高了学生的写作能力。

7. 亲子共成长式批注。这里的共成长是指思想意识的成长。把自己本周学校生活中、双休日中听到、看到、经历的事情，人生、社会感悟等写成文章；一些节日由老师拟话题，如母亲节，可以“感恩母亲”为话题，学生对母亲进行阅读，截取生活中印象最深刻的细节，调动情感、积极的思维来写，构思出了，《永远的牵挂》《行走的母爱》《一只枕，一片情》等充满真情的文章。写作中，学生充分感受到母亲的伟大，净化了心灵。家长老师阅读点评，帮孩子树立了正确的世界观、人生观、价值观。

这些批注形式培养了学生自主阅读习惯，不动笔墨不读书的习惯，发展了学生的思维，提高了分析问题、解决问题的能力，陶冶了情操。

批注阅读的方式可分为：(1)自主阅读批注，学生与文本直接对话，并用不同的符号，简洁的文字，在文本空白处标记阅读时遇到的困惑、获得的体验；(2)合作探究批注，生生合作，师生合作，探究阅读中遇到的疑惑，深入理解内涵；(3)批注成果展示，交流自己的读后心得。

四、流连戏蝶时时舞，自在娇莺恰恰啼——批注阅读教学的注意点

批注阅读教学真正实现有效的个性化阅读，就需要有有效的保障措施。首先，教师要成为“师”。教师要智如泉涌，有多元的智慧，要做“口的巨人”，做“行的高标”。其次，教师要在实效上下功夫。一是用校园文化激励学生，在学校宣传栏张贴学生创作的优秀的习作、优美的书法、优秀学生的照片等。建立了批注阅读展室，教师把平时教学中发现的一些优秀的批注成果摆放到里面，积累了丰富的材料，激励了学生。在教室中，八人一小组两周一次轮流设计创办富有个性的黑板报，做到人人参与。二是用活动促进。在教学中，用演讲比赛、作文竞赛、书法比赛等竞赛形式调动学生的积极性。三是建立成长档案，实施分层达标。帮助学生建立切实可行的一周、一月、一年目标，让学生不再盲目地学习。另外在教室的墙壁上设计“学习之星”“进步之星”“希望之星”三个栏目的版面，张贴学生自行设计的名片，每周一课外活动，由师生共同评议出本周的“星”，通过这些活动，学生的干劲更足了，形成了你追我赶的势头。分层达标，把全班分成 9 人一组，每组四人进行书法、课前演讲、作文等内容的达标。如，课前 5 分钟演讲，采用抽扑克的方式，把 37 个学生的名字写在 37 张扑克上，抽到的同学演讲，其中每组的 1 号同学，现场有学生随机给题目，准备两分钟，开始演讲；2 号同学自拟题目，两分钟演讲，3、4 号同学课前准备两分钟的名人故事或朗诵名篇，要求是：声音洪亮、语速适中、用普通话、有感情、大方。把每个学生的表现记在扑克上，让批注阅读教学更有效。四是用真情点燃。“人非草木，孰能无情”，教师对待学生要像对待自己的孩子一样。多鼓励少批评，用自己的言行感动学生，爱其师，才能爱其所教。五是方式要活。教师要根据不同的学习内容、不同的时间，选择让学生快乐的方式学习。

(一)雄关漫道真如铁——回归学生本体

新课标明确指出：“阅读是学生个性化的行为。”阅读教学的重点不仅是知识的掌握、内容的了解，更要培养学生具有感受、理解、欣赏、评价的能力。批注阅读教学把教学的立足点转换到学生的立足点上，重视学生的个性差异。“一千个读者，就有一千个哈姆雷特”，由于学生的兴趣、经历、知识储备等各不相同，对文本的解读是千差万别的，批注阅

读让学生和文本直接对话,彰显了个性,尊重了他们的个性化体验。如杨绛的《老王》,不同的学生读后对老王的认识是不同的:一个可怜的老王、一个贫穷的老王、一个年迈的老王、一个瘦得可怕的老王、一个善良的老王……因此,阅读应该放手让学生自己去感悟、理解,学会欣赏与评价,提高学生主体的参与度,这样的阅读教学才是有效的。在阅读中批注,在批注中阅读。做到读、思、悟、写、说的结合。这对于加强学生自主阅读,满足不同程度学生对语文学习的需求,开发学生学习潜能,发展个性,培养学生良好的阅读习惯和方法具有重要的意义。

(二)扬鞭催马马蹄急——教师的"导"不能丢

批注阅读是一个有目的、有计划的训练过程,不是学生随心所欲的自由阅读,信马由缰的无选择,无目的地泛泛地去读,而是教师正确引导、检查督促、调控,这样才能发挥其意义,促进学生个性阅读。新课改的解读要求把课堂还给学生,但不是撒手不管了,在一旁做甩手先生,学生自读、自悟,学生学什么样算什么样,而是要教师教学生学会自读,教师的主导作用不可小觑。教师好比一个牧羊人,田野上的草长得再绿、再好,如果不把羊儿赶到田野上,它们是不会有机会尝到的;再或者,即便羊儿到了山坡,由于长时间的圈养,一旦逃离藩篱,它们就会撒欢似的在原野上乱跑,它们看到的是广阔的山坡,而不是脚下的草,作为一个牧羊人如若不及时阻拦,即便是再好的草,它们也不会填饱肚子的。学生亦然,只知漫无目的地去读,至于读什么,怎么读,他们并不知道。"响鼓还需重锤敲,扬鞭催马马蹄急。"教师要适时的引导、点拨、纠偏、补漏、评价、整合,即指导学生科学的阅读方法、激发阅读兴趣、帮助克服阅读中遇到的困难,这样方能使读落到实处。在批注阅读教学过程中,教师必须充分发挥导的作用:

1.教师正确引导,使用符号进行圈点勾画,标记。边读边写,拍下思维的火花。对作品中的佳句善于摘抄,作好读书笔记。另外要以学生的自读自悟为重点,尊重学生自己的阅读体验,注重生本、生生、师生间的互动。

2.帮助选择有效的阅读文本。"读一本书就像和一个高尚的人谈话。"现在书籍多如牛毛。要求教师帮助学生选择适合的书。可采用的做法:一是报纸摘抄、名家名篇欣赏;二是课外名著、语文主题学习读本;三是中考、高考满分作文;四是学生自己的作文。

3.帮助学生安排阅读时间。起先,在语文阅读课上,指导学生批注,掌握了批注的方法后,除了在阅读课上批注外,双休日、假期也可安排学生进行课外阅读批注。

4.及时反馈、评价。光布置不检查,就不知学情;再者,学生的劳动得不到肯定,就会懈怠,起不到好的效果。教师可发挥小组长的作用,组长检查学习情况,反馈给老师;也可通过开展一些诸如批注阅读展评活动等,激发学生的阅读兴趣。

(三)读写共赢——注重实践

"语文是实践性很强的一门课程",读写是它的双翼,"阅读是吸收,写作是倾吐"。批注阅读教学法实现了读写双赢。读是语文教学的核心和灵魂。读能让学生积累丰富的语言;读能激活学生的思维,启迪智慧;读能陶冶学生的情操,美化学生的心灵。古人云:"熟读唐诗三百首,不会作诗也会吟。"大文豪鲁迅、茅盾、巴金无不得益于读。因此,语文教学要重视读,批注阅读教学通过初读批注感知、精读批注理解、品读批注表达、悟读批注迁移、交流读提升批注这五读,让学生在在读中去理解、去品味、去欣赏文章的真谛。把文字这种无声的语言注入了血液、赋予了灵气。学生在阅读体验的基础上通过写作实践来把这些体验烙进他们的心里,融入他们的情感世界,使他们的情感提升到一个新的境界。这里的写使学生阅读内化后迁移运用,使学生阅读情感体验的发展与升华。写在课文理解的深处,写在情感的共鸣处,写在主题的升华处。选入语文课本的课文皆文质兼美,为学生写作提供了很好的范例,我们在指导他们阅读时应当有意识的引导他们与写作挂钩,或续写,或仿写,或评论,或改写,或缩写,或扩写,或写读书心得。比如:在学了人教版八年级上第二单元时,为了让学生更深切的感受、体验作者传神的细节描写,我要求学生将自己的阅读体验结合生活经验写一个小片段。学生刘娜写道:"父亲是个书迷,他看书时,眼睛一眨也不眨,口渴了,手慢慢地伸出去,探到杯子,端起杯子,向嘴靠近,突然,看到一出精彩的地方,杯子就不移动了,很久,才开始又向嘴边慢慢地移动,张开嘴,喝了一口,只听'咕咚……'一杯水下肚了。"吴朝霞写道:"他个子很高,走路来弯腰驼背,像个老头儿,好像总也伸不直。上课时,他弯着背,缩在座位上,手里还不时忙活什么,头顶上的帽子,快到脖子了,帽檐拉长伸直,像保护小沈阳的保安。"学生在写的实践中学会了细节描写。

(四)思维的栖息地——注重生成性

建构主义学习理论认为,知识不是被动接受的,而是学习者积极建构的。阅读是学生个体主动建构知识的行为,要重视学习者先前建构的知识和经验,并将学习者已有的知识作为新知识的生长点。教师在教学过程中,必须关注课堂生成性资源,关注学生的思想动态和思维方式,才能激发学生的学习热情,引导学生从内心悦纳新知识。生成性资源常具有不可预测性,它是学生生活经验和心理体验的表露。在教学实践中,我们常遭遇学生的各种质疑、迷惑、不解等,这些都是我们宝贵的教学资源。鲁迅的《从百草园到三味书屋》,学生感悟到百草园的生活是快乐的,百草园是他的乐园;而对三味书屋的解读,有同学认为是令人讨厌的,也有同学认为是快乐的,让他喜欢的地方,那到底是怎样的,在教学中要抓住这一矛盾点,及时引导学生探究,引领学生更深入地探究文本。

(五)让人文植根于言语训练之中

批注阅读教学实现了工具性和人文性的和谐统一,让人文性植根于言语训练之中。《新课标》指出:语文是工具性和人文性相统一的一门课程。即语文课必须通过听说读写能力的训练达到对人的情感、思想态度、价值观培养,如果没有了听说读写能力的培养,那语文课就没有开设的必要了。其次语文是人类思想和情感的表达,肩负着培养学生积极的情感、正确的世界观和价值感的特殊功能,是一种美学,具有很强的审美性。入选课本的课文,文质兼美,具有陶冶情感、丰富想象力、扩大知识视野、提升精神境界的作用。学生通过对课文批注阅读,不仅可以学到写作和借鉴的基本技能,而且还能潜移默化受到美学的熏陶。茅以升的《中国石拱桥》一文,学生在感受语言文字所传达出的中国石拱桥的形式优美、结构坚固、历史悠久的特点后,不禁惊叹劳动人民的勤劳和智慧,社会主义的无比优越性,从中点燃学生的爱国主义情感。

(六)踏破铁鞋无觅处,得来全不费工夫——背诵积累添姿增彩

语文教学的主要目标是培养学生的语言表达能力,而想出口成章或下笔成文,就必须有丰富的语言积累,长期以来由于语文教学忽视了语言的积累,很少进行语言的训练,尽管学生学过许多词语和句式,但真正积累下来的不多,会灵活地自己说话、写文章时用的更是寥寥无几。“不积跬步,无以至千里;不积小流,无以成江河。”要想提高语文素养,离不开积累。批注阅读教学让学生积累了丰富的语言材料,而要想使这些材料印在脑海中,背诵是积累语言材料的有效途径。光读不背,记忆还不牢固。只有读到烂熟于胸,文章中使用的词汇、句式、表达方法就会被读者消化、吸收,最后就会增加到自己的语言储备中去。古往今来的许多国学大师,都具有博闻强记的特点。茅盾能将《红楼梦》倒背如流,钱钟书先生也能任人随便从书中抽出一段来,就不假思索、流畅无碍地背出来。正因为他们头脑中存储了大量的古今中外的文化知识,做起学问、写起文章来才能旁征博引,成为一代大家。大家可能都有这样的体验:小学时背诵的古典诗词,尽管当时不解其中的含义,却常常一生难忘,终身受益。一个小孩刚开始是不会说话的,通过听大人一遍一遍地说,在他的大脑皮层留下记忆,最终能喊出爸爸、妈妈等词语。随着大脑中词汇的日益增多,和一些语言习惯的积累,小孩就渐渐能表达自己的想法。我们都知道狼孩的故事,由于他脱离一个人成长的环境,也就不具有人的习性,大脑中没有语言的印象,也就不会说话了,更不可能与人类进行语言沟通了。陈晋之说:“读书惟在记牢,则日见进益。”“文章读之极熟,则与我为化,不知是人之文,我之文也。作文时吾意欲所言,无不随吾所欲,应笔而出,如泉之涌,滔滔不竭。”学生通过背诵,可以积累丰富的语言材料,把别人的好作品融会贯通后,日积月累,说起话来,一定会妙语连珠,出口成章;作起文来,一

定会下笔如有神,妙笔生花!

五、而今迈步从头越——自我反思

反思语文教学,不难发现,语文教学其实很简单,无非就是要解决教什么、怎么教、为什么教的问题,在教学资源相同、教育对象不同的条件下,不同的教师会有不同的教法,对教学资源的利用也不同,怎样才能更快更好地实现语文教学的目标呢?我想在今后的批注阅读教学中就应该做到四个字:"新"、"情"、"智"、"懒"。

1."新"就是教学过程中有先进的理念、个性的教学方法。教师要把教学落到实处,就必须用先进的教学理念武装自己的头脑,而后用它来指导教学。从学生的长远发展出发,既向学生传授知识,又教会学生学会学习,培养学生的社会适应能力和创新能力。其次立足课堂,用好"教材"这一例子,要科学地对教材进行整合。入选中学语文课本的文章,文质兼美,但看看我们的课堂,问问我们的学生,却让人疑惑,语文老师囿于教参、教学设计,对教材钻不进去,吃不下去,一知半解,只能是戴着镣铐跳舞,不能灵活驾驭教材,把学生引入一条死胡同,语文的美丽荡然无存。再次,杂取种种熔为一炉,教出自己的个性。新课程的实施,语文教学异彩缤纷,教学法满天飞,让人感觉"乱花渐欲迷人眼",于是,出现了一种盲目模仿,逐潮流,追形式,语文教学华而不实成了观赏的花瓶,迷失了语文教学应把握言语能力的培养这一根本,对别人好的做法,我们不要一味地"拿来",而要批判地吸收,形成自己的特色,教出自己的个性。这样才能博得学生的喜欢,从而使教学更有效。

2."情"就是爱之情,"没有爱,就没有教育",这直接影响着学生学习的动机、兴趣和效果。心理学家威廉詹姆士通过研究发现,一个没有受到情感激励的人,仅能发挥其能力的20%—30%,当他受到情感激励后,其能力可发挥到80%—90%,由此可见,同样一个人在通过情感激励后,所发挥的作用相当于激励前的3—4倍。因此,在教育过程中,情感是一种动力,一种催化剂。由此可见,作为语文教师在教学中发挥情感因素的积极作用,要自己满怀激情、热情引导学生在语文学习中获得独特的体验和感悟,培养其健康的个性。

3."智"即智慧,教师要智如泉涌。首先做一个好学者。"教师要学无止境,不但会教而且善学,做一个学习者。"加强自身学习,更新重构知识结构。其次做一个勤于反思者。子曰:"吾日三省吾身。"要成为一名好教师就要善于反思,善于通过阅读思考比较自己的实践效果,从中发现差距。美国心理学家波斯纳提出:"如果一个教师仅仅满足于获得经验而不对经验作深入的思考,那么即便是有20年的教学经验,也许只是一年工作的20次重复,除非善于从经验反思中吸取教益,否则就不可能有什么改进。永远停留在一个新手型教师的水准上。"一个教师的成长过程离不开不断的反思。

4."懒"顾名思义就是懒惰。"勤娘懒孩子",试想一个母亲把要孩子该做的事都做了,孩子做什么,只会袖手旁观,实践能力就近乎零。在以往的语文教学中,教学效率不高,与老师讲的、说的太多,把学生学习的时间都挤掉了有直接的联系。语文老师一定要学会"偷懒"。在批注阅读教学中,文章要由学生自己读懂,知识由学生自己发现、获取,问题要做到由学生自己提出,答案由学生主动探究解决,规律由学生自己总结掌握。教师只在指导上下工夫,在打开学生各个学习实践环节的思路上做文章。

六、映日荷花别样红——批注阅读教学初见成效

1.成长了学生。在阅读中批注,在批注中阅读。做到了读思悟写说的结合;积极倡导了自主、合作、探究的学习方式,关注了学生的个性差异,尊重了个性体验,满足了不同程度学生对语文学习的需求,唤醒了学生的心灵,提高了主体参与度,开发学生学习潜能,发展了个性;积累了丰富的语言材料,提高了学生阅读理解、感悟、鉴赏、评价能力,写话、说话的能力;学生养成了不动笔墨不读书的习惯,积极动脑思考的习惯。学生各方面的素养都有了提高。2011 年,我校中考成绩名列前茅,创历史最佳。

2.深受学生、家长的欢迎。郭晓红同学说:"我喜欢您的教学批注阅读教学方式,是您让我爱上了这门课,希望在这三年的时光里,能一直伴我成长。"郑玲同学说:"老师,我很佩服你,在小学的时候,我一点也不爱读书,作文也没得写,总是三言两语的,是批注阅读法让我爱上了读书,让我学会了在读书中思考,现在我的作文水平渐渐提高了。"……陈晴的家长说:"自打白老师教她,陈晴的作业,不再是一张张的语文练习题,而是读书写批注、写感悟,用不了多长时间就做完了。"刘娇的家长说:"孩子越来越爱说话了,不那么腼腆了。"

3.批注阅读教学在我校已遍地开花。一是我们创建了批注阅读展室。展室内收集了上千册学生批注的不同形式的优秀作品。二是批注阅读教学由实验班向其他班级铺开,由语文学科辐射到地理、生物、政治、英语等其他学科。三是我们在以前的基础上创新了语文素材批注、满分作文批注、同文异读批注、原生态作文批注、生物地理图文互动批注、(数学、英语、化学、物理)易错易混题批注、思品时政点评等有效实用的批注阅读形式,批注阅读已成为学生学习的一种习惯,成为各科教学的助推器。四是成立批注阅读团队在全镇推广。五是在《山东教育》、《创新教育》、《临朐教育报》等报刊作了推介。

4.提升了自己。2009 年 9 月获潍坊市中小学(幼儿园)金点子成功案例一等奖;2009 年获县特色教师的称号;2010 年 6 月获县特色教学论文一等奖;2010 年 4 月,在全县特色教学现场会上提供公开课《邓稼先》,并作了题为《初中语文"批注阅读"教学法》的典型

经验介绍；2009 年 12 月到县直学校提供观摩课《金色花》；2010 年 3 月在北苑小学作了《教研助我成长》的个人事迹报告，9 月到七贤初中讲了示范课《背影》，10 月又分别为两处农村初中提供了观摩课《老王》。2010 年 12 月提供省公开课《观潮》，2011 年被评为市"轻负担·高质量"优秀教师，《批注阅读教学法》获县政府成果一等奖。

批注阅读教学可操作性强，易于锻炼学生的听说读写能力，使之形成良好的读书习惯，培养自学能力。但批注阅读教学在提高学生的素养、实现个性发展上，也不是一蹴而就的，需要长期坚持不懈，"路漫漫其修远兮，吾将上下而求索"。

风正潮平，在临朐县教研室提供的这块自由的土地上，批注阅读教学，已扬帆远航。

（白兴玲）

数学参天树　文化是根基

——数学课堂的文化追求

作为数学教师，时常会碰到这样的尴尬：部分学生在努力学习数学的同时，也在逐渐地厌烦、冷淡数学，随着数学知识的丰厚，厌倦的程度也在加剧。还有部分学生在离开学校若干年后，你问他哪些数学知识现在还能派上用途，竟不知如何应答，或是干脆回答：除了加减乘除，其他的都还给老师了。由此看来一旦数学解题的任务完成了，数学教育的功能也随之消失，这不能不说是数学教学的悲哀。作为人类文化重要组成部分的数学内涵是丰富的，这种文化内涵应渗入我们的数学实际教学中，要走进数学课堂，让学生在学习数学过程中真正受到文化感染，产生文化共鸣，体会数学的文化品位。反思我们的数学教学，在各种考试的压力下，关注的只是学生对数学知识的接受，忽视了引导学生对数学本质、数学价值的认识，漠视了数学文化对孩子心灵的熏陶，孩子们没有认识到数学的博大精深、文化价值以及数学的作用和它的内在魅力。

扪心自问——对当今小学数学教学的思考

1.从调查中追问我们的小学数学教学

曾经做过这样的问卷调查：

“你喜欢数学吗？在课外你经常阅读有关数学家的故事吗？你喜欢数学书上的‘你知道’这个栏目吗？你对数学家的故事和他们的事迹感兴趣吗？你喜欢做趣味数学题吗？你是否经常思考数学知识是怎样产生及如何发展来的？你家有数学方面的书籍吗？你撰写过数学日记吗？你用学过的数学知识解决过生活中的实际问题吗？你认为数学课应教给你什么？”

其中一个班47人，竟然只有5人“非常喜欢”数学，90%的学生认为数学知识的产生及发展与自己无关，数学课教给孩子的竟然只是“算题”“变来变去”“数字游戏”“公式”，五年级孩子用所学知识解决的问题就是买东西算账，多数农村小学的孩子竟然没有写过数学日记。问卷的结果给我们数学教师增添了压力：部分学生在努力学习数学的同时，也在厌倦、厌烦着枯燥乏味的数学，并且这个群体随着年龄的升高在不断扩大着。正如张奠宙所言："数学这个美女，在孩子的心目中竟然成了X光照下的骨头架子。"

我们还做过这样一份教师问卷：

"你知道课本上的'你知道吗'？你怎样看待这部分阅读材料？""本学段数学课本上数学广角的名题你知道多少？"

问卷的结果让人难以置信，70%的教师竟然不知道这些数学知识的来源，低年级的教师不知这些历史名题出自何处及怎样解答，能在课外探究这些知识的教师竟然占不到数学教师总数的20%，其余10%的教师是上学时学到的残存在脑子里的课本上的那些知识。从调查可看出，教师缺乏基本的数学文化素养和数学史料储备，只关注眼前知识点的教学而忽视数学的人文价值。

作为数学老师，我们是否该扪心自问：当前的数学教学怎么啦？数学到底应教给学生什么？数学教学究竟该给学生的未来与发展带来些什么？

2. 反思

反思一：数学到底应该教什么？

审视我们的数学教学，大多数教师传授给学生的是充满"学科精神"的"业"，而没有挖掘富有"人文精神"的"道"，片面地认为数学就是单纯的知识、技巧的堆砌，是单纯的逻辑推导的体系，就像半个多世纪以前，著名数学家柯朗在名著《数学是什么》的序言中所说："今天，数学教育的传统地位陷入严重的危机。数学教学有时竟变成一种空洞的解题训练。"

反思二：数学本身就是一种文化。

数学向我们展示的不仅是一门知识体系、一种科学语言、一种技术工具，数学还是一种思想方法，一种理性化的思维范式和认识模式，一种充满创造力和想象力的文化境界。打开数学历史的画卷，从数的模糊认识，到形成数的概念、记数符号、计算方法这一不平凡的过程，到处显现着数学中美妙绝伦的思维方法、探索不止的数学精神、真善美的数学品格。著名数学史学家克莱因（M. Kline）认为："数学是一种精神，一种理性的精神。正是这种精神，激发、促进、鼓舞并驱使人类的思维得以运用到最完善的程度，亦正是这种精神，试图决定性地影响人类的物质、道德和社会生活……"

反思三：数学教学需要文化浸润。

当今的数学教学忽视情感、态度、价值观等人本教育，忽视对学生实践能力、创新精神的培养；缺少数学知识与实际生活和情感体验的有机结合，缺少数学文化内涵的挖掘。反思我们的数学教学内容和方法都需要数学文化的浸润，我们要从具体的数学概念、数学方法、数学思想中揭示数学的文化底蕴，使学生不仅能从文化的视角观察数学，而且还会用数学的眼光审视文化，使学生的数学学习充满浓郁的生活气息和文化气息，让学生体会到数学是与自然、社会、生活密切相联系的，体会数学的价值；要使学生学习数学的过程不再是一个被动吸收现成结论的过程，而是一个不断探究、实践和创新的过程。

反思四：如何用数学文化润泽我们的数学教学？

我们要思考的是如何凭借数学知识的授受、数学能力的训练、数学方法的渗透、数学思想的交流，由表入里、由末至本，将数学内在的理性精神以一种可以触摸、可以表达、可以分享的方式告诉孩子，让这种理性精神在他们身上发生、滋养、成熟，并转化为他们今后认识世界的不竭力量源泉。

架思维长梯——追寻数学文化的价值

从学生层面来看，数学文化走进课堂是小学数学教学价值取向。数学作为一种文化，教学中理所当然应充分体现出来。通过这门学科的学习，学生要能明确：什么是数学？为什么要学数学？学什么样的数学？该怎样来学习数学？学习数学应达到什么程度等。《全日制义务教育数学课程标准》明确提出："数学是人类的一种文化，它的内容、思想、方法和语言是现代文明的重要组成部分。要让学生获取必需的数学知识、思想方法、应用技能；体会数学与人类生活的密切联系，了解数学价值……建立自信心、好奇心、求知欲；形成独立思考，以实事求是的态度进行质疑的习惯等等。"小学生学习的是直观数学或经验数学，这是渗透数学文化价值的最佳时期，也是其他学科学习的启蒙时期。让学生一开始就感受到：大千世界，万事万物都与数学有关，数学的普遍性和广泛性是客观存在的，用华罗庚先生的话来描述就是"宇宙之大、粒子之微、火箭之速、化工之巧、地球之变、生物之谜、日用之繁，无处不用"，这将为学生今后学习其他学科打下坚实的基础。

从教师层面来讲，在教学中渗透数学文化是展示教师素养的有效路径。如果一个数学教师能从文化的角度审视数学教学，会用数学的眼光审视文化，他就能以最恰当的方式让学生从文化的角度感悟每一个结论、每一条规律及至每一个知识点。一个优秀的数学教师站在讲台上，他的身上一定散发着一种独特的数学气息，一种来源于理性、智慧和思想的文化气质。就如郑毓信教授的论述："如果您的教学始终只是停留于知识与技能的层面，您就只能算是一个'教书匠'；如果您的教学能够很好地体现数学的思维，您就是一个'智者'；您给学生带来了真正的智慧；进而，如果您的数学教学能给学生无形的文化熏陶，那么，即使您只是一个小学教师，即使您身处偏僻的深山或边远地区，您也是一个真正的大师，您的生命也因此而充满了真正的价值。"

融情于理——润泽文化的数学教学

数学文化的内涵不仅表现在知识本身，还寓于它的历史，它是一种历史存在。因此，在教学过程中，要充分揭示数学知识产生、发展的全过程。数学既是创造的，也是发明的，大到一门学科，小到一个符号，总是在一定的文化背景下出于某一种思考而产生的。我们的数学教育应当努力还原、再现这一发现或发明的过程，探寻数学知识的源泉，重建被割裂的数学知识与现实背景的联系。

（一）数学史让学生感受数学的源远流长

著名数学家霍格本曾经说过："数学史实际上是与人类的各种发明与发现、人类经济结构的演变以及人类的信仰相互交织在一起的。"学生走进数学史不仅有助于了解数学宝库中数学家令人神往的成就及其他们感人的品格和不同寻常的经历，更重要的是通过了解数学的发展历程，探索先人的数学思想，有助于掌握数学发展的规律，指导数学的进展，预见数学的未来，数学史让学生的数学学习成为名副其实的文化传播，它引领孩子，从结绳计数的源头，伴随着实践活动，沿着历史发展的长河，追溯数学的演变进化。

1.关注数学知识的来源和背景

读史明智。在数学教学中渗透数学史内容，可以让数学知识活起来，使学生在学习数学知识的同时体验数学的历史厚重感和美感，从而培养学生对数学的兴趣，激发学习数学的动机。在教学过程中数学史的内容不是简简单单的文字呈现的故事，而应该是有数学味道的，学生能体会到的数学内容。数学家的发明创造再简洁、再严密、再完美，可小学生的知识层面制约了他们对这些数学内涵和魅力的欣赏，只有学生在对数学内容的学习中遇到和数学家相似的困惑，才能理解数学家创造的精髓所在。例如学习乘法的时候，让学生课前收集关于"×"的故事、九九歌的来历等；教学"0 的认识"时，介绍阿拉伯数字的演变历史，特别介绍 0 的出现到广泛应用，使孩子初步了解数学知识的产生和发展，体会数学史的演变；三年级在学习《分数的初步认识》时，让学生查阅分数的记法，从我国的分子在上、分母在下的分数筹算形式到印度人把分子记在上面、分母记在下面、带分数的整数部分排在最上面，一直到阿拉伯人创造了分数线，用一根横线把分子、分母隔开，形成了现代分数的形式。一个个数字、数学符号故事，会引发学生对数学的强烈好奇心，让学生知道每个知识产生的背后都有一段鲜为人知的经历，在了解数学发展的同时，体会到数学符号、数学公式并非枯燥乏味，而是充满着智慧灵光、闪烁着生命活力的。

2.追寻数学家成才的故事

教学中充分挖掘教材资源，师生一起追寻数学家成材的故事，数学家们身处逆境永不放弃的精神等大都会鼓舞学生。尤其是一些成绩中等的学生了解到许多数学家少年时资质平平，甚至被人误认为傻瓜，但他们没有丧失信心，后终成一代大家的故事后，更是激动不已。让学生搜集陈省身、华罗庚、陈景润、祖冲之、杨辉、欧拉、阿基米德、高斯等古今中外数学家的故事和数学名言警句，既能让学生领略数学文化的博大精深，又能让学生受到高尚情操的熏陶，让苏步青、陈景润、祖冲之、华罗庚、高斯、牛顿等科学家由孩子们眼中的神秘人物，转化为他们学习的伙伴，心中的榜样，努力的方向，用这些数学家的言行为学生树立榜样，确立奋斗目标。

学生数学日记(1)

数学史上的明珠

五年级(1)班 衣晓彬

在悠久的数学史上，曾经出现过许多数学神童。那是我们学习的榜样，更是数学界中的焦点人物。他们为研究数学知识奉献出了自己的一生。

谷超豪，我国著名的数学家，中国科学院院士，复旦大学著名教授。24岁时蜚声数学界，名为《经典场——米尔斯扬》的研究论文作为专著出版。

你听说过"哥德巴赫猜想"吗？它是数学王冠上的一颗明珠。我国在"哥德巴赫猜想"上的研究已经达到了世界领先地位，而进行这项研究的人就是我国著名的数学家陈景润，他在20世纪国际数学界占有重要地位。

他们都是数学界中的佼佼者，正因为有了他们的奉献，才更激发了人们对数学的热爱。相信我们凭着对数学的热爱，也能搬动数学上的大山，也能为国家奉献出自己的力量。所以，我们从现在起，就要为了祖国的繁荣富强，树理想，立大志，勤奋地学习！

(二)领略数学文化的博大精深

1. 历史名题——数学文化的魅力

在数学活动课上，根据学生掌握数学的程度，适当地安排介绍古今中外数学史上的一些名题。著名的"高斯求和""杨辉三角形""九宫格"以及"哥德巴赫猜想"、孙子巧解"鸡兔同笼"、斐波那契的"兔子问题"、牛顿的"牛吃草问题"等等因其精妙的解题思想与策略，向学生展现了数学的无穷魅力，启迪着他们的心智。利用每个年级的数学广角，向学生介绍中国古代的数学名著《九章算术》《周髀算经》《孙子算经》等。下面是学生学完《搭配》后写的数学日记：

学生数学日记(2)

快乐游戏学数学

三年级(2)班 赵原颢

别看我数学成绩不错，但也有百思不解的时候，那件事至今让我记忆犹新！

记得去年学《数学广角》，老师讲解的搭配、排列问题让我兴趣大增，我一路过关斩将学得轻松自如。那天晚上布置的习题,我料想会在10分钟搞定,哪里想到却碰了个大钉子。

那是最后一道"想一想"题,"你们班同学每两人握一次手,一共可以握多少次?"读完题目开始列式,才忽然发现这题不简单!我绞尽脑汁、抓耳挠腮,任凭我左思右想,愣是不知该如何下手!顿时我像个泄了气的皮球——不知所措!

正巧爸爸下班回来,看我闷闷不乐的样子,赶紧问:"怎么了儿子?遇到难题了吗?"我撅着小嘴点了点头。爸爸拿起书来认真看了一会,然后面带微笑地说:"有办法了,我们全家齐动员,做着游戏来解决!""啊,做游戏?"我一下子来了兴趣,于是爷爷、奶奶、爸爸、妈妈还有我开始了家庭游戏。爸爸先让爷爷与我们四人握4次手,再让奶奶与我、爸爸妈妈三人握3次手,然后爸爸与我、妈妈两人握2次手,最后我和妈妈握1次手,这样我们5个人握4次,4个人握3次,3个人握2次,2个人握1次,一共握了4+3+2+1=10次。噢,我恍然大悟!我们班80人,一共握79+78+77+……+3+2+1,根据"高斯原理"79个数首尾结合有39个80,还剩下40,一共是80×39+40=3160。

第二天,我高兴地讲给老师听,老师在全班表扬了我,夸我是个聪明爱动脑的孩子!以后我要更好地学数学,争当世界一流的数学家。

2.思想方法——数学文化的精髓

数学是人类抽象思维的产物,是一种理性化的思维范式和认识模式,它不仅仅是一些运算的规则和变换的技巧,它的实质内容是能够让人们终身受益的思想方法。因此,在教学实践中应该始终关注数学的这个本质特征,避免单纯追求数学学习的知识化倾向,注重能力、思维的培养,让学生终身受益。

数学思想方法是人类文化的瑰宝,是数学文化的精髓,学生在学习的过程中不仅仅是学会解决问题,重要的是学会解决问题的方法,使数学自由而准确的思维方法、研究方法、推理方法等能随时随地发生作用,使他们终身受益。日本学者米山国藏说过:"在学校学的数学知识,毕业后若没什么机会去用,一两年后,很快就忘掉了,然而,不管他们从事什么工作,唯有深深铭刻在心中的数学精神、思维方法、研究方法、推理方法和看问题的着眼点等,随时随地发生作用,使他们终身受益。"这段话说得很中肯,涉及数学的精髓,也涉及人的数学素质。在小学阶段,有好多内容蕴涵着丰富的思想方法比如概率、统计的思想,转化的思想方法等等,在平时的教学中我们要重视和渗透这些思想方法。例如:在教学"可能性"时,书上设计的是摸球实验,可是书上的要求只有10次实验,这对于实验的精确性来说,次数太少了。数学家是在做了几千几万次实验后才得到对于个数相等的球,每次任意摸一个,摸到的概率是相等的。并且实验次数越多,实验结果将会越接近这个实验结果。于是,结合书上的例题,把此相关背景资料介绍给学生,并且让学生自己动手实验，在做了40次实验后结果才比较接近。让学生体会到概率的思想。同时，学生对书上的只要求10次的实验提出了质疑，并且对数学实验产生了浓厚的兴趣。教师应该站在数学思想方法的高度，引导学生理解知识形成过程，经历数学知识的发现与生成的动态过程，并用恰当的语言把具体知识内容背后的思想方法揭示出来，让学生可以学到手，让学生明白能够让人们终身受益的是思想方法。下面是学生用转化方法求心脏的体积：

学生数学日记(3)：

心脏体积的计算方法

五年级(3)班　马云柯

我曾经看过这样一个故事，说是人的心脏和人的拳头是一样大的。今天，我就来量一量自己的拳头，也好了解一下自己的心脏多大。可是我们的拳头是不规则的物体，应该怎么量呢？我想来想去，终于想出了一个好办法，那就是借助水来量，因为在我们实践课用转化的方法测过土豆的体积呢！

我找了一个底面半径为4厘米，高15厘米的量筒，我在里面装了水，然后把拳头放进去，水面立刻上升到14厘米，我再把拳头拿出来，水面立刻降到了9厘米，我用学过的圆柱的体积计算方法“$4^2\times3.14\times(14-9)$”求出了自己拳头的体积，约为251立方厘米。

我测完一次之后，还不能确定是不是正确，于是我又装满水，拳头放进去后让水溢出来，结果溢出水的体积大约是250立方厘米，和上次算出来的相差不大。那么我的心脏的体积大约就是250立方厘米了。

(三)欣赏数学文化的美学价值

数学的美是数学文化的重要内容，正如英国著名哲学家罗素说：“数学，不但拥有真理，而且有至高的美。”数学的美不像自然美、艺术美那么鲜明、亮丽而潇洒，甚至也不像其他社会美那么的直观和具体，它抽象、严谨、深沉、冷峻而含蓄，是一种理智的美。因此，在教学实践中，我们应该努力发掘数学的特有的理智美，引导学生去欣赏、体会数学的美。小学阶段数学的美学价值主要包括：动态美、静态美，对称美、不对称美，直观美、抽象美……要让学生认识到，许多美好事物的背后都隐藏着数学的奥秘，数学的美无处不在。教学中，可以利用数学符号、数学公式、数学图形、数学解题、数学逻辑等的简洁美、对称美、奇异美、统一美、规律美……深深地感染学生的心灵，激起他们对数学的欣赏，让学生感受到数学的神奇美妙。古希腊哲学家、数学家普洛克拉斯说过：“哪里有数，哪里就有美。”如神奇的自然数、斐氏级数与黄金分割、“π”、勾股定理、数学镶嵌图案、数学游戏、分形理论等，都揭示了数学的文化意义，蕴含着美的价值。把数学的美带进课堂，通过精心的设计、生动的语言、精辟的分析、精彩的画面、优美的音乐、动听的解说，严谨的推理等，定能使学生在美的熏陶中体会到数学的力量，激发他们对数学的热爱之情，在他们感受和欣赏数学美的同时，增强他们的创造能力，激发他们创造美的欲望。

(四)彰显数学文化课程

在每个年级安排包括数学与历史、数学与社会、数学与未来、数学与科技、数学与文化、数学与思维、数学与成就、数学与自然、数学之美等若干个专题，可以每学期按年级集中对各个专题各开设讲座，比如一年级的数的起源、二年级运算符号的来历等，不超出课程标准的要求，既对已学习的数学基础知识进行整理与复习，又与相关学科及社会生活相联系，深入浅出地展示数学的思想方法及其广泛的联系性、应用性。各部分的形式和内容都能够独立，整体上既与数学学科知识及活动特长相关联，又富有强烈的时代气息；在数学课程标准规定的范围内，以较强的可读性展示数学及其应用的策略思想和动态成果。数学课程的设计只是“数学文化”与“数学学习”之间的纽带，我们可以继续将之延伸到教学方法、课堂组织形式等方面，我们分年级组搜寻教材中可以拓展的具有数学文化内涵的教学内容，分新授课、练习课、复习课、拓展课等多种课堂教学形式，分类整理出教学模式，为教师选择合理的教学方式开展数学文化教育提供可资参照的依据。

数学新授课

1.用情境引领思维，境中融史

在新知的引入过程中紧扣课题实质，结合数学史知识，给学生创设丰富真实的知识背景，不应该只是充斥着“定理、公式、习题……”，而应像语文课那样，通过“作者介绍、背景分析”，使学生了解数学知识的来龙去脉及其赖以生长的“土壤”，以丰富学生对数学知识的感性体验；应像历史课那样，讲一段“数学故事、数学家逸事”，使数学知识折射出人的意志和智慧而富有“人性化”，使学生在感动、开心之中更好地理解掌握数学知识；应像音乐、美术课那样，通过“数学作品”的解读，让学生感知数学的和谐、欣赏数学的美，让数学课堂上有一些“非数学”的内容，应该充满诗情画意！通过这些，从而使学生理解数学知识发展的脉搏、感受数学精神的力量。

2.用体验造就构建，动中蕴美

引导学生在探索、交流中主动建构起知识体系，同时在对新知进行剖析的过程中挖掘数学美，揭示数学美，激发学生创造数学美、探索数学奥秘的欲望。

3.在练中深化探究，拓展提升

围绕教学重难点，设计形式多样的练习，掌握好数学基础知识。同时在“巧”中求质，通过一题多练和一题多变等具有挑战性和可发展性的练习，提升学生的思维，提高学生的学习兴趣和创新意识。

数学练习课

1.创设情境,提出问题

创设一种练习情景,造成学生认知上的冲突,使学生产生强烈的参与解决问题的心理需求,形成积极的学习动因和探究欲望。

2.自主探究,巩固内化

建立开放的课堂教学体系,开放学生学习过程,使之具有动态性;开放学生学习内容,使之具有选择性;开放学生学习目标,使之具有灵活性;开放学生学习时空,使之具有广阔性。以此来唤起学生开放的心态,使课堂真正活起来,学生真正动起来,让创新的天地无限宽广,让创新的时机无处不在。

3.应用创新,凝练思想

任何题目,其解答方法都是某种数学思想方法的产物。数学中的思想方法在各行各业、各种学科中都有广泛的应用,比如化归思想、类比思想、极限思想,等等,它们已经成为科学研究重要的思想方法。数学问题,特别是数学名题,它是促进数学发展的源泉和动力,它们由于构思巧妙,数学思想方法深刻而丰富,成为人类智慧和人类文化史上的颗颗明珠。在教学中让学生在比较中明确新知的本质,在探索中概括出数学思想方法。

4.当堂反馈,小结反思

为全面了解学生的学习情况,设计有针对性的检测练习,及时反馈矫正,引导学生自主参与到课堂评价中。

下面是学生由一道练习题想到的。

学生数学日记(4)

13亿滴水有多重?

五年级(2)班　高一凡

我在练习册上看到一段话:"我国大约有13亿人口,如果我们每人每天节约一角钱,那么,我们一天就能节省1300万元,这些钱能帮助1805位失学儿童上学。"

看了上面的信息我不禁为之一叹,涓涓细流也能汇成江河啊!我又有了一个想法,如果每个人每天浪费一滴水,那么全国一天就要浪费13亿滴水,那么13亿滴水有多重呢?我决定自己动手测一测、算一算。我借来妈妈药房里的天平和一个重180克的玻璃杯,在里面滴了500滴水,用天平称了称是280克,那么,500滴水是100克,于是我马上想到5000滴就是1千克,500万滴就是1吨,我又想了想,13亿里面有260个500万滴水,13亿滴水就是260吨。真是不算不知道,一算吓一跳啊!如果按每月用10吨水来计算,就可以用2年加2个月,我又查了下资料,这些水足足可以发26000度电,如果每人浪费1滴水，竟会造成这么大的损失啊！

我们从现在起不仅要节约每一滴水，不要浪费，而且还要养成节约这个好习惯，这样损失就会减少，世界就会更美好！

当时，老师的评价是：能学以致用并感悟颇深，这种精神值得我们全班向你学习，只是方法还可以简化，200滴水足矣。

数学复习课

“两段、三环节”的复习模式——“两段”即课前自主整理复习和课上内化巩固复习两段，复习课重在思想方法的内化巩固。“三环节”即：

1. 提出目标要求，自主整理复习

让学生明确复习内容和具体要求，梳理知识框架，尽量做到把握好知识要点，做到重点突出、层次清楚。

2. 小组合作交流，共筑知识结构

围绕复习提纲让学生在小组里充分交流，鼓励学生发表不同的意见、大胆质疑，在此基础上共筑知识结构，有机渗透数学史上的思想、方法，某些数学概念的产生背景，讲述数学家的胆识、勇气和数学家废寝忘食、排除万难、奋力拼搏的精神和动人心魄的业绩以及为国为民的高尚情操，唤起学生的高尚情感。

3. 组织分层练习，全面内化提升

要整合本单元知识，精心设计分层练习题，力求凸显针对性、层次性、灵活性、整合性和运用性。

主题拓展课

1. 明确主题，提出问题

根据主题活动的基本要求和学生的认知水平、心理个性，创设出能提出若干层次问题的情境，鼓励学生开放式地提出各种想学的疑难问题。教师要注意引导学生去发现和提出各种数学问题，激发学生的学习兴趣，让学生能主动地发现问题、提出问题，培养学生自觉主动地用数学眼光“看世界”的意识。

2. 实践探索，解决问题

学生通过观察、操作、交流等丰富的活动，对所思所想等基本材料进行整理，多层次、多角度地思考问题，找出规律，逐步抽象、概括、获得数学概念知识，使抽象问题具体化。

3. 拓展延伸，内化提升

根据学生对问题的理解和获得解决问题的经验，让学生学会运用本课知识向课外拓展，解决一些生活中的实际问题，从小课堂拓展到社会的大课堂；也可以让学生运用本课学到的数学思想和方法，去解决新的数学问题，向新的知识点拓展。使学生带着问题走进课堂,带着问题走出课堂。

数学文化的内涵不仅表现在知识本身,还寓于它的历史。将数学史引入课堂,比如讲述符号的历史,介绍某一个数学问题解决的艰辛历程,介绍数学家的名言和故事等。对此,我们团队有一些自己的做法。我们经常带着孩子们通过多种途径一起去欣赏古今中外的数学史料。祖冲之、阿基米德、高斯、加罗华等等数学大师成了孩子们经常讨论和崇拜的人物。介绍给孩子数学史上的三次危机、哥德巴赫猜想等等,虽然学生还不太懂,但是,通过这些补充,学生了解了数学原来是如此的丰富和神奇,等待着他们去研究和探索里面的奥秘。通过这些活动,孩子们眼中的数学是美丽的、精彩的。相信只要我们坚持不懈地去做,通过这些文化的沉淀,一定能够影响他们今后的学习和工作。

无为以有为——追求数学文化的价值

(一)沟通数学与学科间的联系

数学作为人类的一种文化具有开放性、灵活性的特点,我们应该使数学走出数字的迷宫,以开放的姿态展示其与文学、自然等其他学科的联系,从而全方位、多角度促进学生的和谐发展,让学生了解数学与其他各学科之间的联系。如:数学和文学,在学习二年级上册的《观察物体》时,让学生欣赏古诗:"横看成岭侧成峰,远近高低各不同。不识庐山真面目,只缘身在此山中。"这首诗隐含着从不同角度观察物体的数学知识,还有很多含有数字的古诗如李白的"朝辞白帝彩云间,千里江陵一日还。两岸猿声啼不住,轻舟已过万重山"展示了一幅轻快飘逸的画卷;"飞流直下三千尺,疑是银河落九天",更是借助数字使诗达到了高度的艺术夸张;杜甫的"两个黄鹂鸣翠柳,一行白鹭上青天。窗含西岭千秋雪,门泊东吴万里船",数字深化了时空意境;岳飞的"三十功名尘与土,八千里路云和月",陆游的"三万里河东入海,五千仞岳上摩天"同样是壮怀激烈。数学和语言,"不管三七二十一""三下五除二""七上八下"等;另外还有数字地名、数字成语、数学谜语等,无不发挥了数学的文化功能,在数学教学中实现着数学科学价值与人文价值的和谐统一,促进学生情感、态度、价值观的可持续发展。组织学生在各种文化节中编写演讲数学小故事、童话、创办数学手抄报等,锻炼他们搜集数学素材、编辑材料、设计版面等能力,体现多学科的整合,培养了学生多方面的能力,拓宽学生数学视野,提高综合素养,学生在操作活动中体验数学文化的韵味,获得终身受益的文化力量。下面是一年级小学生在故事比赛中朗诵的数学小故事:

学生数学日记(5):

(句中的斜线是学生在讲故事时老师指导的朗诵停顿,黑体字是朗读时需要加重语

气的地方)

照片上的数学故事

一年级　白弋林

过春节的时候,我们一家人照了一张**全家福**。爸爸用电脑/把照片展示给我们看。照片上的我/可**真帅**!站在我身边/欣赏照片的妈妈/忽然对我说:"儿子,想想看,你能从这张照片上/找到一些数学知识吗?"这/可难不倒我!我对妈妈说:"这张照片上的数学知识/**可多**了:我的前面是弟弟,后面是爸爸,左边是爷爷,右边是奶奶,'**前**/**后**/**左**/**右**'是数学知识吧?这张照片上有三个小孩/和八个大人,一共有十一个人,'**加法**'/也是数学知识吧?"

妈妈点点头。

我接着说:"照片上/爷爷奶奶的年龄/比爸爸妈妈的年龄大,我们三个孩子的年龄/又比爸爸妈妈的年龄小。'**比大小**'/也是一种数学知识。还有,爸爸比爷爷高,弟弟比哥哥矮,'**比高矮**'/又是一种数学知识。妈妈,我从照片上/找到的数学知识/是不是很多呢?"

妈妈微笑着/摸着我的头说:"你的小脑袋/**真聪明!**"我也高兴地/笑了。

(二)让孩子感知数学生活化

高度抽象的数学文化只有走进日常生活,才会显得生动、具体,学生才会乐于接受。对小学生来讲,他们只有利用一定的数学知识或数学思想解决一些现实问题,才会体会到数学文化的广泛应用价值。因此,我们尝试在教学中把现实生活中遇到的一些数学现象或数学问题作为教学素材,或者将教材中的问题适当开放使之更接近实际,让学生编写数学故事、数学童话等。如学了《可能性》后,让学生明白原来游戏也有学问,从数学的角度去分析游戏的公平性。学生逐渐认识到数学与生活息息相关,生活中充满了数学,并逐步养成了勤于动脑善于分析的习惯,学会了用数学的视角去分析问题和解决问题。

学生数学日记(6):

小鞋油中的学问

五年级(3)班　侯雨晴

有一次,我闲着没事干,就从爸爸的书桌上拿了一本刊物读了起来。上面一个故事引起了我的注意:有一个生产鞋油的厂商,向社会征集提高鞋油销量的方法。他征集到很多的方法,其中一个很普通的方法,就是把鞋油的口径变大。鞋油厂商采纳了这个人的方法之后,鞋油的销量果然提高了许多。

看了之后,我觉得很有趣,于是在妈妈的帮助下,我做了个实验。我先量出鞋油出口的半径是5毫米，如果挤出15毫米的鞋油，那么挤出的鞋油的体积是3.14×5×5×15=1177.5(立方毫米)，约是1立方厘米，把它近似地看成重1克。

然后我把鞋油的半径增加到6毫米，这时挤出同样长的鞋油，它的体积约是3.14×6×6×15=1695.6(立方毫米)，约是2立方厘米，近似地看成重2克。增加口径前后，挤出的鞋油整整增加了一倍，如果全国有4亿人穿皮鞋，鞋油的用量就增加4亿克啊，按全世界人口来算，还要多得多。一句简单的话，竟让厂商获得如此大的利润，真是小鞋油，大学问！

天文数字

五年级(3)班 尹瑞卿

一天晚上，我正在做作业。突然，哥哥走过来，对我说："我出一道题考考你，一张厚度为0.01厘米的纸，对折30次后，大概有多厚？""还不到一分米吧！"我脱口而出。哥哥说："错！你还是用计算器算算吧！"于是，我便按起计算器来。"啊！最后的得数竟是107374.1824米，比珠穆朗玛峰还要高呢！"我看着眼前的"天文数字"吓了一跳。

哥哥说："其实这种例子还有许多，比如：面团对折一次就拉出2根面，再对折一次就是4根面，对折三次就是8根……每拉一次，拉出根数就是上一次的两倍，如果这样对拉10次，就会有2×2×2×2×2×2×2×2×2×2=1024根了！"

看着哥哥那得意洋洋的样子，我想：这么小的数据，竟然能算出这么大的数字来，这真是不可思议啊！数学真是无奇不有，无所不在。我以后不但要学课本的数学，还要学好生活中的数学。不然又要被哥哥的难题给难住了。

(三)《数学万花筒》体现数学文化的本质属性

莎士比亚说过：书籍是全世界的营养品。生活里没有书籍，就好像没有阳光；智慧里没有书籍，就好像鸟儿没有翅膀。在书店里，鲜有关于数学知识的课外读物，尤其是适合小学生阅读的数学书籍更是少之又少。为此，我们根据每个年级的教材内容，筛选、归类、整编校本教材《数学万花筒》，每个年级根据内容的不同开发各具特色的教材，比如六年级数学万花筒以"数学世界精彩无限"为副标题，既包含与本年级有关的数学知识笛卡尔与数对、祖冲之与圆周率、开普勒与圆面积、裴波那契数列等中外名人与数学史，鸡兔同笼、抽屉原理、七桥问题等历史名题，还为学生介绍了黄金比等各类知识，还有数学童话、数学小幽默等。

六年级数学万花筒——数学世界精彩无限

数学名人名家

1.笛卡尔与数对

用两个数来表示位置的方法(即用数对表示数)，在日常生活中比比皆是。尽管这种方法在生活中司空见惯，但真正把它引入数学的历史并不长。最早确立用“数对来表示平面上点的位置”的方法的，是法国数学家笛卡尔。

笛卡尔是著名的法国哲学家、数学家、物理学家。有一天，笛卡尔生病卧床，但他头脑一直没有休息，还在反复思考一个问题：通过什么办法，才能把“点”和“数”联系起来呢？突然，他看见屋角上的一只蜘蛛在上边左右拉丝。他想，可以把蜘蛛看做一个点，蜘蛛的每个位置就能用一组数确定下来。于是在蜘蛛的启示下，笛卡尔用一对有顺序的数表示平面上的一个点，创建了数对与直角坐标系，为现代数学的发展作出了伟大的贡献，他本人也受到了人们永远的尊敬。

2. 祖冲之与圆周率(圆的周长)

在圆周率近似值的计算方面，古希腊一直是走在中国前面的。约 2000 年前当希腊数学家算得圆周率为 3.1416 时，中国还停留在“周三径一”的古率阶段，意思是说圆的周长是它的直径的 3 倍。约 1500 年前，中国数学家和天文学家祖冲之，计算出圆周率应在 3.1415926 和 3.1415927 之间，成为世界上第一个把圆周率的值精确到 7 位小数的人。他的这项伟大成就比国外数学家得出这样精确数值的时间，至少要早 1000 年。现在用计算机算出的圆周率，小数点后面已经达到上亿位。

3. 开普勒与圆的面积

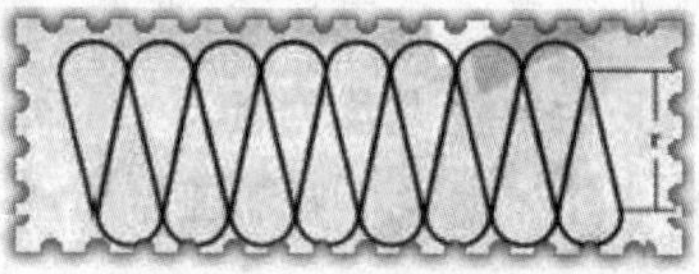

开普勒是德国 16 世纪一位出色的天文学家，同时他也是一位卓越的数学家。他对求圆的面积特别感兴趣，进行了深入的研究。他验证了古代的数学家的想法，采用类似切西瓜的办法，把圆切成许多小瓣，再把这些小瓣对接成一个近似的长方形，用它的面积去代替圆面积。从而得到了我们所熟悉的圆面积计算公式：S=πr2。

看到这个结果，开普勒很高兴。他就用这种分割的办法，求出了许多图形的面积。而且经过验证，那些结果都是正确的。于是，他就把自己的这些成果写成了一本书。

给这本书起个什么名字好呢？

开普勒一直没有想到合适的名字。有一天，他到酒店去喝酒，发现奥地利的葡萄酒桶的形状和他们家乡的很不一样。为什么要做成这个形状呢？高一点不行吗？矮一点不行吗？那扁一点呢？开普勒很感兴趣，就拿出纸笔来画图计算。结果，他发现，奥地利酒桶做成这个形状原来是有原因的。用同样的材料，做成这个形状，能够装最多的葡萄酒。

这个意外的发现，给了开普勒灵感。于是，他把自己的新书命名为《葡萄酒桶的立体几何》。

数学名题

1.“鸡兔同笼”

“鸡兔同笼”这个问题，是我国古代著名趣题之一。大约在1500年前，《孙子算经》中就记载了这个有趣的问题。书中是这样叙述的：“今有鸡兔同笼，上有三十五头，下有九十四足，问鸡兔各几何？”这四句话的意思是：有若干只鸡兔同在一个笼子里，从上面数，有35个头；从下面数，有94只脚。求笼中各有几只鸡和兔？

2.裴波那契数列

裴波那契是意大利著名数学家，在他的著作《算盘书》中有许多有趣的问题，最为成功的问题是著名的“兔子繁殖问题”：如果每对兔子每月繁殖一对子兔，而子兔在出生后第二个月就有生殖能力，试问一对兔子一年能繁殖多少对兔子？可以这样思考：第一个月后即第二个月时，1对兔子变成了两对兔子，其中一对是它本身，另一对是它生下的幼兔。第三个月时两对兔子变成了三对，其中一对是最初的一对，另一对是它刚生下来的幼兔，第三对是幼兔长成的大兔子。第四个月时，三对兔子变成了五对，第五个月时，五对兔子变成了八对，按此方法推算，第六个月是13对兔子，第七个月是21对兔子……裴波那契得到一个数列，人们将这个数列前面加上一项1，成为“裴波那契数列”，即：1，1，2，3，5，8，13…出人意料的是，这个数列在许多场合都会出现，在数学的许多不同分支中都能碰到它。世界上有关裴波那契数列的研究文献多得惊人，裴波那契数列不仅是在初等数学中引人入胜，而且它的理论已广泛应用，特别是在数列、运筹学及优化理论方面为数学家们展开了一片施展才华的广阔空间。

3.抽屉原理

抽屉原理有时也被称为鸽巢原理（“如果有5个鸽子笼，养鸽人养了6只鸽子，那么当鸽子飞回笼中后，至少有一个笼子中装有2只鸽子”）。它是德国数学家狄利克雷首先明确地提出来并用以证明一些数论中的问题，因此，也称为狄利克雷原理。它是组合数学中一个重要的原理。

4.七桥问题

18世纪东普鲁士的哥尼斯堡城，有一条河穿过，河上有两个小岛，有七座桥把两个岛屿河岸联系起来。有人提出一个问题：一个步行者怎么样才能不重复、不遗漏地一次走完七座桥，最后回到起点。

所谓的哥尼斯堡七桥问题就是：能否一次通过全部七座桥且每桥只过一次？

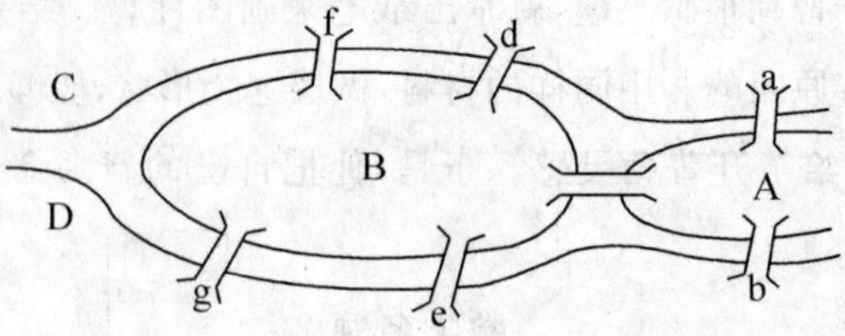

你知道吗

1. 黄金比

2000多年前古希腊著名的学者毕达哥拉斯，他从美丽的五角星里发现了一个神奇的比，这个神奇的比是0.618∶1。后来被达·芬奇誉为“黄金数”，人们也把0.618∶1叫做“黄金比”，就是说当一个物体的两个部分大致符合黄金比——0.618∶1时，会给人以一种优美的视觉感受。所以，许多建筑作品、艺术作品都是按黄金比来设计的。

(1)黄金比与古今建筑设计。

从古希腊到现在都有人认为黄金比在造型艺术中具有无可比拟的美学价值。北京故宫、巴黎圣母院的构图融入了黄金比，千百年来令无数游人流连忘返。古埃及的胡夫金字塔、上海东方明珠塔中的一些长度比值采用了0.618，令世人叹为观止。

(2)黄金比与艺术美。

成功的钢琴演奏“余音绕梁，三月不息”，其原因之一是表演者选择了舞台上的“黄金分割点”，使声音产生最佳的共振效果。人体艺术之所以美，是因为美的人体符合黄金比，其上下身之比接近0.618，面部五官间距符合黄金比。爱美的普通女孩就用高跟鞋来增加“回头率”，通过整形美容来提升“美”。

(3)黄金比与养生术。

黄金比在养生学中也颇受青睐。现代医学研究表明，人生存的最佳气温约为23℃，它恰巧接近人的正常体温(37℃)的0.618倍。有专家建议：吃饭最好只吃六成饱，穿衣最好只穿六分暖；每餐荤素搭配最好是“四分荤，六分素”；老人养生最好也是“四分动，六分静”……黄金比与养生术有着不解之缘。

(4)黄金比与战争。

数百年来，人们对成吉思汗的蒙古骑兵为什么能席卷欧亚大陆颇感费解。仔细研究之下，人们发现其原因之一是蒙古骑兵战斗队形的五排制阵形中，人盔马甲的重骑兵和快捷灵敏的轻骑兵之比为2∶3，十分接近黄金比。

2. 一中同长(圆的认识)

古希腊一位数学家曾经说过：“在一切平面图形中，圆是最美丽的！”因为有了圆，我们的世界才变得如此美妙而神奇。早在2000多年前，我国古代就有了关于圆的精确记载，墨子在他的著作中这样描述道：“圆，一中同长也。”

3. 负数

中国人很早就开始使用负数。在古代商业活动中，以收入为正，支出为负；以盈余为正，亏损为负

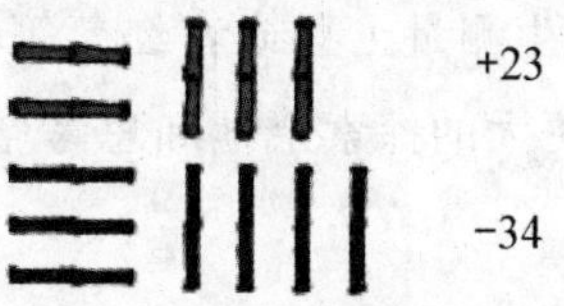

最早记载负数的是我国古代的数学著作《九章算术》。在算筹中规定“正算赤，负算黑”，就是用红色算筹表示正数，黑色的表示负数

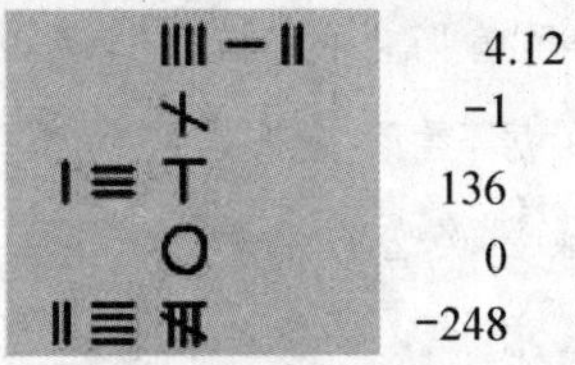

由于记录时换色不方便，到了13世纪，数学家还创造了在数字上面画斜杠来表示负数的方法。

国外对负数的认识经历了一个曲折的过程，并且也出现了各种表示负灵敏的形式。直到20世纪初，才逐渐形成现在的形式。

学习方法介绍

数学学习方法顺口溜

初看题，要认真，
动笔之前先动心；
题中危险处处在，
仔细是根安全带；
计算时，心须静，
书写工整不放松；
检查如同马后炮，
马后响炮吓一跳。
要计算，心别急，
乘法口诀来帮你，
二加三等于五，
二三得六记清楚；
题中条件亮红灯，
单位一致须看清；
圆锥体积容易错，
三分之一会闯祸；
环形面积莫小看，
外圆半径能翻船。
应用题，分类型。
单位1，先确定，
量率对应准能行，
不变量，谢谢你！
有你就能做对题；
比例解，真简单，
一一对应有何难；
几何题，欢迎你，
记准公式就可以。
想作图，找工具，
尺子、圆规、量角器，
画高本质作垂线，
平行就是等距离；
量角做到三重合，
读出数据要精确；
圆规伸脚走半径，
直径周长不可以。
是忠言，要谨记，
祝你取得好成绩。

（四）动手操作实践

结合教材进度，布置一些动手操作类的作业，如制作钟面学具、制作年历、制作长方体、圆柱体、如让学生测量土豆或者红薯等不规则形状物体的体积等等。而这些课外作业，可以留给学生更大的探索余地和思考空间，对培养学生的创新精神和实践能力起积极的推进作用。

学生数学日记(7)

吃梨

六年级(3)班　董晓梦

一个阳光明媚的早晨，我在写字台前做作业。

"叮咚，叮咚"，随着一阵的门铃响，我出去看了看门上的"猫眼"，噢，原来是爸爸妈妈回来了，我打开了门，跟随着爸爸和妈妈来到了厨房，看看爸爸妈妈到底买了什么饭菜。

"啊。"我惊喜地叫道，因为爸爸妈妈买了我最喜欢吃的水果——梨。我伸手去拿，可爸爸把那袋梨藏在了身后，我就知道他又在出主意了。爸爸对我说："想吃梨吗？"我说："那是当然了，干吗，不让我吃梨呀！"爸爸笑眯眯地说："你想吃梨，那倒是可以，只不过我要考你一道题，如果你做对了，我就把梨给你吃，如果做错了，那就别想了。"我得意地说："ok，没问题，料你也考不倒我。"爸爸说："少自夸自耀了，你还没答出我的问题呢，这道题是这样的，怎样求出这个梨的体积？"看来这题还真有些难，我对爸爸说："知道了，用称。"爸爸摇了摇头，笑着说："称出的是这个梨的质量。"我想着想着，突然想到了上一次，老师在课堂上做的实验，那个实验是求一个土豆的体积，而这次是求一个梨的体积，那不是一样的吗？于是，我就对爸爸说："我知道了，就是把这个梨放入一个长方体的容器里，倒入水，把梨浸没，再取出梨，从杯内量出水降下来的长、宽、高，用长、宽、高相乘，就能计算出一个梨的体积，对不对。"爸爸笑着说："对了，就是这样，不错，有进步，求一个形状奇怪的物体时，就是用这种方法，说明你上课能注意听，以后的每一节课，都要注意听，都要认真地去思考。"我点了点头。

意趣交融——彰显数学文化的魅力

蕴含了数学文化的数学教学，让数学不再单调乏味，改变了学生的数学观念，提高了学生的学习兴趣。学生通过阅读数学文化的发展，学会去感悟数学思想、方法的应用，培养了自己的创新精神。通过解决数学书籍中的经典名题，使学生在研究的过程中获得成功的喜悦，获得亲身参与研究探索的体验，有助于培养他们坚强的意志品质。学生通过阅读和交流所收集的信息，像数学中某些结论的来历，数学家成长的事迹等，了解了数学概貌，培养了良好的人格素养。

通过研究数学文化，我们的教师数学素养得到提升，利用各种形式新颖、内容丰富的文化沙龙、团队拓展训练、教学经验交流等来提升教师的人文修养，拓展文化视野，我们工作室从2009年4月读蔡宏盛老师的《从象牙塔到小学课堂》开始，到《数学万花筒》一至六集的编写，东西交流、南北对话，无不显示了我们团队数学素养的提高。2009年3月16日，市教科院李秀伟老师听史会清讲授复习课《圆柱》，对这节课给予很高评价，李老师说只有"看透了数学课的本质"才能上出这样的数学课，并说这节课让他突然看懂了《哲学与课程教学》这本书，也就是从那时起，我们这个团队开始了数学文化的研究。两年来，我们为各种会议提供了50多节蕴含丰富数学文化的数学课，有常态课，有特色课，有新授课，也有练习课、复习课、主题拓展课等课型，我们的团队去甘肃参加过西部支教，和祖国西部的老师共同研究数学文化在小学数学教学中的地位和作用。我们还和江苏常州数学名师工作室的老师共同探讨研究数学文化，我们去天津进行同课异构时，李娟老师讲授《分数的认识》一课，天津师范大学的专门研究小学数学教学的范教授称蕴含的数学文化为"当今小学数学教学的一大亮点"。2010年10月19日，"潍坊市小学数学文化育人"推介会在临朐县第一实验小学召开，我们的数学文化价值研究得到与会领导和专家的好评。《山东教育》2011年12期也以大篇幅报道了题为"用数学文化滋养孩子心田"的文章。数学文化的积淀，主要的阵地还是在数学课堂。我们就是要建设"活而实，有文化气息的"数学课堂，在教学中融入数学文化，丰富数学教学的后台和前台，课堂内外最大限度地张扬数学思想的魅力，呈现出美妙绝伦的数学思维方法，逐步改变一个人的思考方式、方法、视角，培养探索不止的数学精神，求真善美的数学品格。

数学文化的研究这条路上风景无限，也布满坎坷，例如如何把握向小学生渗透数学文化的度等问题尚需深入探索，但我们一定会在这条路上走出属于我们自己的精彩。

（史会清）

沐浴诗风词韵的阳光之旅

我国是一个诗的国度。

一个个耳熟能详的名字陪伴着我们成长，屈原、李白、杜甫、白居易、王维、孟浩然、苏轼、李清照、辛弃疾……牙牙学语时，“鹅、鹅、鹅”便不时伴着稚嫩的童音响起，有时因小孩发音不准，吐字不清，让你听着听着便禁不住捧腹；“举头望明月，低头思故乡”不知被多少游子传唱；“但愿人长久，千里共婵娟”“独在异乡为异客，每逢佳节倍思亲”那凝练传神的语言传递了千古不变的思念；“人生自古谁无死，留取丹心照汗青”不知激励了多少仁人志士在国难当头的时刻挺身而出，抛头颅，洒热血，一往无前！

这是中华民族几千年积淀下来的文化经典，更是祖先留给我们的宝贵精神财富。

可是，这些瑰宝却离我们的孩子越来越远。小学阶段，入选课本（人教版）的古诗词只有区区 51 首！虽然这些都是精品中的精品，但相对于博大精深的经典宝库，不过是冰山一角，怎能尽其精华，怎能得其精髓，又怎能得到传统文化灵气之所钟？

鉴于此，有许多勇于改革的教师选择了经典，把优美的诗词作品大量引入课堂，让孩子们沐浴在经典文化的和煦阳光下，快乐成长。我就是这浩浩荡荡队伍中的一员。

我和我的学生的诗文情结既有趣又好玩。

“他一气背了 405 首诗！”

时间：2010 年 11 月 30 日下午

地点：临朐县第二实验小学阶梯教室

事件：临朐县小学生“经典伴我成长”诵读大王比赛

“305 首——”小主持人甜润的声音清清楚楚地送到在场的每一个人的耳中，紧接着便是一片赞叹声。

一个面色黝黑的男孩胸有成竹地登上了赛场。他抑扬顿挫的声音感染了每一位在场的人。

几乎所有的评委都露出了微笑，他的指导老师更是一副胜券在握的样子。

“108 首——”

“168 首——”

“98 首——”

紧接着登台的几位都没能撼动他的胜利，男孩黝黑的脸上满是抑制不住的笑意，雪白、整齐的牙齿时不时出来遛遛。

他的笑，就在许家伟登台的那一刻凝固了。

“下面请十四号、五井小学的许家伟同学登台展示。他背诵的篇数是 405 首——”

“405？”评委的眼睛睁大了。

“405？”在座师生的眼睛瞪圆了。

一个个质疑的声音从会场的各个角落传来，几乎所有的人都在怀疑站在赛场上的那个其貌不扬、面带羞涩的男孩是不是真能够背出 405 首诗词！

甚至，还有一个带队教师起身走到主持比赛的窦老师跟前，小声质疑：“他真的背过了？会不会是虚报？”

熟练流利的吟诵就是最好的回答——就连白居易的超长名篇《长恨歌》也是一气呵成。

掌声雷动。

最终，他以绝对优势摘得桂冠。

而他，正是我的 42 个弟子之一。

“我和老师来比赛”

说到让孩子们背诗，我的初衷只是想让学有余力的学生有点事干。

当过老师的都知道，一学期一本教材，对很多孩子来说，简直就是小菜一碟，轻松又自如。

如何引导学生科学合理地打发过多的闲暇时间，是我一段时间内不断考虑的问题。经过多方考察、全面论证，我选择了经典诵读。

刚开始，只是一周一首短诗——我并不敢要求太高，怕把孩子们吓住了。我选好诗，抄到黑板上，让孩子自己去读、去背。谁背过了，便背给老师听。

于是，无论在课间还是课上，也不论是在校园还是办公室，随时随地都会有一张张鲜活的小脸围在我的身边，热切地望着我，等着接受检查。

看到孩子们不断高涨的热情，我选择了退出——把选诗、检查的光荣使命交给了学生，让他们轮流过一把做小老师的瘾，也减轻一下我自己的负担。

“老师，我又多背了一首！”陈杰跑到办公室激动地对我说。

"老师,我也背了一首!"刘浩然不甘示弱。

孩子们的热情再次让我改变了战略——我把全班学生分成了六个小组,每小组发一个笔记本,小组成员轮流选诗、检查、记录。

"老师,《兰亭集序》怎么样?"课堂上,胖乎乎的陈豪等我走近了起身问道。

"当然是名篇、大手笔。"我肯定地说,"你想背?"

陈豪骄傲地点了点头:"我已经背过一段了。"说着,便一字一顿地背了起来。

我拍了拍他的肩膀,微笑着对他说:"不错!这首《兰亭集序》很难背,就连老师也没背过呢!"

听了我的话,他圆圆的大脸盘上写满了自豪——看,老师还不如我呢!

"丁零零——"手机响了,是许家伟的妈妈打来的。

"程老师,麻烦您件事——"她总是那么客气,"你帮许家伟借刘晓笛的《唐诗解析》看看,行吗?"

"许家伟是个腼腆的男孩,一说话脸就红,这正好可以锻炼一下。"想到这儿,我便对家伟的妈妈说,"让他自己借就行。"

"他去借了。可是刘晓笛不给他——她说她自己背诗也要用呢!"家伟的妈妈在电话中为自己的儿子辩护。

"哦——"我明白了:孩子们生怕落后呢!

"家伟想背哪一首?"我接着问。

"——《长恨歌》"家伟妈妈的话中满是自豪,"他说要和你比赛呢!"

家伟妈妈的话不禁让我想起了两天前的情景。许家伟问我喜欢不喜欢《长恨歌》,还问我是否背过了。我当时告诉他说,《长恨歌》是中国文学史上不可多得的长篇佳作,我自己已经背了一部分,可是还没有完全背过。谁知无意中成了孩子一心要赶超的对手!

哦,我可爱的孩子们呀!

"请你把许家伟这段时间的表现写一写,好吗?"我征求她的意见。

"行。"她一口就答应了。

两天后,我便收到了她发来的文章:

我和老师来比赛

訾金莲

近一段时间,上小学五年级的儿子,天天放学后,就让我帮他上网搜古诗词来背诵。

每天早晨和晚上,儿子的口中总是念念有词。从笠翁对韵的"天对地,雨对风,大陆对长空,山花对海树……"到李白的"大鹏一日同风起,扶摇直上九万里……",从曹操的"东临碣石,以观沧海……"到岳飞的"壮志饥餐胡虏肉,笑谈渴饮匈奴血",从李清照的"帘卷西风,人比黄花瘦"到苏轼的"大江东去,浪淘尽、千古风流人物",都背得朗朗上口。

今天，他又拿了一本《唐诗解析》，背什么《长恨歌》、《琵琶行》、《秦妇吟》。

我不禁脱口而问："哟，儿子，那么长的诗，是老师让你背的吗？"儿子神秘地一笑："哎呀，老妈呀，老师鼓励我们背诵诗词，看谁背得又多又快，全班同学都暗地里较着劲呢。再说我喜欢这些诗啊！我还有一年就上初中了，妈妈总说初中的课程多么紧张，我会没有这么多时间背诗了，所以趁着现在多背点儿。"

"哦，儿子真的长大了，这样懂事爱学习了！"我心里乐滋滋的。在夸奖儿子的同时，我心中充满了对老师的感激。老师总是采用多种多样的方式来鼓励、引导孩子读书、背诗，让孩子意识到经典积累的重要性，让他自己有了学习的内在动力……

"妈妈看——，《长恨歌》我已经背到这儿了……"儿子的话打断了我的思绪，"老师说，她还没背过这首诗呢，我要跟她比赛，你说我们俩谁会是冠军呢？"

"当然是我儿子啊！我儿子小脑瓜灵，记得快嘛！"我抚摸着他的脑门说。

儿子冲我得意地一笑，又继续沉醉于背诵中了——"金屋妆成娇侍夜，玉楼宴罢醉和春……"

我欣喜地看到，不为分数所累的孩子，每天都快乐地吟诵着、成长着。这一切都得益于素质教育的春风，得益于老师的正确引导。为了孩子美好的未来，让我们多听听孩子琅琅的吟诵声吧！

孩子们的背诵仍在热火朝天、你追我赶、争先恐后的气氛中进行。

"响鼓还需重锤敲"

"火上浇油"才能越烧越旺——我清楚地认识到，孩子们朴素的激情，还需要组织各种各样的竞赛活动才可以进一步地"推波助澜"。

鉴于此，我组织进行了一系列丰富多彩的竞赛活动，展示、激励、鞭策，一箭三雕。

我做的第一步尝试，是组织班级赛诗会，评选背诗大王。提前一周，我便把竞赛要求告诉每个学生，让他们全力以赴去准备，去复习。

竞赛的要求很简单，自己写出背过的诗词题目，看着题目一首不落地当堂展示。

竞赛现场简直可以用白热化来形容：落败者撅起的嘴巴上能挂酱油瓶，非要我再给他们一次机会；而优胜者往往能让自豪的笑容在嘴边驻扎好几天！

看着孩子们如此在意，我禁不住笑了——为自己的"阳谋"得逞而笑！

可是，这种全员参与、全方位的检测实在是太费时——一次就要"耗费"整整一下午的时间，有时还要第二天来个加时赛！

必须改进，我对自己说。

接下来的班级赛诗会便换了方法——

一是小组互查。以小组为单位，小组成员轮流检查本组背诵情况，统计背诵篇目——每个人都不想对别人放宽政策，从而导致自己的落后。于是，检查得好严啊！——背错一个字？不算，重来！

二是书面检测。划定考查范围，让学生充分复习后，书面检测。这种办法我用得最多，因为不但可以考查背诵情况，还可以迁移、拓展，并且能检查学生正确书写的能力，可谓一举三得。

三是计时背诵。组织计时背诵擂台赛，主要采取两种形式：一是在单位时间内看谁背出的诗篇最多；二是选定篇目轮流展示，看谁用时最少。

有一次，我圈定了12首咏梅诗展开计时比赛。首先上场的是贾科健，用时1分04秒；接着上场的班长于倩，仅用了49秒就背了下来！

于倩的49秒，使许多本来跃跃欲试的学生又都坐回到凳子上——这个记录太难打破了！

看到孩子们退缩的眼神，我展开了心理动员："战胜别人固然是一种胜利，可是挑战自我，战胜自己，更是一种别样的成功！退一步说，即使不能最终取胜，但只要展示了自己的风采，就是迈出了成功的第一步！"

听了我的动员，陈晓晴勇敢地站了起来，结果她以1分24秒完成了展示。同学们为她的勇气报以热烈的掌声。

后来，陈晓晴在当天的日记中写道："有的同学看到于倩的49秒都不敢上了，怕出丑。我没有那么多的酸气，不就是挑战自己吗？虽然我没有胜过于倩，但已经比我自己练习时背得快多了，我为自己骄傲！"

董晓璇也在日记中这样写道："看到于倩的49秒，我佩服得五体投地。不过，陈晓晴的勇气更让我敬佩，'明知山有虎，偏向虎山行'！他们都比我背得快。下次我也要上台去展示，不为战胜别人，只为挑战自己！"

计时背诵擂台赛上，虽然很多学生为了追求速度，可能会抛开诗词的节奏，有点儿"煞风景"。但是，置身竞赛氛围的学生却是兴味盎然，把需要背诵的诗篇背个滚瓜烂熟，这也不失为一种更大的收获。

四是诗情演绎大赛。要求学生根据自己对作品的理解，在诵读时注入感情，用抑扬顿挫的声调、恰如其分的动作，将诗意表达出来。这是专门针对计时背诵擂台赛的弊端而设置的，目的是培养学生把握诗歌感情、节奏的能力。每逢比赛，那一个个小诗人摇头晃脑的样子煞是可爱。

五是简易光荣榜。这是为了激励学生快速完成指定背诵篇目，在课堂上根据需要随时设立的，一般是在黑板的一角，装饰一下周边，中间写上"诗词背诵光荣榜"，就可以发挥它的功用了。谁完成了规定篇目，自己便去把名字写上。

这块小小的版面虽然简易，但激励作用却不容忽视。眼看着一个个名字都登上了光荣榜，而自己却还有一首没背熟，怎能不着急？

六是个性签名“光荣榜”。光荣榜设在班级学习园地中的专栏。让那些在各种诗词竞赛中表现突出的学生自己设计个性签名，张贴在光荣榜上，供同学们学习和效仿。

孩子们的个性签名非常漂亮、姿态万千：有的剪一个苹果，有的是一个卡通美少女，有的是大力金刚，有的叠一个栩栩如生的小狗，还有的直接用自己最喜欢的小贴画……正所谓创意无极限！

一直以来，“光荣榜”是孩子们最关注、最挂心的地方，几乎每个孩子的名字都曾多次登上过教室里那一方小小的版面。它的激励作用，是任何其他形式都替代不了的。

这一系列的活动，恰如火上浇油一般，大大激发了孩子们背诵古诗文的兴趣，逐步形成了你追我赶、互相赶超的良好氛围。我班的孩子，不论是基础好还是差，也不论记忆力强还是弱，都全身心地投入到经典诵读中来，即使在课间跳绳的时候，孩子们都和着跳跃的节奏背诵着诗词。

“大陆对长空”

一段时间过去了，诗词越背越多，孩子们的诵读热情一如既往。

可是，积累就是经典学习的终极目标吗？看着一个个乐此不疲的孩子，我陷入了深思。

中华传统文化中璨若星海的经典诗文，语言优美、简洁、凝练、丰满，可谓是字字珠玑、句句经典，可不可以拿来开展语言训练呢？

“天对地，雨对风，大陆对长空——”孩子们快乐的笑声伴着有节奏的拍手歌传来，“孩子们背了这么多诗词，到了试用一下的时候了！”

于是，在2009年11月5日的清晨，便上演了这师生对决的故事。

师生对决三二一

今天，算是拉开了诗歌语言训练的序幕。其实，今天的课，并不是精心准备的，而是随机进行的，有点随意。但，却确确实实为学生打开了崭新的一扇窗。

昨天，我下发了《笠翁对韵》“一东”和“二冬”两部分。今天早读课上，孩子们背得热火朝天。看着孩子们的投入，我忽然有了一种冲动，想看一看孩子们对仗的水平。

第一回合

我提笔在黑板上写下了：“千峰拔地，____笏朝____。”

“谁能在括号里填上合适的字？”我开口问道。

“老师，俺知道！”尹彬高声喊道，“‘万’、‘天’！”

其他的同学纷纷表示赞同。

第一回合就这样被孩子们轻松取胜。

第二回合

“再来个难点的。”我心想。

于是，我又提笔写下了这样一联：

四水江第一，四时夏第二，老夫居江夏，谁人第一，谁人第二？

三教儒在____，三才人在____，小子本____，何敢在____，何敢在____？

这是梁启超以学子身份去拜访湖北总督张之洞时，张出上联，梁对的下联——立意深远，对仗工整，堪称绝对。

高玉杰小声嘟囔了一句：“中间那个填‘儒人’。”

我听见了，但未置可否，——因为此时好多同学还都是一脸茫然。

我拿起一支粉笔，轻轻地在“江”“夏”“江夏”底下各画了一条线。

效果很好，几乎所有的学生异口同声：“中间那个填‘儒人’。”

“三教指的是儒、道、释；而天、地、人谓之三才。”我对“三教”“三才”做了注解。

史伟业站起来试探着问：“‘先’、‘后’行吗？”

“差不多了。梁启超选的是另一个字。”我笑着说。

教室里一片沉寂，大家都在静静地思考。

“老师，我知道了！”没听清到底是谁喊的，“‘前’、‘后’！”

一片恍然之状。

第二回合输赢各半。

第三回合

“风定花____落，鸟鸣山____幽。”

我不动声色，又写上了一联。

“第二句那个空填‘更’！”学生们异口同声。

我很清楚，这个“更”字是难不住这群英雄汉的。

“前一个呢？”我追问了一句。

“在？”

“飘？”

“未？”

……

一个个声音试探着说，可马上就被别人否定了。

教室里交头接耳地在商讨。

“还记得孟浩然的《春晓》吗？”我提示，“夜来风雨声，花落知多少？”

"那么,风定之后,花就立刻停止飘落吗?"我接着启发。

"还!"

"仍!"

我肯定了孩子们的思考,"对,就是这个意思。风虽定,花瓣还在飘落。"顿了顿,我接着说,"可是,这几个词都不够美,意境欠缺了点。文言中还有一个表示'还''仍然'的词;在有些成语中也用到那个字。"

又是一片寂静。

过了大约有三分钟,没有一点声音。

我轻轻地提笔在黑板上写了一小撇,然后静静地看着孩子们。

"是'犹'!"有人高声喊道。

"风定花犹落,鸟鸣山更幽",孩子们轻轻地读着,微微颔首。

第三回合,知道答案的老师赢了学生。

后记

下课后,我回到办公室,还没坐定,一群男孩就跟着来到了办公室。

"老师,再讲一个吧。"有的学生趴在桌子上,笑眯眯地说。

我便又给他们说了几个。

孙国磊凑到我脸前,小声对我说:"老师,我有一个上联。"边说边挑战性地看着我,"你来试试?"

"你说说看。"

"牧童数数,一二三四五六七八九十。"他一边说,一边嘻嘻地笑个不停。

我轻声念叨着,思考下联。

可是,想了几个方案,都不合适。

孙国磊看我有点为难,便说出了下联:"道士算卦,甲乙丙丁戊己庚辛壬癸。"

我听了,想想,后边的"甲乙丙丁戊己庚辛壬癸"对"一二三四五六七八九十"很贴切,可是"算卦"对"数数"略显不工,还应改进。

我把这个看法跟孙国磊分析了一下,他也同意我的观点。

第四回合,学生难倒老师。

就这样,我们师生之间的对决便成了盛演不衰的保留剧目。

2009 年阴历九月中旬,正值菊花灿烂的暮秋时节,却天降瑞雪,实属百年难遇。上课时,我们眼见着漫天雪花飘然而下,禁不住诗情勃发,我脱口而出:"菊月飞雪雪无声——"赵长凤应声而答,"莲月滴雨——"说到这儿,她顿住了,考虑着怎样接续下文。

同学们看到此情,便七嘴八舌地说了起来。

史伟业站起来,当着全班同学平静地发表了他的高见:"我认为赵长凤说的'滴雨'二字不好，你们想一想，夏天的雨大都是瓢泼一般，我觉得不如‘莲月飘雨’或者‘莲月泼雨’好。”他喘了口气，接着说，“同学们，我想了一句，大家看看怎么样？”说到这儿，他的脸微微红了，“莲月飘雨雨如帘”。

同学们的掌声让史伟业的脸色越发黑里透红，红得发亮。

陈豪站起来说：“不如‘莲月飘雨雨有情’”，他见大家都静静地听他的下文，便接着分析，“老师的上联是‘雪无声’，‘无’对‘有’才行。”

陈豪的话音才落，又是一阵热烈的掌声飘荡在无数亮亮的眼睛里。

诗僧齐己写了一首《早梅》，有句云：“前村深雪里，昨夜数枝开。”郑谷将“数”改为“一”，因为题为“早梅”，如果开了数枝，说明花已开久，不能算是“早梅”了，齐己佩服不已，尊称郑谷为“一字师”。

我把这个故事讲给孩子们听，不过我仅告诉孩子们：郑谷只是改了一个字，便更加传神地刻画出了“早梅”之“早”。然后，我让他们自己去寻找这个改动之字。

不到两秒，孩子们便异口同声地回答了我：“把‘数’改成‘一’！”

有时，孩子们也会语出惊人，打我一个措手不及。请看下面这个真实的故事：

我要投诉他！

——《春夜》教学趣谈

今天我给学生补充了王安石的《春夜》：

金炉香烬漏声残，
翦翦轻风阵阵寒。
春色恼人眠不得，
月移花影上栏杆。

我觉得这首诗正可以和《春晓》进行对比阅读，一说“春眠不觉晓”，一说“春色恼人眠不得”，恰可以对比学习、体悟其不同的韵味。

刚抄到黑板上，我还没有定下神来，刘浩然就凑到我跟前，小声问我：“老师，李清照的《渔家傲》和范仲淹的《渔家傲》哪首好？”

我说：“都好。不同的风格，不同的品位，相同的传神。”

我的话音还没落地，他就一转身跑回座位上了。

可，一眨眼的工夫，他竟又转回来了，说：“我要投诉他！”

我有点莫名其妙：“嗯？——”

“我觉得后三个字写得不好，还‘上栏杆’！”刘浩然边说边撇了撇嘴，一副很不以为然的样子。

哦，原来是他的诗情萌发了！竟敢评点王老先生的得意之作！

“那你觉得怎么改好呢？”我不动声色，微笑着问。

他把他的诗抄本伸到我的眼前，"用李清照的这句'千帆舞'，怎么样？"

我笑了，说："你先回去坐好。咱们全班讨论讨论。"

我示意学生静下来，对大家说，"刘浩然说这首诗后三个字写得不好。他想改成'千帆舞'"，我一边说着，一边把"千帆舞"三个字写到了黑板上。

我还没转过身来，就有人高呼："老师，'千帆舞'不好！不押韵！"

"上青天！"刘晓笛站起来大声说。

"树荫间！"不知是谁喊了一嗓子。

我把这两句也写到了黑板上，笑微微地说："现在咱们来看看到底哪个好？"

学生们七嘴八舌地讨论，觉得都不如原作好，但又都认为"上栏杆"三个字太普通了。

看到孩子们的苦恼、困惑，我微微地笑了，这不正是我希望达到的境界吗？

他们虽然感悟不深，体会不到诗人内心深处的万般滋味，还不能完全明白"上栏杆"那种平实叙述中的激情、那种静中有动的韵味，但，这又有什么关系呢？

正所谓，"路漫漫其修远兮"，他们正昂首走在这宽阔的大道上。

经过一段时间的诗文语言训练，学生的语言理解和运用能力不断提高，日常交流中废话越来越少，妙语越来越多；写作中空洞的句子越来越少，精彩的描写越来越多。

李晓慧，一个刚刚转入我班的女孩，有一天在日记中这样写道："在以前，我们也背诗，但我一点儿也不喜欢，甚至也不喜欢语文。可现在，天天背诗，我竟然很喜欢。我突然发现古诗中蕴含着好多做人的道理，那些诗句词也美，我爱唐诗宋词！"

于倩是我们的班长，自律严，态度正，读她的日记、作文那简直就是一种享受，让你不敢相信那老练、严谨的文字是出自一个小学生之手！

而多愁善感、内向的赵长凤经过几年的经典熏陶，写出的日记经常被怀疑是抄袭，每当别人质疑她的水平，便不由得伤心泪涟涟，一边还小声地嘀咕着："是俺自己写的！"每睹此景，我都会偷偷地乐上好久。

前几天我又在赵长凤日记上发现了这样一段妙语——

雪，自然是美的。可，她是冬天的恶作剧！我想它应该是不喜欢人间的。你看，她把大路弄得无法走，她让一辆辆车堵塞。唯有不知情的人，才会感谢你的"恩赐"！

呵，不就是有件漂亮衣服，显摆什么？不如学学秋，那个季节，是人类最开心的时候。

这不就是诗的语言吗？

"项羽不肯过江东"

"老师，到底谁说得对啊？"徐世洁一脸疑惑，拿着她的诗词记录本找到了我。

"怎么了？"学生有疑问，我便来了精神——这正是教育的契机啊！

她指着本子上的三首诗给我看:一首是李清照的《夏日绝句》,一首是杜牧的《题乌江亭》,还有一首是毛泽东的《七律·人民解放军占领南京》。

"你看,李清照说项羽生是'人杰'、死是'鬼雄',并且说'至今思项羽,不肯过江东',是对项羽高度赞扬。"她喘了口气,顿了顿,"可是,你看——杜牧却说'胜败兵家事不期,包羞忍耻是男儿。江东子弟多才俊,卷土重来未可知。'这不是批评项羽不该自杀、应该东渡乌江吗?而毛泽东说的就更直接了:'宜将剩勇追穷寇,不可沽名学霸王',这也是批评啊!"

看着徐世洁那一脸的疑惑,我笑了——经典诵读,让孩子们的思维开花了!

我并没有告诉她谁对谁错——我要让他们自己到事实中去寻找答案。

孩子们展开了上天入地的历史大搜寻:有关项羽的一个个成语故事、一首首诗歌,还有《史记·项羽本纪》中的精彩描述,都被孩子们搜了出来,一一阅读、研究、比较——很自然的,该怎样看待项羽,不用我再啰唆,他们的心中也有一杆公平秤了。

搜寻、研究完毕,我引导学生写了一篇题为"盘点项羽"的作文,多数学生都能引经据典,有理有据地阐述自己对项羽的"力拔山兮气盖世"的英勇豪气的佩服,也能客观分析"鸿门宴"上他的优柔寡断带来的恶果,一篇篇的文笔虽略显稚嫩,但文中独到的视角却令人叹服。

这是我和孩子们一起搜寻、探讨后,写的下水文:

盘点项羽

记不清第一次认识项羽是什么时候了,不过印象最深的还是从中学课本《鸿门宴》中认识的那个优柔寡断的西楚霸王——放跑了对手刘邦,因而,导致最终失掉了问鼎中原的大好机会。那时,很为项羽惋惜,觉得怎么能让一个"小人"——刘邦打败?觉得真是造化弄人,就像项羽在乌江自刎时说的那样"天之亡我,我何渡为"!

后来,随着对项羽的了解不断深入,我对项羽的看法却说不清了,可以说是爱恨交织。我爱他"力拔山兮气盖世"的不世雄才,爱他的"取而代之"的万丈豪情,爱他破釜沉舟、以一当十的勇气和毅力,爱他对待爱情的专著与执著,更爱他拒绝夜渡的勇气和决心,慨然赴死的凛然大气……可是,项羽的身上,却有着太多的"任性",注定了他的失败。试想,鸿门宴上如果不是他率性而为,而是决绝果敢,也许历史就会改写;如果他能在入主咸阳后,采纳谋臣的建言,定都咸阳,也许日后的垓下悲歌就会烟消云散……可,遗憾的是,这都是如果!都是假设!

一代词宗李清照在《绝句》中这样评点项羽的乌江夜渡事件:"霸气震神州,凌云志未酬。乌江夜若渡,两汉不姓刘。"慨叹如果项羽夜渡乌江,可能历史就会改写;而杜牧在《题乌江亭》中也表达了同样的观点,他说:"胜败兵家事不期,包羞忍耻是男儿。江东子弟多才俊,卷土重来未可知。"

是啊,历史有太多的不确定,如果项羽夜渡乌江,历史可能不是现在的样子。问题是,项羽为什么会有乌江之败?难道一句“天亡我也”就可以遮盖所有的问题?南宋爱国诗人陆游曾有一首《项羽》引人深思:“八尺将军千里骓,拔山扛鼎不妨奇。范增力尽无施处,路到乌江君自知。”北宋大政治家王安石曾有《题乌江项王庙诗》流传后世:“百战疲劳壮士哀,中原一败势难回。江东弟子今犹在,肯为君王卷土来?”两位大家的评点可见一斑。

鸿门宴的优柔、杯羹之让的寡断,“沐猴而冠”的短视,都很可以说明一些问题。正是因了项羽的刚愎自用才有了乌江之败,正是因了项羽的短视才有乌江之败,也正是因了项羽的残暴才有了乌江之败……

而项羽的千般柔情却只在虞姬一人,为了虞姬,一代霸王可以弃天下于不顾;而刘邦之心却志在天下,为了天下,刘邦可以舍老父、弃妻儿;韩信的雄才武略是历史证明了的,可是当韩信投奔到项羽麾下时,项羽却因种种不屑,而与之失之交臂;同是谋士,张良、萧何、范增的计谋智慧大概不相上下,可是,他们的建言在各自的主子那儿产生的影响却大不相同,刘邦从谏如流,任人唯贤,而项羽却听不得反对意见。

如此看来,项羽的失败是注定的,不可避免的。

历史是一面镜子,一代伟人毛泽东就从项羽的失败中得到启示:“宜将剩勇追穷寇,不可沽名学霸王。”

其实,项羽就是项羽,不管是否夜渡,都不会改变这一点。项羽留给我们的,是任何人任何事都替代不了的宝贵财富。

因着项羽的热度,我们又接连开展了一系列的赏析课,全面开发学生思维的广度和深度,分别从求同、求异、多向、辩证思维四个方面展开,力求通过训练,全面提升学生的思维品质。

一是多向思维训练。我选取了七首风格迥异的咏柳诗篇,引导孩子们一一品悟、鉴赏、分析、归纳。

七首诗分别是:贺知章的《咏柳》、王维的《送元二使安西》、杜甫的《绝句》、张月楼的《自忏》、王昌龄的《闺怨》、韦庄的《台城》、曾巩的《咏柳》。这七首诗,无论是内容形式,还是写作风格,都可谓各具千秋,迥然不同。

通过鉴赏、分析,让孩子们明白:写作的角度是完全可以由作者表达的需要确定。

二是求同思维训练。也就是引导学生从不同的作品和表达形式中寻求相同的意境与主旨。

比如,处理思乡这一主题时,我用“日暮乡关何处是”做标题引领,选取了杜甫的《春望》、崔颢的《黄鹤楼》、王维的《九月九日忆山东兄弟》、范仲淹的《苏幕遮·碧云天》、马致远的《天净沙·秋思》等18首诗词。

引导同学们一块品悟作品中共同的感情：无论是长篇大作，还是婉约小令，传达的都是相同的主旨、共同的声音：独在异乡为异客，不是佳节亦思亲！

三是求异思维训练。人常常因自己的思维定式导致失败，所以，求异思维就显得尤为重要。怎样在万千选择中找到那个独特视角，怎样才算是具有独特的视角？

我用一曲“金秋诗韵”引领学生思索。古人的诗篇中到处可见伤春悲秋的情怀，而刘禹锡的《秋词》却独写秋之豪迈：“自古逢秋悲寂寥，我言秋日胜春朝。晴空一鹤排云上，便引诗情到碧霄。”

首先我引导学生全面解读古人“悲秋伤春”的客观原因；然后列数“伤秋”的诗家名篇“万里悲秋常作客，百年多病独登台”“长江悲已滞，万里念将归”等诗作，让学生感同身受。在这个大环境中，再去品味刘禹锡《秋词》的独特视角，才能产生更加深刻的体会。

四是辩证思维训练。前面有关项羽的分析，就是辩证思维训练的一个范例。后来，我又引导学生辩证地认识了西施的功与过。其中罗隐的《西施》给孩子们震动最大。“家国兴亡自有时，吴人何苦怨西施。西施若解倾吴国，越国亡来又是谁。”是啊，如果西施是吴国败亡的元凶，那越国败亡又是谁的责任呢？

就这样，我们的诗词赏析引领着学生，一路走来，一路洒下思维的火花。

“老师，我要写诗！”

下课了，韩纪凯跟在我的身后，亦步亦趋。

“老师，给你看样东西。”他神神秘秘地对我说。

“什么东西？”我满腹狐疑地问。

他把手伸到我的眼前——手里抓着一张发皱的练字纸，上面写满了字。

“你让我看什么？就这张破纸片？”我疑惑地看着韩纪凯，不知他葫芦里卖的什么药。

“在反面上呢！”他不好意思地笑了，“我写了一首诗。”

写诗？

好家伙！

我仔细地看那张满载着韩纪凯心血的纸张，上面涂抹了好几处，看样子是牺牲了不少脑细胞。

这就是那首写在练字纸背面的处女作：

苦恼学童（韩纪凯）

学子苦恼无边际，时光如水流失快。

一课一课又一课，学的知识无边际。

我一边看，一边点头：“嗯，不错，有点诗味儿！”

韩纪凯咧着嘴笑了。

我拿着这张普通的纸片上下打量，心中就像喝了蜜一样：看上去闷葫芦似的小不点，竟会用诗来表达自己的思想——“一课一课又一课”听上去就好烦——苦恼啊！

我把他的作品贴到了班级的学习园地上，并在班上大张旗鼓地表扬韩纪凯学以致用的精神。

孩子们听了，一个个都笑眯眯地、意味深长地看着我——

“老师，我也写了一首！”陈豪站起来像宣战似的说。

“老师，我还写了三首呢！”许家伟不服气地说。

我禁不住笑容满面：“快，拿来我看看。”

真是不看不知道，一看吓一跳！写得有模有样，诗味还颇浓呢。您若是不相信，请看——

我是一把小锁（许家伟）

我是一把小锁，锁住爸爸妈妈。

永远不能分开，永远锁住坏事。

孩子不就是家庭中不可或缺的一把小锁吗？家大业大，没有一把锁，大概也长久不了！

春（许家伟）

春来草木绿，河上白冰开。

百花抽新芽，群鸟争鸣来。

“白冰”二字既生动又形象，“开”字用得多妙！

山水（许家伟）

草木环水绿，云雾漫山摇。

翠柳随风舞，红花映日娇。

简约、形象的语言，你能想象这是一个五年级小学生的作品吗？不但如此，您发现了吗？这首小诗还押韵呢！

我们不做小皇帝（陈豪）

我们不做小皇帝，何必接来又送去。

如果有那闲工夫，不如在家织毛衣。

你把孩子当皇帝，奴仆就是你自己。

皇帝不会敬奴仆，子孙不肖气死你。

您喜欢这首诗吗？我每次看，都忍俊不禁。直白的语言，深刻的道理。更重要的是，家长的保姆作风，孩子并不领情！他们渴望着能够展翅高飞呢！后来我在家长会上把这首诗读给家长们听，效果非常好——只看家长那大张的嘴巴，你就知道这首小诗给了他们多大的震撼!

孩子们大发的诗兴,不禁让我想起了那句俗话"熟读唐诗三百首,不会作诗也会吟"。长期的、大量的诵读活动,再加上语言、思维训练的洗礼,终于迈上了一个崭新的高度!

看着孩子们亮亮的眼神,我知道我们的又一个春天来了——我的"大政方针"也要跟着改一改了。

为了进一步激发孩子们创作的兴趣,我有意识地讲解、补充了一些诗词创作知识,并且来了个师生同台竞技,借以激发学生的战斗力。

2009 年暑假开学后不久,潍坊市素质教育示范校验收的前一天,学校组织了集体大扫除,炎炎烈日下挥汗如雨的劳动场面激发了大家的创作欲望。

恰好我们刚刚学过苏轼的《望江南》,我又补充了四首《望江南》给同学们,让他们充分了解词创作的特点:依律填词。

然后我们师生每人填了一首《望江南》。下面是刘晓笛同学的作品:

望江南(刘晓笛)

午休前,
大家忙割草。
太阳高高天空挂,
遮阳帽儿沾泥土。
汗珠遍地洒。

午休后,
全班大扫除。
桌椅板凳放齐整,
门窗玻璃亮晶晶。
教室真干净!

我是这样填的:

检查团,
今日到校园。
八百师生齐上阵,
誓教旧貌换新颜。
校长亲参战。

院墙边,
荒草碧连天。
人头攒动挥刀镰,

创优何惧日炎炎。

誓欲夺魁元。

伴着我们的语言、思维训练不断地深入开展，孩子们总有创作的冲动，也收获了不少佳作，一并收录在这里。

在我们盘点项羽之际，许多学生不仅用现代文盘点了一番，还用自己稚嫩的笔触又做了一回诗人。

论项羽（陈佳虎）

霸王英武盖神州，拔山举鼎世无俦。

可怜项羽重情义，中原一败信心无。

“中原一败信心无”，多么形象地揭示了项羽自刎的内在原因！

英雄末路（贺同禧）

力拔山兮震神州，只惜凌云志未酬。

江东弟子今犹在，未跟君王报此仇。

“未跟君王报此仇”，质朴的语言，深刻的道理，发人深省。

项羽（尹金宝）

绿树浓荫夏日长，项羽捉住刘邦父。

刘邦要喝亲爹羹，项羽只得把人放。

这是“杯羹之让”的故事，“只得”二字既有无奈，更见犹疑。优柔寡断，不正是项羽失败的原因之一吗？

项羽（尹健）

拔山举鼎又何如？四面楚歌霸王愁。

美人自刎乌江畔，只恨鸿门未杀刘。

拔山举鼎又何如？鸿门宴上疑不决——这鲜明的对比不正是霸王别姬的根源吗？“虞兮虞兮奈若何？”想项羽仰天长叹之时，悔之何益？！

英雄绝路（韩纪凯）

中原兵家势不输，数我项羽震神州。

江东子弟早等待，不到江东空自愁。

此诗恰如杜牧的“胜败兵家事不期，包羞忍耻是男儿。江东子弟多才俊，卷土重来未可知”。又似易安居士之“乌江夜若度，两汉不姓刘”。

英雄末路（王广聪）

八尺将军震神州，力拔山兮志未酬。

谋士力尽无施处，兵困乌江空自愁。

“末路”英雄悲不胜，刚愎自用是根源。

项羽(徐世洁)

头戴黄金盔,身披乌金甲。

手舞方天戟,坐下乌骓马。

小作者用白描般的语言画出了项羽的威武,形象、传神,可见喜爱之情。

论项羽(王猛)

少年出英雄,志在取代秦。

拔山气盖世,古今最强者。

自古英雄出少年,这是赞项羽"取而代之"的冲天豪气。

四面楚歌(史伟业)

沛公突袭来得急,直逼霸王到乌江。

江东父老无颜见,挥剑自刎震神州。

秋风飕飕为之悲,江水碧碧为之泣。

四面楚歌(史伟业)

项公是英雄,霸气震神州。

突围来之急,只余二十骑。

逼往乌江来,过河须渡船。

豪义与苟且,项羽只知豪。

不用刘邦杀,自刎谢江东。

秋风为之悲,江水为之泣。

一代天骄勇,豪气干云天。

史伟业同学的这两首《四面楚歌》是献给西楚霸王的凄凄挽歌,盛赞他的万丈豪情,"豪义与苟且,项羽只知豪",这不就是"至今思项羽"的"史伟业"版吗?

"日出江花红胜火,春来江水绿如蓝。"我们一起在诗的王国里徜徉、漫步,一首首灵动的诗行,恰如春日甘霖滋润我们的心田;一首首美妙的诗篇,好似冬日暖阳温暖着我们的心灵。

最让我欣慰的,是孩子们在经典的浸润下,张开了智慧的翅膀,创造的豪情如雨后春笋蒸蒸日上。

(程　雪)

品诵教学：让心灵触摸语言之美

作为一个一直在小学语文教学第一线的教师，我一直在思索：怎样的小学语文教学才算优质高效的教学？最终我认为，优质高效的小学语文教学，一是必须符合语文本身内在的独特的学科规律；二是符合小学生的认知规律，最大限度地让学生得到扎扎实实的发展。

到底什么是“语文”？吕叔湘曾说，语文就是语言和文字，“语”是语言，“文”是文字。“说出来的是语，写出来的是文”“口头为语，书面为文”(参见《教育大辞典》)。既然这样，语文的本位就应该是语言文字，学语文就是学习语言文字，能正确理解、运用祖国的语言文字。

语文教学的根本任务就是组织、指导学生学习语言文字，培养学生的听、说、读、写能力，语文教学就应当在语言文字上下工夫。而学习掌握语言文字的最佳途径就是感悟和积累，“感悟得深”、“积累得多”才能“运用得妙”，才能够准确、生动地表达内心所想，轻松地驾驭、运用祖国的语言文字。

教学主张:“粗”“细”适宜

在谈我说的“粗”和“细”之前，先看一下另一种“粗”和“细”。当前，小学语文教学对文本的处理主要有两类方法和主张，一是文本粗读，二是文本细读。

理性地分析，这两类方法和主张都有其优势，也有其弊端。文本粗读，会在语文教材的学习中节省下大量时间，实现让学生大量以至海量阅读的目的，这符合语言学习“举三反一”的规律。语言的学习，就是在“巨大数量”言语“例子”的反复撞击、反复刺激下，才点点滴滴“说出”，成年累月数量无限加大后，才经过量变达到质变“奔涌而出”。但是，一味文本粗读，虽然阅读的量达到了，学生只是走马观花，对语言文字的感悟不过是“水过地皮湿”，只了解文章大概，只是囫囵吞枣，学生只是所得“知识”比较丰富，只是成了“大百科”，而对语言文字的优美，对文字深处的内涵，对文字背后的韵味，对语言文化的深邃，则不去品味赏析，也不会品味赏析，语感的缺失在所难免。此类处理文本的方法对语文语言文字本体的独特学科特点的把握略显偏失。

文本细读，则是引领学生深入挖掘课文思想内涵，感悟作者情感。但一味文本细读，则用时太多，造成学生阅读量远远不够。

最重要的是，目前的文本粗读和文本细读，关注的往往都是课文内容的理解，只是有的理解得粗一些，有的理解得细一些，对语言文字本身的品味和积累则关注不够。

我主张的"粗"和"细"，则是要粗放理解课文内容，细致品味课文语言。

学生语文素养的提高，阅读不仅要有广度，更要有深度。广度，不仅指阅读的量要多，还要有足够的语言积累；深度，不仅要对文章内容理解得深刻，还要对语言文字进行细致、反复、深入的揣摩、感悟、品味、赏析。

唐彪曾说："凡读文贪多者必不能深造，能深造者必不贪多，此理当深悟也。"这里的告诫与"博览"并不冲突，只是告诫我们在读"精"之后再"博览"。

一、粗放理解

即简化理解"写了什么"的问题。崔峦先生早就提出，"要向繁琐的讲解猛砍一刀"，老师应该放手让学生整体感知、感悟内容。课文大多是内容浅显的白话文，理解时普遍存在教师讲得过多，导得过多，"牵"得过多，问得过多，重得过多的问题。老师不做逐字逐句逐段的分析就好像失职，就感到无所事事。老师不教学生就不会，老师不讲学生就不知道的观念根深蒂固，老师不提一个又一个的细碎的小问题就难受，段与段之间的学习还非得要设计几句看似或自然或优美或激情的过渡语。理解的时候还不愿让学生自己多读书，就是师生翻来覆去的问答，就像有一桌佳肴，老师总是领着学生分析其色其香，就是不让学生自己吃。一篇篇文笔精美、结构精妙的文章，就像一个个完整的美女，我们应当完整地去欣赏她，而我们的语文教学偏偏把"美女""大卸八块"，不但不让人觉得美，反而吓死人！看似学生理解得"死去活来"，实际上把一篇篇文章的鲜活生命力"解剖"掉了，孩子们活生生的思维也变得支离破碎。在泛泛分析中，面对原本很生动，可读性很强的文章，学生却被老师教得昏昏欲睡。有时看到老师喋喋不休地问学生一个又一个零碎的问题，一堂课下来有的学生都不能完整地读一遍课文，我就感到还不如直接让学生自己读几遍课文效果好呢！

小学语文课堂教学中教师的讲解真的那么重要吗？我曾做过一个实验，对于同一篇课文相同的几道阅读理解题，让一个班级的学生自学后做，另一个班级的学生在老师领学后做，结果得分差不了很多，只是后者对课文思想感情的把握大致统一了许多，对一些术语的说法正规了许多，如第一个班的学生说"把东西当做人来写"，第二个班级的学生说"用了拟人的修辞方法"。

要真正实现粗放式理解，就要在整体感悟课文内容上做文章，不要把课文肢解了、揉碎了。作为老师来说，就是要设计“大”的、系统性的、整体性的、牵动整篇课文的“主干问题”，一篇课文最多不超过三个问题，实现真正意义上的教师精讲、少讲。

二、精细品味

即深入感悟“怎样写的”的问题，精细品味、积累语言。目前小学语文教学普遍存在着“得意忘言”的情况，对语言文字所附着的思想、内容的理解代替了学生对语言文字本身的领悟，忽视了语文学科语言文字的本体。很多老师和学生一起泛泛分析的都是课文的内容，比如学《猫》，成了一堂小猫的常识课；学《看云识天气》，成了一节气象知识课；学《人的正确思想从哪里来》，成了哲学课；学《圆明园的毁灭》，成了纯思想品德课。而自己的语文，作者情感的纯真，语言文字的精美，文字意蕴的深邃，用词的精妙，修辞方法的巧妙，布局章法的别具匠心，母语的醇厚可爱，什么都没学到，真的是“种了别人的田，荒了自己的地”，实在是舍本逐末之举。

有人可能会说，这不是强化语文课程的“工具性”而弱化其人文性了吗？其实，语言文字和思想情感本就是一体的，我们不能也无法把它们人为地分裂开来，20 世纪 30 年代，世界哲学界发生了震动性的第三次转向，即“语言的转向”，伽达默尔、海德格尔等哲学大师深刻证明了“人在世的语言性”和“世界存在的语言性”，指明了语言的本质是精神，人的精神本质即语言，二者实际是一体二名。

语言之于人，首先，就是一种精神意义的存在，是人的精神本体赖以存在的凭依；其次，才是一种语言运用技能。假如没有语言，人的精神靠什么来寄托？而人没有精神，就不再称其为人。“语言”和“精神”是“合二为一”的！它们共生共长，“言”入，则“神”生，“神”生，则“人”立；“言”失，则“神”亡，“神”亡，则“人”非。

语言的“播种”是人自我精神意识的肇始，有了语言，我们才能用“人的感觉”来感知世界，懂得什么是“听看触嗅品思”，懂得什么是“酸甜苦辣疼痒”、“赤橙黄绿长厚宽薄”等等。可以说，一个词语就给人的精神开了一扇窗，一句话就给人的精神开了一扇门。

品味、赏析语言文字，对语言文字进行深入地“鉴赏”，精心地“把玩”，反复地“历练”，本身就是奠定人的精神根基的一部分，立人主要是“用语言立主体之人”，向精神上着意，从语言上着力，在语言应用能力上得益。学生在不断品味、积累语言的过程中，思想情感会越来越丰富，受到的人文教育也会越来越深入，语文课程的工具性和人文性有机融合，相得益彰，不存在关注了语言文字就忽视了语文课程人文性的问题。

总之，我认为，小学语文课堂教学，理解课文内容要“粗”，处理语言文字要“细”，不仅理解课文写了什么，感悟作者情感，还要关注情感的载体——语言文字，要品味语言文字，揣摩语言内涵，领悟表达方法，体会表达效果，更要想方设法让学生积累语言。

主张落实：诵中积累

可能这样的局面大家都不陌生：小学生学了六年语文，读课文磕磕绊绊，成篇的课文脑中没有几篇，不会说完整规范的话，写作文时咬着笔头半天蹦不出几个字。复旦附中黄玉峰老师有诗一首耐人寻味，诗云："学生不读书，先生多演戏。悠悠十二载，腹中空如洗。"这样的情况语文老师应该也很熟悉：很多学生不喜欢语文，不喜欢读课文，望着课文发愁，读着没味，没劲，没激情，因为他们根本就体会不到祖国语言文字的妙处和无穷魅力。

我就考虑怎样让学生不"腹中空如洗"；怎样真正让我们的语文课姓"语"，让语文教学回归语言文字本体；怎样让学生喜欢课文，喜欢语文课，爱上我们的母语。

一、借鉴传统，强化背诵

我国传统语文教学以熟读和背诵为主要途径，以读为主，反复吟咏，熟读成诵，读书有声，抑扬顿挫，书声琅琅，悦耳动听，强调"涵咏"、"吟诵"、"品味"、"体味"、"妙悟"、"入神"。通过不断听课、实践和反思，我越来越觉得，现在的小学语文教学真的应该借鉴传统语文教学的这些思想精髓了。宋代学者陈亮云："童子以记诵为能。"才高八斗的曹植，10岁左右便能背诵诗赋十余万言；汉代杰出的女文学家蔡文姬，年轻时能背诵其父蔡邕的四百多篇作品；唐代大诗人杜甫也"群书万卷常暗诵"；蜚声文坛的巴金，小时候也背了许多书，在背得很熟的几部书中间有一部《古文观止》，这是两百多篇的散文选集；著名作家李准也说"《古文观止》我基本都能背，中国的诗、词和民歌我能背七八百首"。实践充分证明，博览、诵读、精背，是学生接受丰富的文化滋养，积累语言，培养语感，形成较扎实的语文功底的有效方法。正如刘勰所说的"披文以入情"，"披情以入境"，体味感悟，入乎其中，出乎其外。

背诵是积累语言材料，生成语文素养的不二法门，要学好语文必须积累大量典范、精美的语言材料。胸藏万卷气自豪，腹有诗书气自华，熟读背诵那些千锤百炼、脍炙人口的名家名篇，可逐步积累语言材料，并可在消化、吸收的基础上，不断转化为语文能力，建造语文的"高楼大厦"。许多学生对作文深感头痛，背诵则是医治此病的良方。唐代文学家韩愈曾说："人之能为文，由腹有诗书。"春蚕饱食桑叶，才能吐雪白的丝；蜜蜂广采花粉，才能酿出香甜的蜜。熟读成诵，消化吸收，作文时则意到笔随，文思泉涌，笔底生花，称心如意。巴金也说："读多了，读熟了，常常可以顺口背出来，也就慢慢体会到它们的好处，也就慢慢摸到文章的调子。”“问渠哪得清如许,为有源头活水来。”如果说背诵是为写作蓄源的话,那么写作就是清澈的泉流了。唐代诗人杜甫云:“读书破万卷,下笔如有神。”这里的“破”,就有点熟读成诵的味道。读“破”了万卷书,写起文章来就会有神来之笔。古代的一些文人学士,如韩愈、柳宗元、欧阳修、王安石、苏轼……他们没有学过语法、修辞、逻辑,却能写出流传千古的好文章。“熟读唐诗三百首,不会作诗也会吟”,就形象地概括了我国传统语文教学的基本规律和特点。韩成武曾说,一个人要想在文学上有所成就,不大量背诵范文是绝对不行的,我们平常说某人“肚子里有墨水”,这“墨水”就是对别人文章的消化物。你不把别人的文章“吃进肚里”,何谈消化?小学生记忆力最好,没有中考、高考的压力,心态宽松,是背诵的最佳时期。

背诵是积淀语感的必由之路。古今许多教育家都强调,语文学习要重视语感的积淀,从而形成对语言敏锐的感受能力。要形成正确、敏锐的语感,须熟读、背诵大量语言典范的作品。研究证明,在含英咀华、熟读成诵中能有效地积淀语感。

背诵能加深理解。三国时的学问家董遇有句名言:“读书百遍,其义自见。”宋代大文学家苏东坡有诗曰:“旧书不厌百回读,熟读深思子自知。”宋代大学者朱熹也说:“读得熟,则不待解说自晓其义也。”

背诵能锻炼人的记忆。托尔斯泰说:“背诵是记忆力的体操。”这位伟大的文豪用生动形象的语言启示我们:背诵有价值的东西,犹如常做体操可增强体力一样,可以增强记忆力。

二、拨乱反正,澄清误区

现代好多人都误以为传统语文教学中让学生背诵,是死记硬背,是扼杀他们的天性,和“时髦”的创新能力培养背道而驰,弄得人们谈“背”色变。其实,传统语文教学的“背”是为了吸收、借鉴更优秀的文化成分来内化、美化自己的修养和文笔。或许学生在年少时不能对其背诵的文章领悟很深,但随着年龄增长,悟性也会增长,某时会猛然醒悟。可若等他们能领悟时再背,恐怕为时晚矣!儿童认知心理学表明,一个儿童在13岁之前记忆力强而理解能力差,过了13岁记忆和理解就朝着相反的方向发展。根据这一认知规律,如果我们能够把握时机,让儿童在记忆的黄金时期多背一些东西,多积累一些东西岂不是更好吗?背诵是吸收、积累,思想、素材、感受以至语言的表达方法都在不知不觉中储存起来,如果能够把上百篇优秀的文章或上千首优美的诗句,熟练地记忆下来,融入思想、灵魂,变成自己的东西,还怕不会造句、不会写文、不会阅读、不会说话吗?这些东西储存起来,一旦需要就会蜂拥而至,可以很自然地信手拈来,不费思索而顺理成章,进而推陈出新,把情感表达得生动、完美。

有人说,背诵会增加学生的负担,再说哪有那么多时间去背?我们可以算一笔账,一个儿童从6岁(学前)到12岁(小学毕业),7年的时间累计2555天,如果按7天背一篇300—500字的文章,可背365篇文章。365篇文章意味着把小学语文课本里的篇目全部装在了肚子里,记在了脑子里。7天背一篇小文章总不是什么负担吧?每天只需要拿出一个小时的时间就足够了。如果按2—3天背一首小诗的话,7年也能背上1000多首。我们现在的学生小学毕业后积累了多少,能背诵多少?只要找几个六年级的学生问问就知道了。

目前对于小学生的背诵存在两大误区:误区之一是以学生的大量阅读代替熟读背诵。现在,大量阅读教学越来越引起了人们的关注,它能够扩大学生的知识面,有效培养学生的语言积累,然而它毕竟只是一种泛读,而背诵是一种深层次的阅读,是一种精读。学生在学习语言的过程中精读和泛读都是不可或缺的,准确地说,应以精读为主,泛读辅之。从语言积累方面说,泛读是一种短暂性积累,而精读则是持久性积累,熟读背诵是不可替代的。同时,仅仅泛读还容易造成学生眼高手低的毛病,许多学生书读得很多,却不会写文章就是这个道理。语感的形成需要平时语言的大量积累,学生对精美语言品得多,背得多,对语言的敏感度及鉴赏力就会不断提高,泛读的时候,就会很自然地留意,自觉地品一品、赏一赏、诵一诵,"把玩"一番。一些写作素材、写作手法和妙语熟记于心了,写起文章来自然就妙语迭出、意境高远、手法不俗了,这样的积累对学生来说会使其终生受益。

误区之二是以经典古诗文诵读代替现代文背诵。积累优秀传统文化可以传承中华文化之本,奠定我们的语言根基。然而轻经典重白话与轻白话重经典都是教育的两个极端。传统经典的背诵,人们越来越认识到了它的重要性。但是,作为学生更容易模仿、学习的现代文,背诵的意识却越来越淡薄。或许有人说,语文教材课后练习中更多的是要求学生熟读或者朗读课文,一篇课文,让学生全身心地朗读十遍八遍,不也是挺好的吗?同样能起到巩固、理解课文的作用。但事实证明,八遍、十遍甚至更多的朗读现在根本就没有落到实处,许多学生只学会了半生不熟地分析句子和段落,对课文语言语文字本身却没有什么印象。

总之,语文的本体是语言文字,储备丰富的语言材料是提高学生语文素养的必要条件,也是提高学生思维能力和智能活动水平的基础。小学时期又是人一生中记忆力的"启蒙时期"、"黄金时期",应抓紧时间,多读多背。

教学实践:日有品诵

要做到让学生多背诵,实践层面必须要解决三个问题:背什么?如何背?何时背?

近几年来,我尊重语文本体,高度关注"语言文字",紧紧围绕"语言"开展语文教学,设计课堂教学环节,让学生日有品诵,让语言文字充盈生命课堂,让学生心灵触摸语言文字之美,使语文教育回归语言文字本真。

在课堂教学中,按"品诵"六步教学法让学生愉悦学习课文,提出课文"主干问题",剔除课堂假问题、无效问题,实现教师精讲、少讲,让学生多品味语言,积累语言。课堂教学基本流程为:"读,感知语言→悟,理解语言→品,赏析语言→诵,积累语言→拓,拓展语言,写→运用语言。"

以语文课堂教学为主阵地,整个语文教学中,围绕日有品诵搞好五个"结合"。

一、经典、现代相结合,广泛品诵

传统经典当然得让学生多背,我不仅让学生背诵县教研室推荐的古诗文篇目,把《传统文化》课程与语文课程整合,尽最大努力让学生背诵《传统文化》中的内容,还想方设法让学生背诵《三字经》、《弟子规》、《古今贤文》、《论语》等。

同时,我把背诵的目光放在现代文上面,引导学生大量背诵现代文。首先想到的是语文教材。语文教材,哪一本都是专家学者精心编纂的,哪一篇文章都是精挑细选的,都是脍炙人口的佳作。教材中的语言是最规范的,小学生需要的就是最规范的语言。我们都有感触,小时候背的课文,如《桂林山水》、《十里长街送总理》、《草原》等,到现在还记忆犹新。所以,教材中要求背诵的课文,我让学生不折不扣地熟读成诵。教材中没有要求背诵的好词佳句、经典段落,我也引导学生背诵。

其次,让学生背诵语文教材外的现代名家名篇,背诵其中的优美语言,还背诵现代诗歌、现代美文,精短的全背,较长的背诵精彩的片断。

二、品味、诵读相结合,自觉背诵

如果不让学生品味、赏析语言,光让学生背诵,他们必然产生厌烦情绪。要让学生喜欢语文,喜欢好文章,就得引导学生赏析语言,品味语言,体会到祖国语言文字的精致美妙,真正感受到祖国语言文字的美,领悟祖国语言文化的丰厚博大,感受到作者表达方法的别具一格,体验到课文的魅力,享受到学习母语的快乐,提高对语言文字的鉴赏能力和审美水平。学生自然喜欢上祖国的语言文字,才想读,想学,激发起汲取语言文字"营养"的兴致,产生积累语言的主动性和内驱力,达到变"要我背"为"我要背"的目的,背诵则成为顺理成章之事。

关于品,主要关注了三方面的问题。

1. 何时品?

◆初读课文时自主品

学一篇课文,首先让学生初读课文,在感知课文主要内容的同时自主浅层次感知语言、品味语言。一般让学生自由读二至三遍课文。第一遍读通，即遇到不认识的字通过查字典或借助课文中的拼音认会，扫除阅读“拦路虎”；第二遍读顺、读懂，即遇到不懂的词语结合上下文或查阅词典解决，扫除理解“拦路虎”，理解课文主要内容；第三遍一般让同桌互读互听，纠正字音，作出标注，画出疑问等。每个学生都读了三遍课文，在整体感知课文内容的同时，为后面的“悟”、“品”、“诵”奠定了基础。

为提高读、品的实效性，教给学生自主阅读品悟方法，并重视学生的课前准备：要求学生课前把课本、练习本打开，钢笔吸足墨水，从文具盒中拿出来，工具书（字典、词典等）放在桌子上。

三年级开始，把“读”的环节作为教前自学来处理。让学生每人准备自学本，把《自学导航》贴在自学本封面的背面，引导学生按照《自学导航》的步骤自学每篇课文。学生有了自学的“拐棍”，自学过程“看得清、摸得着”，轻轻松松自学，扎扎实实发展。

《自学导航》的格式为：

读（最少读三遍）

读正确：遇到生字词多读几遍，读熟为止；遇到不认识的字或多音字查字典；遇到不理解的词语查阅工具书或联系上下文解决。

读流利。

读得有感情。

边读书边思考边做标注。

附：推荐的标注符号：

生字词：══

多音字：（　　）

好词：。。。。。

重点词：△△△△

佳句：～～～～～～

疑问：？（＿＿＿＿＿？）

体会或感悟：＿＿＿＿＿＿＿（　　）

写

以自己喜欢的方式识记生字词，也可以用手画。

记

记录自己查阅的生字读音。

记录自己查阅的词语意思。

记下课文的主要内容。

记一记自己印象最深或最感兴趣的内容。（如好词佳句等）

记下自己的疑惑。

搜

搜集作者的有关资料。

搜集课文的背景资料。

搜集对理解课文有帮助的资料。

拓

以课文为基点,搜集阅读与课文相类似或相关的文章,开拓自己的视野,并记下搜集阅读的文章题目和主要内容。

评(自评与家长评相结合)

生字词是否会认、会写。

课文读熟了没有,读得有没有感情。

查阅工具书情况。

搜集资料情况。

预习时间。

预习态度。

最后学生自己和家长写出评价意见。

在学生自学前,手把手地和学生一起自学两课。严格按商定的流程进行自学。学生逐渐学会了按《自学导航》的流程来自学课文,体会到教前自学的实用高效。

放手让学生自学后,通过发喜报、设光荣榜等形式大张旗鼓地表扬自学认真的学生。同时,与家长沟通,通过家长会、电话联系、家访等形式让家长知道老师的用意。教前自学,成了学生自主学习的"金钥匙",为学生形成自主学习能力开启了一扇大门,让学生的学习变得轻松高效起来。

◆细读课文时细致品

学生初读课文后,老师和学生一起悟、品,把"写了什么"和"怎样写的"有机融合在一起,在简化理解内容的同时,引导学生品味语言、写作手法等。在感悟、品味的基础上,学生自然感情朗读,熟读成诵,诵品结合,升华情感。这个过程中,读、悟、品、诵互为渗透,相得益彰:读中悟,以读促悟,以悟导读;悟中品,以悟引品,以品助悟;品中诵,以品辅诵,以诵示品。

◆精读课文时诵中品

通过品,学生自然愿意背。同时,反复品味,自然熟读成诵,品着品着学生已不知不觉背过了所品部分。

2.品什么?

◆品语句的优美

应该说,课文中优美的语言文字不胜枚举,字字珠玑之段落比比皆是。写景课文自不必说，说明文、写人、记事文中亦极易俯拾，如《只有一个地球》中“据有幸飞上太空的宇航员介绍，他们在天际遨游时遥望地球，映入眼帘的是一个晶莹透亮的球体，上面蓝色和白色的纹痕相互交错，周围裹着一层薄薄的水蓝色‘纱衣’。地球，这位人类的母亲，这个生命的摇篮，是那样的美丽壮观，和蔼可亲。但是，地球又是一个半径只有 6300 多公里的星球，在群星璀璨的宇宙中，就像一叶扁舟”。品读中学生自然而然地对地球母亲产生无比热爱的思想感情。

《桥》中对水、对人的描写：“黎明的时候，雨突然大了。像泼。像倒。山洪咆哮着，像一群受惊的野马，从山谷里狂奔而来，势不可挡。水渐渐蹿上来，放肆地舔着人们的腰。”“老汉突然冲上前，从队伍里揪出一个小伙子，吼道：‘你还算是个党员吗？排到后面去！’老汉凶得像只豹子。小伙子瞪了老汉一眼，站到了后面。木桥开始发抖，开始痛苦地呻吟。水，爬上了老汉的胸膛。最后，只剩下了他和小伙子。”让人读来惊心动魄，品中顿感老汉之伟大。

《第一朵杏花》中“时间像飞箭，转眼又是一年。春风吹绿了柳梢，吹青了小草，吹皱了河水，吹鼓了杏树的花苞”，虽然是记事文章，但其中语言文字多么富有诗情画意，难道不值得品一品、诵一诵吗？

◆品用词的精妙

如学习《荷花》一课，学生从“白荷花在这些大圆盘之间冒出来”中的“冒”字品出了荷花的急切，荷花的激动，荷花的争先恐后，荷花的迫不及待，荷花的心花怒放等。从“荷叶挨挨挤挤的，像一个个碧绿的大圆盘”中的“挨挨挤挤”“碧绿的大圆盘”品出了荷叶的大、圆、绿、嫩、美。在品味中，学生品出了这篇课文的语言美，品出了作者对荷花，对大自然的喜爱之情；在品味中，学生自然也生发了对荷花，对大自然的喜爱之情，与作者产生了感情上的共鸣。

《燕子》一文中“还有几只横掠过湖面，剪尾或翼尖偶尔沾了一下水面，那波纹就一圈一圈地荡漾开去”，其中的“掠”“沾”“荡漾”等词我都让学生品一品。通过品，学生进入了优美语言所营造出的超越现实的唯美时空，进入了美轮美奂的无限遐想中，感受到了祖国语言文字所创造的可意会而不可言传的美妙境界，自然喜欢上了可爱的小燕子，喜欢上了这些语言，也喜欢上了语文课。

《黄山奇松》一课中有四句话：“它有一丛青翠的枝干斜伸出去，如同好客的主人伸出手臂，热情地欢迎宾客的到来”；“陪客松正对玉屏楼，如同一个绿色的巨人站在那儿，正陪同游人观赏美丽的黄山风光”；“送客松姿态独特，枝干遒劲，游人把它比作‘天然盆景’”；“它向山下伸出长长的‘手臂’，好像在跟游客依依不舍地告别”。其中两句用了“游人”一词，一句用了“游客”一词，一句用了“宾客”一词，这三个词语表达的感情越来越深，在不同的语境中作者选用不同的词语。通过品，学生品出了作者用词的准确和精妙，感受到了根据语境和感情选择用词的巧妙。

◆品修辞的恰当

如《黄山奇松》在描写迎客松、陪客松、送客松时都运用了拟人或比喻的修辞方法，“它有一丛青翠的枝干斜伸出去，如同好客的主人伸出手臂，热情地欢迎宾客的到来”；“陪客松正对玉屏楼，如同一个绿色的巨人站在那儿，正陪同游人观赏美丽的黄山风光”；“它向山下伸出长长的‘手臂’，好像在跟游客依依不舍地告别”；再如，《燕子》中“青的草，绿的叶，各色鲜艳的花都像赶集似的聚拢来”；《长城》中“远看长城，它像一条长龙，在崇山峻岭之间蜿蜒盘旋”，也都运用了拟人或比喻的修饰方法，学生通过品，体会到了运用这些修辞方法生动、形象的效果，能见字如面，望字知形，自然深化了对课文内容的理解，升华了对所描写的景物及语言文字本身的感情，在习作中自然有意识地去模仿运用恰当的修辞方法。

◆品描写的细致

如《荷花》一文中“有的才展开两三片花瓣儿。有的花瓣儿全都展开了，露出嫩黄色的小莲蓬。有的还是花骨朵儿，看起来饱胀得马上要破裂似的”，细致地描写了不同荷花的样子，品读文字，如影随形，仿佛看到作者站在池边蹲下身子，轻曳荷花，入微观赏，细细把玩的情景。

《黄山奇松》一文中“它们或屹立，或斜出，或弯曲；或仰，或俯，或卧；有的状如黑虎，有的形似孔雀……”这句话写出了黄山松的千姿百态。学生通过品，感受到作者分别用两个字的词、一个字的词、四个字的词来描写黄山奇松的各异的形态，足以体味出作者观察、描写的细致入微，用词的灵活、讲究。

◆品写法的独特

如《地震中的父与子》一文写法就很值得品味和学习。“他挖了 8 小时，12 小时，24 小时，36 小时，没人再来阻挡他。他满脸灰尘，双眼布满血丝，浑身上下破烂不堪，到处是血迹。挖到第 38 小时……”一句，作者没有直接写他挖了 38 小时，而是从 8 小时开始写，一点点增进。通过品，学生品出，这种写法让人读着就心焦，更能激发一探究竟的阅读兴致，更能让人感受到父亲的执著和坚强；再如，“不论发生什么，我总会跟你在一起”出现三次，贯穿全文，循序激发情感的写法，别具匠心；最后“这对了不起的父与子，无比幸福地紧紧拥抱在一起”总结性的圆满大结局的话语，不仅点明了“了不起”三字文眼，也让读者在前面阅读中一直揪着的心瞬间放松，紧张的情绪得到释放。

再如《丰碑》的“包袱语”：“终于，有什么人对将军小声地说了一声：‘这就是军需处长……’。”《桥》的“包袱语”：“五天以后，洪水退了。一个老太太，被人搀扶着，来这里祭奠。她来祭奠两个人。她丈夫和她儿子。”两篇课文都是欲扬先抑，最后“抖包袱”，匠心独运。

《长城》中的联想，“站在长城上，踏着脚下的方砖，扶着墙上的条石，很自然地想起古代修筑长城的劳动人民来。单看这数不清的条石，一块就有两三千斤重。那时候没有火车、汽车，没有起重机，就靠无数的肩膀无数的手，一步一步地抬上这陡峭的山岭。多少劳动人民的血汗和智慧，才凝结成这前不见头、后不见尾的万里长城”，自然流畅；《荷花》中的想象，“我忽然觉得自己仿佛就是一朵荷花，穿着雪白的衣裳，站在阳光里。一阵微风吹来，我就翩翩起舞，雪白的衣裳随风飘动。不光是我一朵，一池的荷花都在舞蹈。风过了，我停止舞蹈，静静地站在那儿。蜻蜓飞过来，告诉我清早飞行的快乐。小鱼在脚下游过，告诉我昨夜做的好梦……”，亲切自然。都值得细细品味，读中学写。

◆品含义的深刻

《高尔基和他的儿子》中最后一句“你要知道，‘给’，永远比‘拿’愉快……”。通过引导学生联系前文品味，联系生活经验体验，不仅轻松理解课文内容，还能从简单的文字中品味出高尚的人格、情操、品质和修养，感悟到语言的精炼和精深。

《燕子》一文中有这句话：“停着的燕子成了音符，谱出一支春天的歌。”通过品，学生感受到大作家郑振铎先生有敏锐的观察力和丰富的想象力，把“电线杆之间连着的几痕细线”想象成“五线谱”，把“停着的燕子”想象成“音符”，他内心想唱的春天的赞歌通过可爱的小燕子表现出来，含义多么深刻，表达多么奇妙！

《珍珠鸟》最后一句“信赖，往往创造出美好的境界”，画龙点睛，凝练经典，耐人寻味。以此为切入点，通过和学生一起反复朗读，反复想象，反复品味，反复挖掘，把一个小小的故事“咀嚼”得酣畅淋漓，时而柔情涌动，时而激情洋溢，品出了人与自然情，品出了人与人之情，师生创造出了比原故事还要“美好”的境界，都有些陶醉了。

当然，品的内容和重点，要适合学生的年龄认知特点和阅读水平，不同年级段品的内容不同。低年级主要品词句优美；中年级还要品一些修辞方法的恰当运用，课文结构设计的自然、巧妙、别具匠心等；高年级还要加上品语句深刻含义的巧妙表达，以及思想感情的巧妙抒发，不同形式写作方法的巧妙运用等。

3. 如何品？

以“会餐”式、“共享式”的方式来品。打个比方，面对要品的语段，就像面对美味食物一般，师生共同进餐，一道品尝。而且一边吃一边聊各自的感受，共同分享大快朵颐的乐趣。在共享的过程中，教师以自己的行为感染学生，更多的是和学生平等地享用，平等地交流，不强迫学生和自己保持同一的“口味”，允许学生对各种“佳肴”作出自己的评价，但也不忘记自己作为“平等中的首席”的角色。在愉快的分享中，师生都得到满足，都获得营养。往往是一个学生把要品的地方“抛”出来，大家七嘴八舌，各抒己见，互相补充。

如《穷人》一课，一生说最感兴趣的地方是描写桑娜心理变化的句子：“她脸色苍白，神情激动，她忐忑不安地想：‘他会说什么呢？这是闹着玩的吗？自己的五个孩子已经够他受的了，……是他来啦？……不，还没来……为什么把他们抱过来啊？……他会揍我的,那也活该,我自作自受……嗯,揍我一顿也好'门吱嘎一声,仿佛有人进来了,桑娜一惊,从椅子上站起来,'不,没有人,上帝,我为什么要这样做?……如今叫我怎么对他说呢?……'桑娜沉思着,久久地坐在床前。"师生同品,一品她的紧张,二品她的害怕,三品她的思虑,四品她的矛盾,五品她的善良,六品省略号的妙用,七品作者表现人物内心情感的手法之细腻。品的形式多样:创设情境品,联系生活经验品,设身处地想象品,结合上下文理解品,师生表演课本剧品,分析"忐忑"二字结构品。在品味中,在师生入情入境的朗读中,共同体验了桑娜的担惊受怕,体会到桑娜内心巨大的痛苦和矛盾,揣摩出桑娜宁愿受穷,宁愿挨打也要收养邻居小孩的高贵品质,感受到桑娜善良的本质。

品、读结合,以读展示品的成果,以品促进感情朗读,也是提高品的效果的好方法。入选课本的每一篇文章,都是脍炙人口的佳作,里面都饱蘸作者的感情,作为一个语文教师,课前自己读课文时,每每激动不已,总禁不住被文章的情所感染。课堂上,我也毫不掩饰地让每个学生充分感受到自己的被感染,说的每一个字、每一个词,每一句话,都带有强烈的感情,可以说字字带情,句句感人。并努力创设适当的情境,铺设激起学生情感的桥梁,在激情品读上下工夫,师生经常同时读得入情入境,或悠然自得,或激情高昂,或潸然泪下,或百感交集,或摇头晃脑,或拍案而起。师生同时被感染,同时达到与作者的共鸣,达到"神与物游,心与理合"的境界。在品读课文的同时师生共同享受语文,享受语言文字的美,享受课文蕴含的人世间的真情和爱,上出语文课的"味",共同探索语文学习的真谛。

三、自悟、指导相结合,科学背诵

在尊重学生已有的背诵经验,学生自悟背诵方法的基础上,和学生不断探讨,师生共同总结出了背诵课文"十法",让学生简简单单背诵课文,轻轻松松积累语言。

1.结构提示法

在学习课文的同时,师生一起整理出课文的结构,相机板书,课文的结构一目了然。然后让学生分部分背诵,最后根据课文的结构提示,把各部分连起来,完成整篇课文的背诵。如背诵《第八次》一课,课文结构为:战斗原因—战斗失败—受到启示—战斗胜利,学生可根据此提示快速背诵课文。

2.结合插图法

在学习带插图的课文时,我有意提示学生注意插图内容。先让学生观察插图,说插图内容,然后学习相关句段,再让一学生读相关内容,其他学生看插图,建立插图与课文文字内容的联系,最后让学生边看插图边背诵课文,事半功倍。

3. 移步换景法

在背诵地点转换频繁的课文时,引导学生追踪地点来背诵。如背诵《“东方之珠”》一课时,追踪“浅水湾”“海洋公园”“铜锣湾”等地点“移步换景”地背诵。

4. 行动演示法

背诵故事性较强的课文时,给学生布置分角色表演的任务,分组进行,每个学生都参与。在表演前先熟读课文,最好能熟读成诵,做好充分准备,看哪一组、哪一个学生表演到位,对话准确、流利。学生为了表演好,背诵兴趣浓厚,还边读书边准备着表演的动作,提高了背诵效果。有时课文中某一部分有较多表示动作的词语时,让学生边做动作边背诵,效果很好。如背诵《李广射虎》一课时,第三自然段有几个表示动作的词,如“巡逻”“想”“搜寻”“发现”“拈弓搭箭”“拉开”“射”等,学生一边做动作一边背诵,很快就背过了,且记忆深刻。

5. 边抄边背法

与一般的抄写句子不同,抄每句前先读一两遍,争取迅速记住,写时凭借记忆回顾,力求不再看原句,写完后看一遍写的是否与原句相同,如不同则再背诵改正。这样促使自己精神高度集中,迅速背诵,写后记得牢固。

6. 展开想象法

千方百计提高学生的想象力,引导学生把课文中的文字想象成图画,再把图画转换为文字背诵出来。在引导学生展开想象前,通过教师的激情话语引导,或配上恰当的音乐,创设适当的情境。想象时,让一学生感情朗读,其他学生闭眼想象,也可让学生自己边读边想象,快速记忆课文内容。

7. 边品边诵法

让学生在品味语言,感受词句的准确、优美,修辞手法运用的精妙,人物语言、外貌、动作描写的细致的同时,感情朗读,边品边背,相得益彰。

8. 串词连句法

如背诵《庐山的云雾》一课,在理解课文内容时,引导学生找出表现庐山云雾特点的重点词语,如“变幻无常”“千姿百态”“瞬息万变”“云遮雾罩”等,然后画出与这些词语有关的语句,最后让学生抓住这些重点词语串词连句地背诵整篇课文。

9. 接二连三法

背诵课文时,有的学生一遍一遍地读课文,读到课文后面时,前边的语句早忘了,事倍功半。让学生一段一段地来背诵,背诵每一段时,先背诵第一句,第一句背过后,再背诵第二句,背过第二句后,把第一、二句连起来背诵一遍,然后背诵第三句,第三句背过后,把一、二、三句连起来背一遍。要求学生每读一句后,可把书扣过来,或视线挪开课文,不看原句自己检查背一下,看是否背过,背不过则再读,自己再检查,背过了则马上背下一句，这样背诵速度较快。

10.抓中心句法

很多段落就是围绕一句中心句来写的，背诵时，抓住中心句，可起到“牵一发动全身”的效果。

当然，背诵一篇课文可能同时综合运用多种方法，如背诵《荷花》《黄山奇松》等课文时，指导学生根据每一段的写作手法，相机运用动作演示法、结合插图法、展开想象法、串词连句法等。

为了提高背诵效率，要求学生背诵时要全神贯注，必要时做到目不斜视。可先背诵自己感兴趣的部分，再背诵其余课文部分。定期开展背诵经验交流会，让背诵快的学生介绍自己好的背诵方法。这样，多管齐下，让学生迈上了背诵的快车道，做到了厚积薄发。

四、博览、精背相结合，诵有根基

没有博览，学生对语言文字品味鉴赏能力的提高自然慢，而让学生在博览的基础选择优秀的内容来熟读、背诵，则事半功倍。特别优美的篇目全篇背诵，一些故事性或说明性较强的课文，内容简单通俗易懂，学生很容易理解课文内容，但其语言、结构等必然有很多一般性文章所不及的地方，让学生熟读，其中的部分好词佳句让学生背诵。这样就会节省下很多时间，为学生大量浏览课外书提供了时间上的保证。

提供读书时间。一是集中式的阅读时间，每周设一节固定的课外读物阅读课，专课专用，师生同读。每周有一晚上专门布置读书的作业；二是分散式的读书时间。课堂上读课外书成了给学生的奖励，平时上课谁完成了老师布置的任务，谁先读课外书。往往课堂就形成了“复式教学型”的局面，如有背课文和听写两个任务，一部分优秀学生既背过了课文，又听写过了生字，就可以读自己喜欢的课外书；一部分中等学生只听写过了生字或只背诵过了课文，就再完成另一项任务；一部分后进生既没背过课文，又没听写好生字，就先完成一项再完成另一项。这样，“乱”而有序，每个学生都有事可干，能学多少学多少，每个学生得到最大限度的发展，充分利用了时间，提高了每个学生的课堂学习效率。我的职责就是巡视指导，维持课堂纪律，监督那些懒散的学生、调皮的学生背、写、读。

创设书香氛围。在教室里张贴了师生一起搜集、创作的四幅关于读书好处的对联，张贴了朱熹和培根的读书名言。教室前边写了“书香教室”，教室后边写了“与书为伴，潜力无穷”的横幅，激励学生积极行动，把书当作自己最好的朋友。

激发读书热情。让学生把自己读的书目都统计在《已读课外书统计表》上，每月一公布，发“读书之星”喜报。还以小组为单位展开竞争，争创“‘书虫’小组”。

加强读书展示。一是异组小组长检查，即每读完一本书，就让另外一组小组长检查，一般是随便从书中提几个问题，看他是否真的读过，是否读完了。二是老师抽查。三是开读书交流会。每读完老师规定的一本书或到了固定的读书交流会时间，就开一次。有时学生自愿上台交流，有时老师点名上台交流。既检查了学生读书情况，又提高了学生读书兴趣。

提供读书内容。一是学生自由购书阅读，但不允许学生带卡通漫画类图书到校。二是鼓励学生到儿童读书社等地方借阅，或者同学间借阅。据统计，我们班一半多的学生周末爱到新华书店、一家书院、七禾书院、儿童读书社、亿佰家图书超市等地免费阅读。三是有针对性地开展专题阅读。给学生列出课外书推荐阅读书目，张贴在教室里，让学生读精品书，提高学生的理解能力、鉴赏能力以及读书品味。如三年级时，学生都读了《爱的教育》《三国演义》(青少版)《苦儿流浪记》《绿野仙踪》及主题学习丛书，背诵了《三字经》《弟子规》《古今贤文》及三年级《国学启蒙》上的部分文章。

学生基本做到“两周一书”，即最多用两周时间读一本课外书，很多优秀学生做到了“一周一书”。

每篇课文的处理都有“拓”的环节，即拓展课程资源，做到一篇带多篇。一是扩充交流学生搜集到的资料，二是扩充教师搜集到的相关资料，体现“课文无非就是个例子”的理念，让学生增长见识，开阔视野。如教学《荷花》一课，补充背诵周敦颐的《爱莲说》，以及《采莲》《莲花赞》《忆莲》等；教学《燕子》一课，给学生扩充了《小燕子》《春天在哪里》两首儿歌的歌词，其他两篇也很优美的散文《燕子》，一篇记叙文《燕子专列》，以及杜甫的《绝句》(其中有“泥融飞燕子，沙暖睡鸳鸯”一句)，让学生全面体会燕子的可爱。同时，利用好《小学语文主题学习丛书》。

激发读、诵兴趣。最主要的是利用“语言积累存折”的方法。首先，和学生共同商讨，合作研究，综合考虑阅读、背诵的难度，设计出了我们班的“语言积累存折”，规定符合下列条件之一者，可得“语言积累存折”一张：(1)背诵现代文 200 字；(2)背诵古诗词 8 首(长诗按四句一首折算)；(3)背诵成语 30 个；(4)背诵古文 100 字；(5)阅读课外读物 2000 字。当然，课外读物必须是“营养丰富”的精品书，搞笑式的漫画书不算。同时商定，每得五张“语言积累存折”可领取“喜报”一张，每得十张“喜报”领取奖状一张，极大地提高了学生阅读、背诵的积极性。最后，根据设计结果，打印出了“语言积累存折”，正面是“语言积累存折、四一班专用”字样，背面是说明，名片大小，好看又好用。

其次，建立“语言积累检查小组”，严格执行规则。把全班学生分成 8 组，在学生自我推荐的基础上，老师根据学生已有的诵、读态度和背诵速度任命第一轮的检查组长。组长实行动态管理，每周如“存折”不如同组他人多者随时更换。组长的责任是“有背必查”，即除课堂上老师安排外，课余时间只要同学要求检查，在有时间的条件下必须检查，否则换人。设“总检查”一人，设“检查督察”一人。两人都在老师观察的基础上竞争上岗。“总检查”的职责是检查小组长的背诵和读书情况。“检查督察”的职责是检查“无事生非”的被检查者或检查者，调节同学间矛盾，维持检查纪律，特别是在课下时保证教室里保持良好的检查氛围。所有检查者的优惠条件是在检查等级（师生一起评价）为“良好”的情况下，每周可无偿多得一张“语言积累存折”。在检查前，手把手交给组长检查方法，不同类型的语言积累材料采取不同的检查方法。

再次，及时统计结果，让积累情况一目了然。用大纸设计了一张《学生语言积累情况一览表》，贴在教室里。学生所得“语言存折”每周统计一次，由8个小组长统计上报。有一人负责“存折统计”，每个学生每周读了多少本课外书，每周背了多少首诗，每周背了多少课文，每周背了多少古诗文都一目了然。既让积累多的学生享受到了积累语言的成功感，激发了他们积累语言的积极性，又激励了积累语言少的学生，让他们感受到自己的不足，努力读、背，迎头赶上，拉近与优秀生的距离。

同时，还有签名加分激励法：谁背过了哪篇课文，老师就在他的课本上相关课文题目处签名，并加分；师生同背法：经常和学生开展背诵竞赛，看谁背诵得快，我的背诵速度基本属于中游偏下水平。

我还积极与家长携手，利用家长会、班级网页交流等形式，取得家长的理解和支持，形成合力，共同激励学生，保证学生品、诵兴趣的持久性。

博览、熟读、精背，构成了学生“金字塔式”的读书层次，学生的阅读量、阅读面、阅读质都有了保证，积累语言的效果特别突出。

五、节时、延时相结合，品、诵有时

品、诵的时间从哪里来？我认为，不能人为地让学生课下背，不能加重学生课业负担就从语文课堂上对课文内容理解的删繁就简中来。假如有两种选择：一种是小学毕业时学生磕磕绊绊读下来所学过的课文，但对内容理解得比较透彻；另一种则是对所学的文章有一般的理解，但能熟练地背诵所有篇目。两种方法任你去选，你会选择哪一种呢？反正我会选择第二种。

我的教学环节中，品、诵的前边是“悟”，在“悟”的环节中，我努力压缩老师讲的时间，把时间节省出来给品、诵，可以说，品、诵的时间就是从“悟”的环节中“抠”出来的。

“悟”，即引导学生理解课文内容，感悟思想感情。首先让学生交流读书收获，并提出自己不明白的问题，师生合作梳理问题，释疑答惑，理解课文内容。然后教师点拨深化，深入感悟课文思想感情。

点拨深化的问题有时是从学生的问题中梳理出来的，有时是老师设计出来的。最重要的是，该问题一定是贯穿全文、挈领全文的“主干问题”。如学习《黄山奇松》一课，就设计一个“主干问题”：“从哪些语句读出黄山松的奇？”解决了这个问题，也就理解了课文内容。学习《地震中的父与子》一课，课文最后写“这对了不起的父与子，无比幸福地紧紧拥抱在一起”，也是只设计一个“主干问题”：“从哪些地方读出了父与子的‘了不起’？”解决了这个问题，学生也就感受到了父爱如山，体会到了儿子品质的高尚。

一般一篇课文最多不会超过三个问题。我认为，只有设计的问题精炼，才能实现真正意义上的精讲，少讲。教师不用每句话都想设计一个问题用所谓的“启发”引导学生理解，这就避免了满堂问，解放了教师，节省了课堂时间，拓展了课程资源；学生也不用绞尽脑汁地回答老师的一个又一个的问题，成为回答问题的工具，最终失去了学习语文的兴趣。把泛泛分析的时间节省下来用于品、诵课文，加强语文积累，拓展课程资源，提高语文素养，实现了师生的轻负担、高质量。

夯实学生基础知识的方式也提供了品、诵时间。一是采取每节课抽出五分钟时间复习巩固基础知识，告诉学生争取“每天 1 个 100 分”，即每天听写或让学生默写基础知识，提前一天告诉学生，让学生晚上自由准备。二是采用单元过关法及时复习基础知识。即每学完一单元，基础知识集中过关，如过看拼音写词语关、补充成语关、读读写写关等。一次不过关的二次过关，一次过关的就可以背诵文章或阅读课外书。避免很多好学生跟着重复抄写，重复听写，耽误了他们的宝贵时间，节省下时间来品、诵。

同时，晨读时间也是学生品、诵的好时光。

值得一提的是，所有的背诵都是学生在课堂上完成，学生通过“品”增强了对语言的感情，自然产生想背诵的冲动。再通过一些激励手段，提高背诵效率。让学生产生背诵的兴趣，没有兴趣是负担，有了兴趣就是享受。还通过交流科学的背诵方法等，学期初先利用两周时间认识全部的生字和二类字，并统读全册课文，鼓励学有余力的学生提前背诵，这样多管齐下，不会出现加重学生课业负担的问题，反而会减轻师生负担。

运用此法组织语文教学，据统计，所任教的班级学生在不到一年半的时间内平均背诵古诗文 90 余首，背诵课文 70 多篇，字数达四万余字，还背诵了《三字经》《弟子规》《论语》《古今贤文》等经典传统文学作品，课内课外阅读总量达 80 多万字。与平行班相比，我们班学生的优势逐渐显现了出来。特别是学生的作文水平遥遥领先，连续三次作文比赛我们班都是第一名，且平均分高出平行班许多。现在，我越来越感到我们班学生的作文水平提高速度很快，学生的语言表达能力很强，无论在日记中，还是在习作练笔中，好词佳句层出不穷，自然而然地引经据典，词不达意、无词可用的现象逐渐消失，我看在眼里，喜在心头。我觉得，“品诵”教学抓住了语文课堂教学与作文教学相结合的“牛鼻子”。我们班的学生在朗读竞赛、古诗文比赛等多种语文素养展示活动中成绩突出。

更令我感到无比欣慰的是学生的四个“越来越喜欢”：学生越来越喜欢语文课了，以前有时音体美老师有事调上语文课，学生一听都唉声叹气，现在一听都欢呼雀跃；学生越来越喜欢品读课文了，一次在题为《这节课真精彩》的作文训练中，很多学生没有写我精心设计的作文讲评，激情澎湃的阅读指导，却单单写如何一起趣味盎然地品、诵课文，如有的学生写学习《黄山奇松》时女生品读迎客松的优美热情，男生品读陪客松的高大威猛，王哲同学品读送客松的依依缠绵，全体同学边做动作边品诵黄山奇松的千姿百态，这些细节竟让他们记忆犹新，如在眼前；学生越来越喜欢读课外书了，且读课外书的品位越来越高，现在很少有学生在校读卡通漫画等休闲式快餐式读物了，很多学生随手捧的是《繁星·春水》《青鸟》《童年》，让人怦然心动。很多学生边读边画自己喜欢的好句佳段，学生阅读笔记中的内容充盈丰满，足以看出学生的阅读鉴赏力日益提高，日有品诵，真的是达到了润物细微无声的最佳效果；学生也越来越喜欢他们的语文老师——我了，他们喜欢和我交流阅读收获，我也喜欢和学生一起自由阅读，在暖暖的午后，我和学生都喜欢手捧自己钟爱的一本书，让心灵在优美的语言文字中自由散步，恐怕这是我今生中最美好最享受最难忘的时刻了，我想学生也是。我写的《师生相约“泡”书店》在《山东教育报》(2010 年 9 月 27 日《教育叙事》版）发表。很多家长都说，以前自己的孩子放了学不是看电视就是玩电脑，现在没有事就读书，有时还摇头晃脑，让人觉得可笑，又让人觉得可爱，大人都觉得不好意思光打扑克玩游戏了，家里的书香味越来越浓了。

教学愿景：厚积薄发

应该说，日有品诵，在实践过程中遵循落实的就是一个回归语文教学语言文字本体、“博览＋品味＋精背”的语文教学理念。不是说必须让学生把所有课文都背诵，背诵课文不是改进教学模式的根本目的，根本目的是尽最大限度地剔除语文课堂教学中的无效问题、低效问题、假问题，把泛泛的低效分析去掉，让学生真正多读点好文章，多品味、多积累点精美、规范的语言。我的语文教学愿景就是每个学生拿到一篇文章，不用教师提示、引领，就能理解其内容，感悟其思想，品味其语言，并自觉地把自己需要的“营养”吸收进大脑中，让心灵触摸语言之美，让语言之美在心灵间流淌；学生都养成品诵的习惯，看到优美的语言和文字自然就有品一品，赏一赏，背一背的冲动；所教的每一个学生都能品味祖国语言文字的“味道”，喜欢语文，爱上母语，喜爱读书，人人都是文雅之士。

我坚信，随着学生“品”的品位越来越高，“诵”的好句佳段越来越多，学生的语文素养优势定会越来越明显，在正确引导下“厚积”总会“薄发”。

（侯忠彦）

“三小”教学：让农村孩子敢问会教

2009 年 3 月，临朐县“三小”教学推广会在地处临朐东北角、全县最普通的一所农村小学——龙岗镇吴兴小学举行，这所学校有教师 10 人，学生 150 余人。新课程改革以来，老师们致力于课堂教学改革，立足于师生现状，着眼于学生未来发展，以培养学生的主动学习精神和创新精神——学生敢问、会问，敢说、会说为目标，提出了以“三小”教学为核心的课堂教学改革理念，创造性地构建了“三小”教学模式。让学生当小问号、小工兵、小先生，学生在“问”中学，在“探索”中学，在“教”中学。“三小”教学如春风吹绿了课堂，让课堂充满了迷人的活力，实现了“轻负高效”。该校学生综合素质明显提高，连年被镇评为“素质教育先进学校”，被县教育局评为“课堂改革示范校”，“三小”教学作为潍坊市重大教育教学问题项目，先后荣获市、县政府教学成果奖。

县电视台以“‘三小’教学在龙岗”为题进行了报道，《潍坊日报》以“‘三小’教学促进了素质教育”为题在教育创新版进行了报道，省《现代教育导报》以“‘三小’教学激活了课堂”为题进行了报道。

为进一步推动我县小学课堂教学改革，改进和完善课堂教学方式，真正建立起“自主合作优质高效”课堂教学模式，大面积提高课堂效率和效益，县教研室下发了《关于在全县小学推广“三小”教学的实施意见》，在全县小学推广吴兴小学的“三小”教学模式，以引导全县教师转变课堂教学观念，改革课堂教学行为，大面积提高教育教学成绩，推动全县素质教育和课堂教学改革创新工作的顺利进行。

不经风雨，不见彩虹。“三小”教学走过了怎样的一条路呢？

问路在何方

课堂教学中，我们发现学生在课堂上不敢问、不会问，不敢说、不会说，缺乏自主学习的精神，缺少自主学习的方法，缺少自主学习的时间，学生学习积极性不高。这些问题的症结在哪里呢？学生的学，取决于教师的教。我们聚焦课堂，把目光投向了教师，观察、思考教师的课堂教学行为。教师老龄化严重，大部分教师专业化水平低，包办课堂的现象严重，以“我讲你听”、“我说你干”为课堂教学原则，以机械地灌输为基本教学方式。这样的课堂缺失那种学生主动参与，大胆思考，敢于提问，勇于发言，思维碰撞迸发智慧火花的氛围。学生在课堂上丧失了学习的主动权，被动学习，角色意识淡薄或缺失，更缺乏角色责任感，形成了“应付”了事的不良学习心态，学习兴趣逐渐丧失，主动学习精神缺乏，不会自主互助学习，课堂学习气氛沉闷。

创新是从问题开始的。但在课堂教学中，往往是教师提出问题或利用课后问题，让学生带着问题学习，问题解决了，教学任务也就完成了。而忽略了一点，就是教师不应是问题的提出者，而是提出问题的示范者、启迪者，学生才是问题的真正提出者，哪怕学生提出的问题是多么的幼稚、天真，甚至可笑，那都是真正的思维，都是真正的问题。但教师往往认识不到这一点，不是一口否定，就是讽刺挖苦，有意或无意地在压抑学生好问的天性，在这种情况下，绝大多数学生不敢问，更不会问，学生问题意识严重缺失，思维僵化，从而逐渐导致了创新精神的泯灭。

随着对课堂的观察和思考，我们该走一条什么样的教学改革之路呢？这个问题摆在了我们面前。从教材入手？从教师入手？还是从学生入手？怎样走，才能使农村的孩子像城里的孩子那样敢问、敢说。

理念是行为的先导。面对着抉择，我们思考“包办课堂”现象的深层次原因是什么。首先是对学生的不信任，造成了师生角色的错位。其次是不民主，课堂专制，一人说了算，致使学生不敢问，不敢说。而这些原因体现了教师“以生为本”理念的缺失。以生为本，尊重学生是前提。从学生入手的思路，由此而生。思路决定出路。既然从学生入手，就要有一个载体。在观察、思考教师课堂教学行为的同时，我们也在观察、思考学生的学习行为。在课堂上学生充当小先生的角色或多或少有所体现，偶尔也有学生提问题的现象发生，这些现象犹如一闪即逝的零星火花。当这些零星的火花出现的时刻，往往是学生学习最积极的时候，课堂最精彩的时候。这些“零星的火花”给了我们有益的启示，学生是能问、能学、能“教”的，经过思考归纳，抓住学生学习角色的主要特点，我们形象地提出了“小问号、小工兵、小先生”三个角色，让学生当“小问号、小工兵、小先生”，达到学生角色回归，实现学生的角色期待，实现我们的课堂教学改革目的。

一首小歌谣——什么是“三小”？

小问号

我们是小问号
上是金钩，
下是行动，
——小“?”真奇妙。
有问题就用这金钩往外掏，
一掏可就不得了。

壶开水沸瓦特一掏，
掏出了蒸汽时代往前跑。
苹果落地牛顿一掏，
掏出了万有引力这个大“道”。
我们是小问号，
要用这金钩掏出伟大的发明和创造！

小工兵

我们是小工兵
逢水把桥架，
遇雷把它挖，
——小工兵本领大。
学习上的“桥”，
我们有能力架。
学习上的“雷”
我们有能力挖。
小工兵本领大，
在探索中成为大学问家。

小先生

我们是小先生
你教我，
我教你，
——我们都是小先生。
学习、实践前面冲，
抢在头里当先生。
先生虽小益无穷，
学习双赢攀高峰。
你教我，
我教你，
大家都来当小先生。

“三教三学”——什么是“三小”教学？

“三小”教学就是在教学过程中，学生在教师引导下当小问号、小工兵和小先生，最终成为一个学习者、探索者和合作者的一种角色教学。

“三小”教学的目的是实现教师的“三教”和学生的“三学”，为学生成为一个学习者、探索者、合作者奠定基础。同时，促使教师转变教学理念，进入真正的教师角色。

教师的“三教”是指乐教、会教、教会。乐教,教师快乐地进行教学,享受教学,感到教学是快乐的。这是教师对待生命的一种积极态度,是教师教学的一种积极体验与感悟,是永葆教学青春的秘诀,是学生乐学的基础。会教,教师遵循教育教学规律以及学生身心发展规律,依据现代教育教学理论,采取适合促进学生学习发展的教学方式、方法,成功地进行“三小”教学。教会,是“三小”教学的目的,教师教会学生自我成长的本领,包括非智力因素、基本知识、基本技能。

学生的“三学”是指乐学、会学、学会。乐学,学生正确地理解学习,把学习当成自己成长的手段,是一项光荣的劳动,是自己生命旅程的一部分,应当享受学习,快乐地学习,树立正确的学习观。会学,学生在教师引导下,掌握了学习规律和方法,掌握了基本知识,自己主动学习,不待师教。学会,学生不仅掌握了基本知识、基本技能,而且能够进行知识的迁移和运用。在此基础上,学生自己能独立学习,并形成自己的学习方式、方法,进行创新性的学习。

“三步走”亦行亦探

路子有了,旗帜树起来了,行动是关键。在“三小”教学研究的路上,我们采取了“三步走”的策略,边实践边探索,边探索边实践。

一、“四大”策略推进“三小”教学

“三小”教学的路子如何走,只能在课堂上探索。抱定让学生当“三小”的信念,摸着石头过河,“四大”策略推进“三小”课堂教学。

1. 理念先行策略。理念决定行动。为了使教师更快地理解“三小”教学,我们运用自己创立的“三小”“教”与“学”长方形对角线图来向教师们进行通俗的理论学习指导。

“三小”教学“教”与“学”长方形对角线图如下:

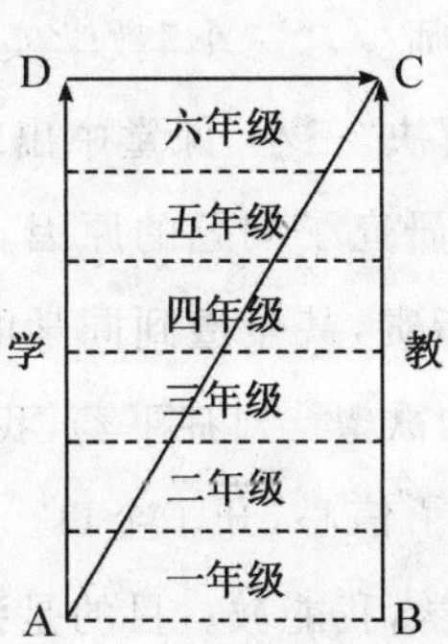

如图所示,以小学1—6年级为例:其一,长方形ABCD表示“教”与“学”是一个整体。研究课堂,既不能只把眼光放在学生身上,也不能只把眼光放在教师身上,把二者割裂开

来，课堂是师生共同的天地，他们的生命一同燃烧，他们一同成长。其二，对角线 AC 把“教”与“学”分为三角形 ABC 和三角形 ADC，构成了师生活动的两个方面，这两个方面是不平衡的，相对来说，当学生年级越低教师指导的分量越重，反之则越轻。三角形 ACD 表示随着学生年级的升高，对学习的兴趣应越来越浓，情感应越来越深，掌握的知识应越来越多，掌握的学习方法应越来越多，自主学习的时间应越来越多，自主学习的能力应越来越强，最后达到“不教”之目的；三角形 ACB 表示随着学生年级的升高，教师在“教”上花费的时间应越来越少，教学能力应越来越强，“教”的内容要应越来越精。第三，对教师的“教”提出了明确要求。(1)DC 线表示学生的学习能力、情感、知识等发展线，它提示我们要立足学生的未来发展，教给学生基本知识和学习方法，培养学生热爱学习的情感。随着学生年级的升高，教师的活动时间越来越少，讲的内容要越来越精；学生的学习能力越来越强，自主学习的时间越来越多。(2)AC 线表示培养学生的独立自主学习能力及合作学习能力是一个循序渐进的过程，不可超越学生的年龄阶段，尊重学生的发展过程，要有耐心。对于不同年级的学生，当“三小”的要求不一样。一年级的学生做到每天一问，进行“我能教、我能问、我能学”训练，使学生具有初步的角色意识。从“三小”教学“教”与“学”长方形对角线图上，我们可以清楚地看到年级越低对学生当“三小”的要求越低，教师的指导分量越重，学生自学的分量越轻。经过训练，达到学生能够独立学习的目的，即“达到不用教”，实现教的成功。第四，BC 线表示在教学过程中，教师应不断学习、反思、成长，提升自己的素质水平，才可能达到“不教”之目的。

2. 异步推进策略。从学校实际情况出发，在年级段上，采取先中高年级、后低年级。先从五、六年级开始，逐步推进到三、四年级，一、二年级采取渗透的方式进行“三小”教学。在教师方面，先骨干教师，后一般教师。主要是考虑发挥骨干教师的带头作用，同时也是为了确保“三小”教学起好步，确保“三小”课堂教学的成功。在学科方面，先语文、后数学和英语等学科。相比较而言，语文学科学生容易提出问题，有利于使学生更快进入“三小”角色。

3. 集体攻关策略。学校小，教师少，“三小”教学实验帷幕拉开后，我们群策群力，开展专题研讨、“三小”论坛等活动，解决“三小”课堂中出现的种种难题。刚开始时，学生不愿开口说话。针对这个问题，我们研究了问题的原因。确定原因在于学生缺乏自信，不敢说，学生害怕、担心说错而受到指责，甚至遭到同学的嘲笑。再就是教师包办课堂，学生习惯了教师说，自己听，没有说的欲望。对症下药，我们采取了上课呼号、鼓励学生问、鼓励学生回答等措施，使学生增强了信心，开了金口。呼号的内容是：我是小问号，我是小工兵，我是小先生，我能问，我能学，我能教。目的是强化角色意识，增强自信心。每次上课必须喊，并且喊完呼号后，再叫学生大声喊自己的名字。学生不好意思喊，老师就带头喊。然后要求学生：挺胸、抬头、微笑。一段时间下来，学生呼号、微笑就自然了，上课的精气神就有了。通过集体攻关，相继解决了“学生提不出有价值的问题”、“课堂秩序不好”等一系列问题，使“三小”教学在解决问题中不断成长、成熟。

4.专家引领策略。在“三小”教学中，我们多次请县教研员到我校听课、指导，请市教科所的所长刘德义、李秀伟老师到校指导“三小”教学工作。专家的引领，高屋建瓴，解惑释疑，提高了教师的素质，有力地推动了“三小”教学的开展。

二、创建“三小”教学基本程序和教学模式

依据“理论和实践相结合”的原则，我们在借鉴先进经验、模式的基础上，经过反复实践，认真分析、总结，如春蚕作茧，创建了“三小”教学基本程序和课堂教学模式。

（一）“三小”教学的基本程序：

引导学生当“三小”—学生尝试当“三小”—学生独立当“三小”。

1.引导学生当“三小”

——引导学生当“小问号”

第一，培养学生的问题意识。①让学生明白“问题”的重要性。“最重要的是会提出问题，否则做不了一流的工作”（李政道语）。②让学生明白自己是问题的提出者，具有一种责任感、使命感，自觉地提出问题。

第二，营造和谐的培养学生“问题意识”的环境。主要是营造一种宽松的心理环境，使学生克服惧怕、自卑心理。①鼓励学生大胆质疑，大胆猜想，大胆提出自己的问题。如用“提出一个问题比解决一个问题重要”（爱因斯坦语），“站起一次，成功一次，信心十分”等话语激励学生。②积极评价，使学生树立信心。对于独辟蹊径，能提出创新性问题的学生，鼓励其进一步探究、钻研，把“问题”之火燃亮、燃旺；对好问，能提出疑难性问题的学生，要及时进行表扬（因为这部分学生占多数），启发诱导他们提出创新性问题；对提出一般性问题或不善于提出问题的学生，一旦提出问题，要予以肯定表扬，保护他们提出问题的积极性和脆弱的“问题”意识。有时，即使这样的学生重复了别人的问题，也应肯定，不能讽刺挖苦，要使他们“问题意识”的萌芽钻出地面来。

第三，激发学生兴趣。①利用学生的好胜心，开展比赛活动。如“看谁发现的问题多”、“看谁提出的问题多”等。②吊学生“胃口”。如设置问题锦囊，教师把预设的问题写好，放在信封里，看谁跟老师提出的问题一样或超过老师。

第四，要让学生明确“问”的内容、方法。根据学科特点进行指导。对语文文本来说，一般包括以下七个方面。①问读。读是基础，学会阅读是语文学习的核心。采取“二读”（或“多读”）的方式进行，即把课文读两遍。第一遍要求学生朗读，两手端着课本（或其他文本），姿势端正，一气把文章读完，不停顿，即使遇到不认识的字也要跳过去；第二遍要

求学生拿着铅笔默读，做到“四标记”。在生字下面用“.”作标记；在生词下面用“____”作标记；自然段用“(1)(2)(3)(4)……”作标记；句子用“①②③④……”作标记；②问内容。即问课文写了什么？一般从课文题目、重点句、中心句入手，让学生提出问题。如小学三年级语文(上册)中，有一篇题为《美丽的小兴安岭》的课文。一问：小兴安岭(何物？何地?)；二问：美丽(何意?)；三问：美丽的小兴安岭(小兴安岭美在哪?)。③问目的。即问作者为什么写，也可以说是课文的主题、中心、主旨等。在获取文本内容的基础上，让学生思考作者的情感、思想价值观等，实现与作者的深层交流，提升学生的人格。如《桂林山水甲天下》，写作目的是什么？一是让我们领略桂林山水的美，二是抒发对桂林山水的赞美之情。④问写法。即问怎样写。

第五，教会学生根据学科特点提问题。教师要示范，让学生明白怎样依据学科特点提出问题。教师提出的问题，要“一石三鸟”。一是激发学生的学习兴趣；二是引导学生的思考，以便于学生领会课文，掌握课文内容；三是让学生学习怎样根据学科特点正确地提出问题。教师还要引导学生对课后问题进行发问，看编者这个“小问号”提了什么问题，做到“认清导航，准确行驶，别喂鲨鱼!”认清导航，就是要让学生问：①问题是从哪个方面提出的？②提出问题的意图是什么？准确行驶，就是正确回答问题，以及从中受到了什么启发帮助，使自己在学习中更好地发现问题、提出问题、解决问题。

第六，教会学生正确地表述问题。做到语句通顺、连贯、简洁，能清晰地表述所要表达的内容。

第七，教会学生筛选问题。采取以下四个步骤筛选问题：①明确问题类型。明白哪些问题属于一般性问题，哪些问题属于疑难性问题，哪些问题属于创新性问题。②看能否独立解决。学生对自己提出的问题，通过阅读课文，与课文对话，看哪些能够自己解决，不能解决的提交小组，请小先生。③小组筛选。在小先生的组织下，小组解决问题。小组不能解决的提交全班解决。④全班筛选。在教师的主持下，通过小组间的交流，筛选出需要全班讨论的问题。

——引导学生当“小工兵”

第一，用名人引导，使学生具有勇于探索的精神。教师用一些名人的事例教育学生，如爱迪生发明电灯的故事等，还可以用身边的事例教育学生，使学生明白“只有沿着崎岖小路勇于攀登的人，才能到达光辉的顶点”。

第二，引导学生掌握独立分析问题、解决问题的方法。第一，引导学生掌握科学思维的方法。教师合理运用教材有目的引导，也可以运用课外一些典型的思维实例进行引导。如引导学生掌握发散思维、聚合思维，如《美丽的小兴安岭》，作者运用了发散思维。美丽的小兴安岭——“小兴安岭春天美、夏天美、秋天美、冬天美”。在解读课文时，正与作者的思维相反。通过阅读学习，可以归纳出：“小兴安岭春天美、夏天美、秋天美、冬天美"——美丽的小兴安岭。这样反复训练引导,学生就掌握了两种基本的思维方法。第二,引导学生做到"言之有据"、"言之有理"。教师用示例法对学生进行"有据有理"的训练,即教师通过一些具体事例加以引导。学生回答问题,一开始做到言之有据,逐步过渡到有据有理。在这个过程中,形成学生严密的思维习惯,形成学生老老实实的学习态度。如在语文教学中,教师要依据课文,对学生进行训练。针对课文中的某一问题,让学生反复阅读课文,钻研课文,找出求证问题的"据"、"理"。"有据有理"训练的初始阶段,让学生把"据"付诸笔端,形成书面文字。这可以说是一个铺垫,在形成文字的过程中,学生通过大脑对自己思考的问题答案进行再加工,使之更加条理,更加严密。不仅促进了学生思维的发展,而且避免了学生因言语阻碍或心理因素等回答问题时出现"结瓜"等现象,培养了学生的自信。同时,培养学生动手的习惯,提高学生写作的能力。学生回答问题后,修改书面文字,亦非常重要。通过修改,提升学生思维的质量,推进学生的思维向更高境界发展。训练学生小心求证,做到有据有理,这是把思维训练落到实处的一个好方法。

第三,引导学生在当小工兵的过程中还要当小问号。一个问题的解决预示着新的问题的来临。学生在解决问题时,仍是小问号,角色不是截然分开的,此时提出的问题往往更有价值。

——引导学生当"小先生"

第一,培养学生当"小先生"的心态。一是学生在学习时抱着教别人、给人当先生的心态去学习,即"为教而学"。二是当别的同学请教自己时,能以高尚的心态去教别人,即当先生,"因教而学"。对学生而言,在"教"中学,在帮助别人的同时提高自己,并获得一种帮助的享受,如此,他们自动学习的信心会得到增强,具有"双赢"的心态。

第二,引导学生当"检查"小先生。在教师的明确要求下,采取学生"一对一"的方式,或者其他方式检查独立学习内容。如在语文课堂中,学生相互检查生字、词,检查朗读,检查当小工兵情况以及教师检查学生达标情况等。

第三,引导学生当"互教"小先生。如果有不明白的问题,学生可在本小组内请先生。如果本小组内请不到先生,可以到别的小组去请先生。课下,还可以请教其他人。

第四,引导学生当好"交流"先生。学生把自己的学习成果展示出来,与大家共享,在"交流"中学习。在这个环节中,尽量做到人人都要交流,使学生处在一种为"交流"而学的状态之中,学生的思维在交流中碰撞、发展,学生的人格得到提升,交流能力得到发展。同时,学生可以品尝、比较自己的学习成果。在品尝、比较当中,"见贤思齐",学生"力争上游"的念头就产生了,学习的自觉意识就逐渐增强。

第五,引导优秀生当好"主持"小先生。优秀生是小组内的核心人物,教师要交给他们管理小组的方法。如回答问题时,"主持"小先生可以自己回答,但更多的是让其他组员回答。展开交流时，教师交给“主持”小先生确定交流次序的方法。一般性问题可以由小组的D(小组成员按学习成绩由高到低依次确定为A、B、C、D)回答，有难度的可以由小组的B、C回答等。这不仅发挥了优秀生的作用，还培养了优秀生。

第六，形成小组学习规则，实施小组评价制度。①形成小组学习规则。成立学习小组，每小组4人，异组同质，同组异质，小组推举主持小先生。培训主持小先生的同时，学习小组的学习规则也逐渐形成。如学生互当“检查”小先生，检查生字、词语、朗读情况；当“互教”小先生解答同学不明白的问题；当“交流”小先生，把自己学习到的东西，或者说是成果展示出来，与大家共享。在学会简单的合作后再进行复杂的合作。这期间每个学生都必须遵守规则。②实施小组评价制度。小组评价制度以促进小组合作学习、促使每个学生专心学习为目的。评价的原则是以组评为主，实施“捆绑”式评价。小组合作展示时，把小组成员的展示成绩实施“捆绑”作为小组成绩，同时作为每一个组员的展示成绩。

2.学生尝试当“三小”

在引导学生当“三小”的基础上，让学生依葫芦画瓢，进行模仿，尝试当“三小”。基本程序是：尝试(学生)—指导(教师)—再尝试(学生)。

在这个过程中，教师要注意做到以下四点。

第一，教师要充分了解学生当“三小”的程度。通过各种渠道、方式了解学生，对学生当“三小”的状况做到了如指掌，以便有的放矢地进行辅导，避免学生掉队现象的发生。

第二，教师要加强“单点”，进行个别辅导。一是对当“三小”程度较差的小组进行个别辅导；二是对当“三小”程度较差的学生进行个别辅导。同时，调度“主持小先生”，尽可能多地帮助对“三小”领悟较慢、进入角色较慢的学生。在合作中，把进入角色较慢的学生带上来，使他们尽快地进入到“三小”角色中去。

第三，在这个过程中，教师要注意给学生留有足够的独立学习的时间，让学生独立思考，独立学习。

第四，在学生尝试当“三小”的过程中，允许学生采用适合自己的较科学的学习方法学习，鼓励学生另辟蹊径，求异创新。

3.学生独立当“三小”

在学生尝试当“三小”，基本进入了“三小”角色的基础上，教师要放手让学生独立当“三小”。基本程序是：独立(学生)——帮助(教师)——独立(学生)。

在这个过程中，教师要注意做到以下两点。

第一，教师要有耐心。学生独立当“三小”，这是“三小”教学的最终目的，需要经过较长时间的历练，不是一蹴而就的，不能急于求成。

第二，在这个过程中，教师要帮助学生总结提高各自当“三小”的能力，尤其是处于C、D位的学生，仍需加强指导、历练。

(二)"三小"教学的基本模式是：

当小问号(提出问题)—当小工兵(独立学习)—当小先生(交流点拨)。

如学习《向命运挑战》——

第一，让学生当小问号，让学生围绕题目提问题。学生通过思考提出了如下问题：(1)谁向命运挑战？(2)为什么向命运挑战？(3)怎样向命运挑战？挑战的结果如何？在此基础上，教师组织学生筛选问题，确定学习目标：(1)解决以上三个问题；(2)学会生字、词，熟读课文。

第二，学生独立学习，当小工兵。先自读一遍，扫清字词障碍。然后，读第二遍(或多遍)，解决问题。

第三，交流点拨，学生当小先生。

"三小"教学是一种方法，也是一种理念，因此，虽然有"三小"教学的基本模式，但它是灵活的，有许多变式。从学科来说，可以有语文、数学等"三小"教学模式；从角色训练的侧重点不同，可以有多种"三小"教学角色训练模式。教师根据教学实际、学科特点等，可以灵活地创建自己的"三小"教学模式，发展"三小"教学模式。

一、二年级采取渗透的方式进行"三小"教学，二年级的语文老师赵明玲在这方面做了成功的探索，构建了"三环节"渗透法。

第一环节：有意提问，让学生在"问"中学会观察。学生提不出问题，与"熟视无睹"有很大的关系。赵老师为了改变这种状况，随时随地进行训练。有时到教室里，她会随口问上一句，你发现同桌有什么变化啊？她有时随手拿起一本书也提问题。

第二环节：相机提问，让学生在"问"中试当小问号。一只小鸟飞到教室里来，她叫学生提关于小鸟的问题。"小鸟你是不是想我们了？小鸟你有哥哥姐姐吗？小鸟你会唱歌吗？……"学生们七嘴八舌，向小鸟问了很多问题。

第三环节：适时训练，诱导学生试当"三小"。在学生善于观察、善于提问的基础上，她拿出专门的时间训练学生提问题，引导学生解决问题。在学习《浅水洼里的小鱼》时，她叫学生提问题，谁提的谁就写在黑板上，学生提了30个问题，整整写了一黑板。只不过学生提的问题，很多不是问题，但赵老师照样对他们加以赞赏。学生当小工兵独立解决黑板上的问题，并开展比赛。小组合作解决不了的问题，到别的小组去请先生。把请先生也解决不了的问题，提交全班共同解决。到最后，只剩下一个问题：大人为什么不去帮助小鱼啊？二年级学生能提出这的问题，连赵老师都没想到。她和学生共同讨论交流，叫学生再认真去读课文，从文中找一找，看看大人面对浅水洼里的小鱼是什么想法？小孩是什么想法？大人是怎么做的？小孩是怎么做的？在赵老师的引导下，学生思考、交流、探索，问题得到了解决。

"三环节"渗透，低年级学生初步具有了当"三小"的意识，初步进入了"三小"角色，"问"的欲望在增长，学习的主动性在增强。

三、形成“三小”教学基本理念

没有理论指导的实践是盲目的实践。在“三小”教学中，我们注重在吸纳各种理论的基础上，思考“三小”教学实践，形成了“三小”教学的六个基本理念，用以指导“三小”教学，做到了理念来源于“三小”教学实践，又指导“三小”教学。

(一)学习是学生的天赋

“三小”教学的实践告诉了我们，学习是学生的天赋，学生自己“能问、能学、能教”。这一理念，引导我们在“三小”教学中，把学习的权利交给了学生，把学习的田地交还给学生耕种，让“三小”课堂充满了学习的激情。

(二)以生为本

“三小”教学是建立在“以生为本”的基础之上的，教师在“三小”教学中，强烈地感受到了它给课堂带来的巨大变化。这一理念，引导我们在“三小”教学中，尊重学生、关注学生、相信学生，实施民主教学，让“三小”课堂焕发出生命的光彩。

(三)学是根本，思是灵魂，问是开始

“三小”教学中，无论学生当小问号、小工兵、小先生，都落脚于“学”，“思”始终贯穿“三小”课堂，“问”作为“三小”课堂的开始。这一理念，引导我们在“三小”教学时，注重新课程三维目标的达成，注重学思结合，注重学生创新能力的培养，让“三小”课堂充满活力和魅力。

(四)学生是问题的真正提出者

这是让学生当小问号的核心理念，这一理念，指导我们在“三小”教学中，重视培养学生发现问题、提出问题的能力，教师转变角色，由问题的提出者变为问题提出的示范者、启迪者，让“三小”课堂迸发出创新的火花。

(五)为“教”而学

“三小”课堂上，学生做小先生，自己先学、先思考，让别人明白，自己更明白。这一理论，指导我们在“三小”教学中，注重从心理方面研究学生的学，注重学生的有效合作学习指导，实现小问号、小工兵、小先生的有机统一，让“三小”课堂演奏着互助和谐的乐章。

（六）角色认同

角色认同,可以使人更好地认识自己、评价自己、完善自己,主动扮演好自己的角色。角色认同是"三小"教学的切入点,也是"三小"教学的支撑性理念。这一理念,引导教师扮演好自己的角色,不再越俎代庖,包办课堂。同时引领学生进入"三小"角色,主动提问,主动探究,让"三小"课堂成为主动求知的乐园。

角色一变天地宽

一着激活满盘棋,角色一变天地宽。"三小"教学转变了师生角色,课堂活了,学生人人争当小问号、小工兵、小先生。"三小,三小,快乐三小,学生聪明,老师轻松。"这是吴兴小学六年级学生张昌皓在《"三小"快乐课堂》作文开头写的一句话。这句话不仅道出了学生喜爱"三小"的心声,也从一个侧面写出了"三小"教学带来的变化。

一、"三小"让课堂充满了活力

人人争当小问号,在"问"中学

"三小"课堂上,教师遵循学生是问题的真正提出者的理念,给学生以示范、启迪,让学生提问题,解决问题,学生争当小问号。

问是开始。学习《跨越海峡的生命桥》时,教师把题目写在黑板上,对同学们说:"我见过石拱桥,也见过用木头搭建的小桥,却没见过生命桥,不知同学们看了这个题目有什么疑问?"

同学们都在静静地思考。有的小组在小声地交流。

张雪晴:"生命桥"是什么意思?

吴光凯:为什么叫"生命桥"?

张文敏:"生命桥"是用什么搭建起来的?

吴健斌:题目里的"海峡",指的是哪个海峡?

张大超:怎样跨越海峡的生命桥?

十一月的一天,星期三,天气虽有点寒冷,六年级教室里却春意融融,县教研室小学组的王老师、卢老师坐在教室里被孩子们热烈的讨论所吸引。"老师,请教您一个问题——"一个学生走到卢老师面前礼貌地问道。"什么问题?"卢老师把眼镜向上扶了扶说。"老师,'海鸥们像炸了营似的朝遗像扑过去',这个地方为什么用'扑'不用'飞'?"这在过去,学生是不敢问的,甭说请教县教研员老师。现在,不懂就问已蔚然成风。

争当小问号，学生睁开了发现的眼睛，开启了思维的大脑，张开了口，迈开了主动学习的脚步，创新的火花在迸发。

人人争当小工兵，在“探索”中学

“三小”课堂上，教师赏识学生，相信学生，把学习的权利交给学生，把学习的田地交还学生耕种，学生争当小工兵。

在学习《晏子使楚》一课时，安凤花老师让学生当小工兵，去探索解决“楚王是怎样侮辱晏子”这个问题。

教室里很静，每个同学都在专心的读书，积极思索解答问题，或边读边思，或边读边写，或浓眉紧锁，或舒心微笑。五分钟后教室里热闹起来了，他们都发表了各自探索的结果。

张洁：楚王知道晏子身材矮小，就叫人在城门旁开了一个五尺来高的洞。晏子来到楚国，楚王叫人把城门关了，让晏子从洞里进去。

张小燕：楚王瞅了他一眼，冷笑一声说：“难道齐国没有人了吗？”他还说：“既然有这么多人，为什么打发你来呢？”

刘倩：楚王笑嘻嘻地对晏子说：“齐国人怎么这么没出息，干这种事。”

等学生发言结束，安老师引导学生说：“同学们找出了文中侮辱晏子的句子，再思考一下，看看能不能说得具体一些？”学生在思考着，有的在小声议论着。张洁站起来说：“从楚王的眼神‘瞅’，面部表情‘冷笑’、‘笑嘻嘻’，可以看出楚王看不起晏子。”“我来补充一下”，张小燕接着说道：“瞅只是‘一眼’，冷笑只是‘一声’，说明楚王非常瞧不起晏子。”

学生们在认真地思考着，交流着，碰撞着。他们不仅解决了问题，思维也由肤浅走向了深入。

王桂芳老师在执教《“精彩极了”和“糟糕透了”》一课时，学生当小工兵解决了课文基本学习目标后，她让学生再当小问号，学生提出了这样一个问题：假如爸爸妈妈都说“精彩极了”或“糟糕透了”会怎么样？这个问题的提出，一下子把学生的思维引向了深入，学生这次当小工兵，课文读得更用心了，思考更深刻了，心中涌起“柳暗花明又一村”的感觉，平添了几多探索兴趣，探索劲头更足了。经过探讨，学生明白了“这两种不同的评价，是爱的两种不同表达方式。孩子是幸运的，他拥有的不仅是两种不同的评价，而是世界上最伟大的两种爱，在这两种爱的呵护下，成为了一名作家”。小问号提出了精彩的问题，小工兵勇敢地解决了问题，学生们脸上洋溢着胜利的微笑。

争当小工兵，学生张开了自信的翅膀，探索、解决问题的兴趣更加浓厚，学习的欲望更加强烈，思维更加深刻，主动学习的脚步迈得更大了。

人人争当小先生,在“教”中学

“三小”课堂上,教师相信学生具有当小先生的本领,让学生互学互教,学生争当小先生。

在学《草船借箭》一课时,学生武立鑫有这样一个疑团没解开:鲁肃是周瑜的人,他为什么帮诸葛亮的忙?他求教张当小先生。张昭煜说:“鲁肃忠厚善良,不愿诸葛亮完不成军令受罚。”武立鑫还是有些不解,老师说:“谁再来给武立鑫当小先生?”话音刚落,吴金玲站起来说:“鲁肃是周瑜的人,应当忠诚于周瑜,我不同意说鲁肃由于忠厚才帮诸葛亮。”显然,吴金玲的解答还没有到家。这时,张丽君说:“诸葛亮来到东吴,是为了联合东吴抗曹,借箭也是为了抗曹。鲁肃虽然身为周瑜的人,但他明白以大局为重,所以才帮诸葛亮。”听到这里,武立鑫微笑着点了点头,说:“谢谢!”在场听课的老师脸上也露出了赞许的笑容。

校长张洪乾在听完赵明玲老师讲完《母鸡》一课后写道:四年级的学生学完《母鸡》一课,孩子们都被母鸡无私的母爱深深地打动了。每个孩子都在动情地朗读。赵老师看到张凯月同学眉头紧皱着,就走到她身边,她向赵老师提出了这样一个问题:母鸡前后变化为什么这么大?赵老师没有回答她的问题,而是叫同学们思考这个问题。一会儿,张文敏同学主动站起来说:“我来给她当小先生解决这个问题。母鸡在没有做妈妈之前,她不需要负什么责任。但在做了母亲后,她要为自己的孩子负责,要把自己的孩子抚养大,要教给孩子生活的本领。就像我们的母亲抚养我们一样很辛苦的。这就是母鸡性格前后变化的原因。我这样解答不知张凯月同学满意不满意?”“满意,谢谢你!”张文敏同学分析得头头是道,这个小先生当得实在是很有水平,张凯月同学彬彬有礼。

争当小先生,学生互帮互学,学到了知识,学会了合作,学会了交流,在教中成长。

二、“三小”让教师“轻松”自如

“老师轻松”只是表面现象,“三小”教学,对于教师是个挑战。首先是对教师教学理念的挑战。学生能提问题吗?学生能当小先生吗?学生能自学吗?其次是对教师驾驭课堂能力的挑战。我能适应这样的课堂吗?学生的问题我能回答吗?这样的课堂我能组织好吗?面对这些挑战,有的教师有点“怕”,有的教师彷徨甚至打退堂鼓。事实是最好的教科书。“三小”课堂,学生当小问号、小工兵、小先生,能问、能学、能教。这极大促进了教师的反思,语文教师安凤花说:“课原来可以这样上,只不过过去对学生不放心,不放手,勤婆娘养了懒闺女。”在事实面前,教师悟到了课堂教学的真谛,尊重学生、相信学生是课堂教学的根基。现在的“三小”课堂上,教师不会踢越位球,更不会代替学生“踢球”。教师讲《金色的脚印》,让学生当小问号提出问题,通过问题筛选,把“脚印为什么是金色的?”作为主问题,让学生当小工兵探索。通过探索,学生发现课文通过写小狐狸爸爸、妈妈救小狐狸,正太郎帮助小狐狸爸爸、妈妈去救小狐狸,小狐狸爸爸、妈妈救正太郎,奏响了人和动物之间和谐相处的旋律。整堂课,教师满面春风,或引导或点拨,学生或自主学习思考,或当小先生相互教,气氛和谐,生机盎然。在学生眼中,老师在课堂上,不再喋喋不休,不再盛气凌人,而是轻松自如,和蔼可亲。

过去的课堂,教师讲得多,讲得累,但心里轻松。因为没有学生提问题,学生不会问,也不敢问。"三小"课堂:宽容、自由、民主、和谐;学生会问、敢问。有时甚至问得老师也答不上来,虽说这也正常,但总不能如此吧。"三小"教学,使教师产生了危机感。要想问不住,就要先当好"学生"。教师认真解读教材,如《一夜的工作》,教师通过认真备课,发现了问题:作者只看到了周总理一夜的工作,怎么就知道周总理夜夜是这么工作的?在课堂上学生也提出了这个问题。由于做了准备,教师的引导从容自如。学生学过《鲸》这篇课文后,提出"鲸鱼是哺乳动物,以后能否到陆地上来生活?"面对这些问题,教师真正体会到:要想给学生一杯水,自己不仅要有一桶水,还要有活的水。刚参加工作仅一年的数学教师郝志坤说:"上课时看似轻松,但心里不轻松,还不知学生会冒出什么问题来。只能课下多学习,多思考。"。赵明玲老师说:"课堂上的得心应手,来自于对'三小'教学的执著,来自于'三小'教学的促进,来自于师生角色的转变。"赵老师、郝老师已成为"三小"教学的骨干教师、县级特色教师,多次到外地学校执教公开课。像赵明玲、郝志坤这样的老师还有许多,如安凤花、王桂芳、申江红、田雪梅等老师,都成了镇、县级特色教师。

三、探索出了一条大面积提高学生学习成绩、提高课堂效率的有效途径

"三小"教学落脚一个"学"字,让学生在"问"中学,在"探索"中学,在"教"中学。"三小"教学的过程,首先是学生的自主、自动学习的过程,即学生当小问号、小工兵的过程。在这个过程中,每个学生都"动"了起来,或动脑,或动口,或动手,整个班级无"闲人"。课堂学习气氛浓厚,学习劲头充足,学习效果大大增强;其次是合作学习。在当小先生的过程中,能者为师,互帮互学,以强助弱,共同提高,有效地避免了两极分化现象,大面积地提高了学生的学习能力。在课堂上,学生当小问号、小工兵、小先生,调动了学生学的积极性,落实一个"学"字,提高了课堂效益。

布鲁巴克说:"最精湛的教学艺术,遵循的最高准则就是让学生提问题。"

苏霍姆林斯基说:"在人的心灵深处,都有一种根深蒂固的需要,这就是希望感到自己是一个发现者、研究者、探索者,而在儿童的精神中,这种需要就特别强烈。"

陶行知说:"小孩的本领是无可怀疑。我们有铁打证据保举他们做先生。"

"三小"教学的路还长,我们仍将一路探索,一路付出,让农村孩子敢问会教。

(宫来政)

对比教学：给语文教学插上腾飞的翅膀

纵观当下语文教学，普遍存在以下问题：语文教学总体上“费时较多，收效较低”，陷入“勤勤恳恳地教书，辛辛苦苦地害人”的误区和怪圈。语文课堂教学偏重于课文的分析，漠视对语言文字所表述的人事景物和作者的思想感情及其变化发展过程的具体体验。教师习惯于脱离生活的程序化教法。整个教学过程是沉闷的，缺乏活力。学生缺乏过硬的迁移能力，主要表现在写作方面。语文教学的高耗低效备受诟病。

对比教学是语文教学的一种重要方法，它不仅是学生开拓视野、提高素养、训练思维、发展能力的重要途径，更是中学语文课程改革的大胆尝试。实施对比教学，能够加深学生对文本的理解，点燃学生的思维火花，训练学生的发散思维，提高学生的鉴赏能力，培养学生的语文素养，是语文教学走出高耗低效樊笼的一条捷径。

敢问路在何方

内容探讨

在教学实践中引导学生把有可比点的不同课文加以比较，注重在文章的思想内容、结构层次、写作技巧、修辞风格、语言特色等体会它们的相同点或相异点，培养学生的思维能力、知识迁移及创新能力，提高学生的阅读分析能力、文学鉴赏水平以及写作创作能力。题材、文体、写法、内容、主旨、作家、时代等都是对比教学的探讨内容。

相同题材的文章可以进行对比教学。不同作家的文章，在选材、风格、立意、主旨、表达方式等方面存在不同。比如我们大家知道朱自清和俞平伯写过相同题目的《桨声灯影里的秦淮河》。

相同文体的文章可以进行对比教学。

初中阶段记叙文、说明文、议论文是三大文体。

初中语文课本中所选的通讯、传记、回忆录、散文、小说等都归属于记叙文。关于记叙文教学可以在记叙文的六要素、记叙文的线索及作用、记叙顺序及作用、记叙文的写作手法及作用等方面进行对比学习。

在说明文教学中可以在说明对象、说明顺序、说明方法以及语言的准确性、科学性、周密性等方面进行对比学习。

在议论文教学中可以从中心论点、论证方法、论据以及结构等方面进行对比学习。

生活处处有语文，身边材料最引人。用于对比阅读的素材主要有教师随笔或下水文、学生的优秀习作、古今中外的名家名篇作品等三类素材。

案例：学习《我的信念》，用老师的随笔《花开不败》进行对比阅读。

《花开不败》（节选）

陈元芬

成长是件冗长的事情，我坚信花开不败。因为这个世界只要有落日西沉，就有旭日东升。只要有冰冻三尺，就有春暖花开。成长的过程如同花开的过程，先经过光的照耀，风的吹抚，雨的滋润，然后在春日里欣然开放。然而这一切必须经历霜的冰冻，雪的洗涤。每个人成长的路上都会遇到困难和挫折，只要坚强面对，终会美梦成真！

我们都知道海伦·凯勒，她一岁半时就因病丧失视觉和听觉，成了一个盲聋哑人，使原本洒满阳光的心灵充满阴霾，是沙莉文教师的出现，让她的人生发生了重大转折。她凭着自己顽强的毅力，学习数学、自然、法语、德语，以优异的成绩考取了哈佛大学女子学院，她在一生中完成了14部著作，把自己的一生献给了盲人福利和教育事业，赢得了世界舆论的赞扬。

……

是的，每个人心中都开着一朵花，这朵花代表着温暖、关爱、信念、理想、正直和善良……让我们打开心窗，让春天回来，让阳光进来，让雨露进来，让心中的花开不败！

思考：

1. 用一两句话说一说自已的感悟。

2. 和课文相比较，在写法和语言上有什么相同点和不同点？

教学流程

对比教学分为五步流程：一是创设情境，导入新课；二是初读课文，整体感知；三是自主学习，精讲点拨；四是对比阅读，鉴别赏析；五是写作训练，巩固提高。

一导入情景——创设情景，导入新课

在学习新课之前，创设好与本课相关的情景，灵活导入新课，充分激发学习兴趣和积极的探索活动，顺理成章地进入这节课的学习中。导入方法可灵活多样：古诗词导入法、音乐导入法、故事导入法、童话导入法、图片导入法。

如在学习文章《秋天》时，采用的是音乐导入法：同学们，你们喜欢秋天吗？秋天代表着硕果累累，秋天孕育着成熟，秋天象征着收获。首先请大家欣赏一首秋天的歌曲：秋蝉。

二读理思路——初读课文，整体感知

初读目标：认识生字词，读懂课文，理清层次，整体感知文章大意。

操作要点：教师首先简单讲解阅读课文的基本方法，分为默读方法和朗读方法。在理解感知文本的基础上，质疑问难，找出自己的疑惑。教师要激发阅读兴趣，引导学生充分读书。

三学重合作——自主学习、精讲点拨

学习目标：指导学生在小组内合作探究，体会重点词句段的含义，感悟文章的思想感情，领会表达方法，全面把握文本内容。

操作要领：带着自己的疑惑，在组长的带领下合作探究解惑，并体会理解文章的重点字词、精美句子和精彩段落，深入感悟文章的思想感情。学生质疑、解惑、合作、理解、品读、探究后，教师引领学生进一步精讲点拨，找写作特色，品语言特色，抓中心主旨，加深对文本的全方位把握，升华自我思想情感。

四比提能力——对比阅读，鉴别赏析

对比阅读目标：指导学生自由朗读课外文章，然后从多个方面与文本进行对比。学生主动探究，深入思考，找出课文和课外文章的异同，充分训练学生的发散思维。

操作要领：自读课外文章，小组讨论，合作探究，充分挖掘两篇文章的异同点，充分发挥小组合作探究的作用。

五写促发展——写作训练，巩固提高

在进行比较阅读后，围绕本节课的教学目标设计好写作训练，可以是口头训练，可以是书面训练，可以是片段训练，可以是整篇训练，可以课上训练，也可以课下训练，以巩固提高，学以致用，切实提高学生的写作水平。

如学习了《化石吟》一文后，出示恐龙的图片，让学生观察恐龙图片，发挥想象，以《恐龙吟》为题，写一首小诗，让学生学以致用，进行相同主题的写作训练。

课型略说

在对比教学的实践过程中，我积极构建了六种“对比”课型，在课内把学生引上大语文学习之路。

1. 对比品读课。在阅读教学中使用对比，每一篇课文都找一篇与文本有可比点的文章进行对比，让学生同中求异，异中求同。具体操作环节：师生对话，入课激趣—展示内容，扬其优点—方法指导，自我选择—合作探究，深挖亮点—对比阅读，找出异同—当堂训练，内外勾连。

2. 对比评点课。找三到五篇主题相同的文章进行对比阅读，培养阅读兴趣，提高学生的理解力、辨析力和鉴赏力。具体操作环节：明确目标，点明评议点—学生自学，寻找信息点—课堂交流，感悟不同点—教师总结，升华认识点。

3. 对比写作课。以主题为依托，出示与主题相关的材料，从中找出写作技巧，按照一定系列进行指导。具体操作环节：营造氛围，激发兴趣—出示材料，阅读指导—小组合作，找出技巧—针对技巧，活学活用—写作训练，点评指导—课下修改，拓展提升。

4. 积累运用课。注重学生写作素材的积累，并学以致用，把积累的素材运用到写作中。具体操作环节：展示主题—诗词歌赋的积累—好词好句好段的积累—合作寻找写作技巧—迁移训练，提升能力。

5. 成果汇报课。展示学生的阅读成果或写作成果，激发阅读和写作兴趣。具体操作环节：学生主持，明确内容—学生展示，形式各异—教师小结，课后拓展。

6. 综合性学习课。结合课文中的综合性学习的主题开设，培养学生的表达能力、口语交际能力、写作能力，提高学生的综合素养。具体操作环节：多种形式，导出主题—师生对话，训练口语—写作训练，拓展延伸—交流展示，提升能力—师生小结，课外延伸。

山丹丹开花红艳艳

教材整合

整合，能让知识系统起来，让教材立体起来，让教学灵动起来。整合之后再进行对比，这样就能加快教学速度，提高教学效率。在教学实践中，我灵活整合六册教材，让学生用两年的时间轻松学完教材，再用一年的时间完成对比教学系列读本的阅读。对比教学系列读本是教师自编课程。整合语文教材的方法主要有：在一个单元内整合、在单元间整合、单元与单元整合、跳册整合、整册书整合、初中学段分文体整合、初中学段知识点整合。以记叙文为例。初中学段记叙文体现在五个单元中，所涉及的教学重点分别是：七年级上册第一单元重点学习叙述的表达方式，记叙文的要素和基本要求；七年级上册第二单元学习和掌握记叙文中穿插议论和抒情手法以及多角度的叙述；七年级上册第五单元学习通过小事、细节充满感情写人的手法写好记叙文。八年级上册第二单元进一步学习记叙文中多种手法的运用。八年级下册第一单元学习掌握复杂的记叙文，特别是学习提炼从平凡生活中观察人、事、物，写出人物特点的手法。

课程建设

在课程建设中，我构建了两套师本课程：一套为对比教学课程，分别与课文和古诗词进行对比阅读，提高学生的比较鉴别能力；一套为课外阅读课程，选取四大文学体裁中的经典作品，进行阅读并积累摘记。左翼飘逸，右翼翱翔，让学生插上飞翔的翅膀，提高学生的综合素养。

(一)左翅飘逸——构建对比教学课程体系,提高学生的对比鉴别能力。

1.课本配套对比阅读课程。

每一册课本都配套一本相应的对比阅读书。精读文章选取两篇以上在内容、写法或作者风格上与课文类似的文章,略读课文选取一篇课外文章,让学生配合课文进行对比阅读。课外文章作为对文本内容的补充和学生阅读能力向课外拓展的台阶。

2.古诗词对比阅读课程。

六册课本附录中的古诗词共计六十首,依据附录中的古诗词,再从浩瀚的古诗词中选取精品诗词,找出相应的对比点,与课本中的古诗词进行对比,既能丰富学生的知识量,又能提高学生的诗词品鉴能力。

案例:《赠从弟(其二)》对比阅读

松树

【唐】白居易

白金换得青松树,君既先栽我不栽。

幸有西风易凭仗,夜深偷送好声来。

诗歌鉴赏:

1.文中"白金"指什么?"君"指谁?

2.后两句表达了作者怎样的心情?为什么?

3.阅读《赠从弟(其二)》与《松树》同样是写松的诗,你能说说两诗的不同吗?

(二)右翅翱翔——构建课外阅读课程体系,为学生提供一系列的阅读与写作素材。

根据初中生的阅读特点和规律,从古今中外的文学宝库中,精心选取部分优秀小说、散文、戏剧、诗歌,加以整合,构建成六种课外阅读系列课程。

1."国学印象"。这部分是有关我国的优秀传统文学。包括"蒙学再品"(《三字经》《百家姓》《千字文》《千家诗》《弟子规》《增广贤文》)、"四书五经"(从中选取部分名家名段)、"诸子精华"(从各行业古代名著中选取精华部分)、"写作文论"(从历代文论选取精粹)和"趣味语文"(历代趣味盎然的诗篇)这五部分,加深学生的文化底蕴。

2."散文韵影"。这部分是有关古今中外的精美散文。按照文章的主题分为十二个栏目,每个栏目包括十篇主题相同的文章。这十二个栏目分别是"爱国情结""成长历程""真爱永恒""科普书库""名家论写""人世之歌""伟人闪耀""生命辉煌""厚德载物""心灵诉说""读懂四季""倾听无语"等栏目。

3."诗歌有约"。这部分选取古今中外的优秀诗歌作品。分为古代诗歌和现代诗歌两部分。古代诗歌包括“漫步唐诗”“徜徉宋词”“轻吟元曲”三个系列。现代诗歌包括中国优秀现代诗歌和外国优秀现代诗歌两个系列。

4.“名著在线”。这部分选取古今中外的优秀小说作品。分为“短小精悍”“流光溢彩”和“鸿篇巨制”这三部分。“短小精悍”是小小说和短篇小说作品，共有30篇。“流光溢彩”是中篇小说作品，共有20部。“鸿篇巨制”是长篇小说作品，共有20部长篇小说的精彩节选。

5.“亦真亦幻”。这部分选取的是戏剧作品。分为“元剧”“现代戏剧”和“外国名剧”三部分。“元剧”包括《西厢记》《桃花雨》《长生殿》《窦娥冤》等元曲四大家代表作品。“现代戏剧”包括《白毛女》《茶馆》《屈原》等戏剧。“外国名剧”包括莎士比亚四大悲剧、《被缚的普罗米修斯》《罗密欧与朱丽叶》等戏剧。

6.“飞鸿有痕”。这部分是平时教学中的实践活动汇编。包括“亲近自然”“感悟亲情”“体验社会”三部分，分别是与大自然、家庭生活和社会实践有关的各类社会实践活动。

与艺术融合初探

传统的课堂往往比较沉闷，真正的语文课堂不仅要追求课堂目标的完成，更要追求课堂参与者的欢乐性与深邃性的统一，让语文成为艺术的课堂，成为欢乐的课堂，成为愉悦的课堂。因此，在课堂中加入艺术元素，把音乐、动画、视频、歌曲、书画作品在适当的环节呈现给学生，学生从中受到了艺术的感染和熏陶，课堂变得愉悦而高雅。

案例：写作学习课《我在春天等你》课堂实录

一、欣赏歌曲，导入新课

师：同学们，让我们一起来欣赏一首优美的歌曲：春暖花开。（播放歌曲：春暖花开）

师：你从歌曲中听到了什么？

生1：春天的勃勃生机。

生2：春天的桃花开得正艳。

生3：春天是一个美丽的季节。

……

师：春不像酷热难耐的盛夏，也不像黄叶飘零的深秋，更不像寒风呼啸的隆冬。春天是一个生机盎然，如诗般美丽的季节。春天，与美好同在。这节课我们上一节写作学习课——春天的旋律。请同学们看大屏幕，我们来齐读训练目标。

生齐读训练目标：学会运用多种修辞和多种感觉描写景物。

二、诗词歌文,感受春天

师:同学们,你知道哪些诗词里曾写到春天?使用的修辞方法是什么?使用了哪种感觉描写景物?

生1:离离原上草,一岁一枯荣。野火烧不尽,春风吹又生。使用了拟人的修辞方法。使用了视觉描写春草。

生2:不知细叶谁裁出,二月春风似剪刀。使用了比喻的修辞方法。使用了视觉来描写春风。

生3:沾衣欲湿杏花雨,吹面不寒杨柳风。使用了对偶的修辞方法。使用了视觉和触觉来描写春风和春雨。

生4:春色满园关不住,一枝红杏出墙来。使用了对偶和拟人的修辞方法。

生5:天街小雨润如酥,草色遥看近却无。使用了比喻的修辞方法。使用了视觉来描写春草和春雨。

……

师:这是一幅桃花的图片,你能想起哪些古诗词曾写到桃花?使用的修辞方法是什么?使用了哪种感觉描写景物?同桌讨论。(大屏幕出示桃花的图片)

生1:去年今日此门中,人面桃花相映红。人面不知何处去,桃花依旧笑春风。使用了拟人和对偶的修辞方法。用视觉来描写桃花和春风。

生2:桃花潭水深千尺,不及汪伦送我情。使用了夸张的修辞方法。用视觉来景物。

生3:竹外桃花三两枝,春江水暖鸭先知。蒌蒿满地芦芽短,正是河豚欲上时。使用了拟人和对偶的修辞方法。使用视觉和触觉来描写桃花和春水等景物。

师:同学们,我根据这首古诗改写了一首现代诗,题目是“春水”,请大家推荐一位朗诵水平高的同学来读一遍。

推荐学生有感情朗读:《春水》 陈元芬 高举着春的请柬,你越过冬的门槛。和一只鸟互递婉转,和一丛草促膝交谈,和一粒石深情言欢……你音乐的歌喉让春山更幽,春天更鲜。去桃花灼灼的下游赴一个古典的赛诗会吗?还是田间地头的农人正以岸的姿势将你守候?

师:大家自由读一读,思考这首诗歌里使用的修辞方法是什么?使用了哪些感觉描写景物?

生1:排比、拟人。

生2:视觉、听觉、嗅觉。

师:春天不仅阳光明媚,鸟语花香,也有离愁别绪,让我们齐读《黄鹤楼送孟浩然之广陵》。

生齐读:《黄鹤楼送孟浩然之广陵》 唐 李白 故人西辞黄鹤楼,烟花三月下扬州。

孤帆远影碧空尽，惟见长江天际流。

师：这首古诗被改写成了一首婉转悠扬的歌曲：烟花三月。让我们来共同欣赏。（播放烟花三月的MTV）

师：请大家自读烟花三月的歌词，思考：这首诗歌里使用的修辞方法是什么？使用了哪些感觉描写离愁别绪？

生1：比喻、拟人、排比、引用。

生2：主要使用视觉来描写离愁。

师：你知道哪些散文曾描写过春天？

生：朱自清的《春》。

师：这是描写春的名篇佳作，请看春花图这一个段落。《春》 朱自清 桃树，杏树，梨树，你不让我，我不让你，都开满了花赶趟儿。红的像火，粉的像霞，白的像雪。花里带着甜味；闭了眼，树上仿佛已经满是桃儿，杏儿，梨儿。花下成千成百的蜜蜂嗡嗡的闹着，大小的蝴蝶飞来飞去。野花遍地是：杂样儿，有名字的，没名字的，散在草丛里像眼睛像星星，还眨呀眨的。思考：这个段落里使用的修辞方法是什么？使用了哪些感觉描写离愁别绪？

生1：拟人、比喻、排比。

生2：视觉、听觉、嗅觉、味觉。

师：非常正确。我也曾经写过与春天有关的一篇散文：走向春天。让我们齐读其中的一个段落。

生：《走向春天》 陈元芬 春天是"日出江花红胜火，春来江水绿如蓝"的明艳；春天是"春色满园关不住，一枝红杏出墙来"的欣喜；春天是"野草芳菲红锦地，游丝缭乱碧罗天"的绚烂；春天是"落红不是无情物，化作春泥更护花"的奉献！

师：在这个段落里，使用的修辞方法是什么？使用了哪些感觉描写春天？

生1：排比、比喻、拟人等修辞方法。

生2：视觉来描写景物。

师：你能找出《春》和《走向春天》的相同点和不同点么？请小组讨论。（学生小组讨论）

师：请一个小组推选一个代表回答。

组1：《春》和《走向春天》的相同点都是描写春天的散文。

组2：《春》和《走向春天》都运用了比喻、排比、拟人等修辞方法。

组3：不同点是《走向春天》中引用了大量古诗词，而且整个段落是排比修辞。

组4：《春》重在实写春天，《走向春天》重在虚写春天。

组5：语言都很细腻生动。

组6:走向春天描写的景物更多一些。

组7:表达的思想感情相同,都是喜爱春天、赞美春天的。

……

师:我们前面的这些古诗、现代诗和散文在写作上有什么共同之处?请大家开动脑筋,各抒己见。

生1:使用了多种修辞方法,如排比、比喻、拟人、夸张、对偶、引用等多种修辞。

生2:调动了多种感官:视觉、听觉、嗅觉、味觉和触觉。

三、各抒己见,漫话春天

师:春,无处不在。春,就在身边。说一说你感受到的春天是怎样的?

生1:到处是郊游踏青的人群,有老人的慈爱满意,有爱人的欢乐开怀,有孩子的天真笑容。

生2:春天是一缕吟唱的暖风,一捧明亮的阳光;春天是声声婉转的鸟语,片片醉人的花香。

生3:春天是透明纯净的梦,火热沸腾的歌,灵感流溢的诗。

……

四、妙笔生花,描绘春天

师:同学们,春天,可以看,可以听,可以唱,也可以写。请自选角度写一个与春天有关的片段(100字左右)。请综合运用多种修辞和多种感觉进行描写。

(生写作,师巡视。生完成写作,小组内交流,推选有效段落,并说明推荐理由)

师:哪个小组来分享一下你们的心得?

生阅读并推荐优秀习作。

组1:春天到处是人们辛勤的影子,人们用自己的双手播种着他们的坚定的信念、永远不变的希望、真挚的情和无私的爱。没有春的万紫千红,哪来秋的硕果累累?

我们组推荐的理由是这个段落使用了排比和反问的修辞方法,充满浓浓的情义,主要使用了视觉描绘春天。

组3:我终于明白:春天,使我们永远年轻,感受春天,心中填满的是美好、快乐。春光明媚的春天之所以如此的美,是因为它让人的心情在此刻绽放。

我们组推荐的理由是这个段落使用了拟人的修辞方法,语言清新生动。

组6:春天,树木抽出新的枝条,长出嫩绿的叶子。山上的积雪融化了,雪水汇成小溪,淙淙地流着。溪里涨满了春水。小鹿在溪边散步,它们有的俯下身子喝水,有的侧着脑袋欣赏自己映在水里的影子。

我们组推荐的理由是这个段落使用了排比和拟人的修辞方法,描写了多种景物。特别是小鹿的描写运用拟人的修辞,写出了小鹿的活泼可爱。

组10：春天来得好快，悄无声息、不知不觉中，草儿绿了，枝条发芽了，遍地的野花，油菜花开得灿烂多姿，一切沐浴着春晨的曙光，在春风中摇曳、轻摆，仿佛少女的轻歌曼舞，楚楚动人。生物在春晨中醒来，展示着生命的可贵、诱人。春晨点染心中的希望，激发着人生的热情。

我们组推荐的理由是这个段落使用了排比、比喻和拟人的修辞方法。语言形象生动，写出了春天景物的勃勃生机。

组12：春雨和着春雷、随着春风、淅淅沥沥飘来。春雨如丝、如雾、如烟、如潮。透着这缕缕蚕丝，世界的万物如同淡淡、蒙蒙的写意画，忽隐忽现。我喜欢春雨，不光喜欢它换来的雨后春笋的英姿，更喜欢的是：踏进这淡蓝色的烟雨，在这雨季，你为我撑出的一片无雨的天地。

我们组推荐的理由是这个段落使用了排比、比喻和拟人的修辞方法，写出了春雨的特点，富有文采，充满梦幻之美。

……

五、春晚链接，升华春天

师：大家写得真美。春不仅代表一个季节，更代表着信念、理想和希望，如农民工组合旭日阳刚，凭着对音乐的执著追求，终于等上了2010年春晚舞台。让我们来共同欣赏视频《在春天里》。（播放视频《在春天里》）

六、小结

师：一日之计在于晨，一年之计在于春，一生之计在于勤。同学们，让我们在春天播种汗水和信念，在秋天收获希望和果实。让春天永远在我们心中！

这是我在2011年潍坊市特色教学现场会上提供的一节公开课，山东省齐鲁名师李秀伟老师听完课后做出了这样的评价：这节作文课在四十五分钟的时间，学生听了三首歌、至少背了十六七首古诗、欣赏了三篇散文，有十几个学生展示了自己的作文。这个过程，课堂容量非常大，展示得非常成功，非常愉悦。真正体现了多层次、多元化的"对比"教学，比如，诗与诗的对比，诗与散文的对比，散文与散文的对比，诗与音乐的对比，老师下水作文与名家名篇的对比。朱自清写了一篇《春》，陈元芬老师说我也有一篇文章叫做《走向春天》；朱自清的《春》里有一句诗，陈元芬老师说由这句诗，我也写了一段文字，她敢于和大家、大师比较。课堂上也有小组内进行的比较，小组内四个同学推选最好的一篇文章，比较的时候，读完后同学们借鉴别人的文章修改自己的作文。这一节课的时间里运用了八十多次比较，这就是她的"对比教学法"。

近日，有幸又与李秀伟老师进行了座谈，他在看了我的对比教学的课题系列材料后，评价说："对比教学找到了语文学习的根；真正实现了生活处处有语文。"其实对于这么高的评价，确实是愧不敢当。但能得到专家的肯定，我更有了坚持下去的信心。

我是一只小小鸟

（一）助推了教师成长 成功路上崭露头角

1. 曾多次举行过全国、省、市、县级公开课，获得潍坊市教学能手、县教学能手；获全国研说教材大赛初中语文组一等奖；《写作创新作业》获潍坊市金点子成功案例一等奖；多次参与了潍坊市语文主题阅读丛书的编写；《专心致志》获县金点子二等奖。被评为县语文骨干教师。

2. 认真进行教学研究，曾在《语文世界》《语文天地》《语文学习报》《学习方法报》等报刊发表论文四十多篇。

3. 提高了自身写作能力，曾在《思维与智慧》《中学生作文》《新作文》《学习方法报》《大理日报》《潍坊日报》《潍坊晚报》等报刊发表文章六十多篇。

（二）激发学生兴趣 语文田地硕果累累

1. 大大激发了学生的学习兴趣，课堂气氛活跃，学生发言积极，形成了自主、合作、探究的学习方式。

2. 开拓了学生的视野，增加了阅读量，做到了读思悟写说的结合，提高了学生阅读理解、感悟、鉴赏、评价能力。三年的时间，由浅入深，阅读和背诵了唐诗 180 首、宋词 120 首、元曲 60 首、文言文 180 篇、散文 200 篇、戏剧 80 篇、小说 80 本，阅读量达到了 480 万字。

3. 积累了丰富的语言材料，积累了很多的摘记本、随笔本、日记本，为写作打下了坚实的基础。每个学生三年的摘记不少于 8 万字，随笔日记不少于 6 万字。

4. 锻炼了学生的写作能力，学生在省、市级报刊发表习作 60 多篇。如梁倩的《蚕》发表于《语文学习报》，王玮玉的《我的心》发表于《中学生作文》，孙晓楠的《假如我是林黛玉》发表于《作文报》，马文君的《让你做我手心里的宝》发表于《初中生作文》，陈静的《我的初三生活》发表于《初中生作文》，刘臣的《我和书的故事》发表于《读书时报》，张哲敏的《人生大海彩贝》发表于《优秀作文名师点评》。

5. 提高了学生的语文素养，在市县级的演讲、诵读、征文、书信和读书比赛中多次获得一等奖。获奖学生达 80 余人。如毕梦圆、苏文卿等学生获潍坊市中小学中华诗文诵读中学组集体三等奖。魏馨怡获县“读经典、塑心灵”演讲比赛一等奖。陈晗晗获县首届青少年书信大赛一等奖。高建华、魏馨怡、毕梦圆、谭家辉获县“书香校园”创建活动征文一等奖。徐永强、朱子菡、马杰薪、宗琪获县“中华赞”诗词歌赋创作比赛一等奖。张高伟、孟艺、王成玉、马汶君、魏婷、夏童、王天乐等获县“感恩父母”征文比赛一等奖。

（陈元芬）

体验教育：体验生活，体验快乐

春秋时期的伯牙，随先生学琴，虽掌握了各种演奏技巧，但总是神韵不足，不能引起欣赏者的共鸣。老师把他带到蓬莱仙山的小岛上让他面对浩瀚的大海，倾听澎湃的涛声。伯牙不觉心旷神怡，浮想翩翩，感到自己的情趣高尚了许多，于是他架起琴，把满腔激情倾注到琴弦上，一气呵成，谱写了一曲《高山流水》。

先生听了他的演奏，高兴地说："现在你已经是天下最出色的琴师了！"伯牙之所以能悟于景、动于心，激发艺术的灵感，对音乐产生认识上的飞跃，正是先生巧妙地运用情境教学，让伯牙身临其境体验，促其感悟。由此可见，体验学习有多么重要！

体验，让数学课堂充满生活的花香

我的体验教育发端于数学教学。

数学源于生活，也应该回归生活，只有与现实生活紧密相连的数学知识才受学生欢迎，也才能启发孩子们的学习兴趣。到了高中和大学阶段，数学可能会变得越来越抽象，但小学生的数学应该从身边的生活开始学起。我经常采用儿童乐于接受的生动活泼的方式，帮助他们解决现实生活中的数学问题，培养他们主动探究的兴趣和创新意识，提高他们的数学素养。让学生知道，数学就在身边，眼前的桌子就是长方形，头顶的电扇就是圆形，妈妈到市场上买菜就是数学问题。生活中处处是数学，只要我们留意，就会举出许多的例子，我有这种想法，就把它落实在课堂教学中。如人教版小学四年级《植树问题》的教学导入环节我是这样设计的：

师：学习数学离不开现实生活，生活中处处有数学问题。不信伸出你的手来，手上就有许多数学问题。现在我们就去探讨。

师：请你伸出你的右手，观察你有几根手指？几个手指缝？它们存在什么样的关系？

生：一只手上有5个手指。有4个手指缝。手指比手指缝多1个。

师：假如减掉一根手指，现在你有几根手指？有几个手指缝？它们又存在什么样的关系呢？

生：有4个手指。有3个手指缝。手指比手指缝多1个。

师:再减掉一根手指,现在你有几根手指?有几个手指缝?它们又存在什么样的关系呢?

生:有3个手指。有2个手指缝。手指比手指缝多1个。

师:通过刚才的观察,想一想手指和手指缝之间存在着什么样的关系呢?

生:手指比手指缝多1个。

师:这两根手指之间的手指缝,用数学语言来说就叫间隔,间隔的个数就叫间隔数。(板书:间隔　间隔数)

师:和你的同桌说说,什么是间隔数?

师:我们再来体验,请一排的前3名同学站起来,这一排同学有多少间隔?

生:有2个间隔。

师:请一排的前4名同学站起来,用你们的手指告诉老师,这一组同学间隔数是多少?

师:假如把我们的一根手指看成是一棵小树,那树与树之间的距离,用数学语言来说就叫间距。(板书:间距)

师:说说你是怎样理解间距的?(提问学生)

师:"间距"顾名思义,从字义上分析就是间隔的距离,比如说,每隔5米植树1棵,这5米指的就是间距。

师:请同学们看屏幕上的几幅图片,仔细观察它们的间距有什么特点?(出示图片)

生:它们的间距都相等。

师:老师想知道为什么植树的时候确定的间距都相等?你知道为什么吗?

生:植的树美观。

生:植树的时候确定间距有利于植物得到充分的阳光和水分。

师:确定间距不仅美观而且有利于植物生长,植物能得到充足的阳光和水分,植树太密,间距太小,就会造成植物生长困难。

师:别小看这些树,这中间蕴藏着许多大学问呢!今天这节课我们就来学习用数学知识解决植树问题。(板书课题:植树问题……)

由于我经常设计这样的教案,学生对我的课很感兴趣。后来经过认真研究才发现,生活中处处是数学问题,因此我常常创设情景,让学生通过主题事件进行自主探究。如:复习"排列组合"知识时,让学生围绕"家访"这样一个生活主题事件开展学习。

1.设置情景:谁愿意与老师握手呢?选择一位男同学和一位女同学为代表。每两个人握一次手,一共要握几次?猜一猜!然后,画圆圈,用符号分析。

2.展开活动,探索新知。生活中到处都有数学知识,前些日子,老师去王小红家家访,就遇到了许多。现在老师就带同学们一起去探究一下"家访中的数学问题"。

衣服搭配问题：王小红一听老师要去她家，非常高兴。她有两件漂亮的上衣，两条漂亮的裤子，从中挑选出一件上衣和一条裤子，该怎样搭配呢？有几种不同的搭配方法？用连线的方法表示。

门牌号的学问：王小红家的门牌号是用1、2、3三张数字卡片组成的最小的两位数，谁能帮老师解决困难？

对比建构：老师还有一个疑问，为什么三个数字卡片能拼出6个两位数？而3个人握手却只能握3次？

3.运用新知，深化认知。走进王小红的家，她家有梨、香蕉、苹果、桃子四种水果，老师只允许她摆上两盘，有几种摆法？老师这里没有学具，能不能把你们的想法表示出来？学生回答：可以画图表示，可以写字表示，还可以连线表示。

数学知识源于生活，又高于生活，通过这样的生活情景，提升学生的认知层次。

后来在教学中，我不断把课堂与广阔的社会生活链接，实现理论与实践的结合。例如学习"计算建造大坝需要多少土石方"时，我带领学生到水库边，亲自丈量大坝，然后把它编辑成应用题拿到课堂上讲解，这样做，学生有了感性认识，理解得就非常透彻。

为了提高孩子们学习数学的兴趣，我干脆把一些"数学课"搬到大棚里、马路边甚至游戏中。例如，我让学生到大棚里学习株距和行距，通过测量株距和行距，计算一块地种植作物的株数。到马路边统计每分钟有多少辆车通过这里，然后估算每天有多少辆车从这里路过……通过开发和利用学校、家庭、社区中的教育资源进行教学，灵活创设教学情景，让学生在这个真实的情景中亲身体验，解释数学问题，不断内化理解，从而发展创新思维和实践能力。

数学不是知识和方法的简单汇聚，它是一个开放的文化体系。在教学中我让学生写数学日记，把学习数学和写作训练结合起来。与语文日记不同，数学日记就是写一些关于数学方面的内容。数学日记可以写生活中发生的数学问题，可以写数学学习的收获和反思，还可以用日记的形式写数学故事等。数学日记的形式很灵活，内容很广泛，孩子们只要愿意写，天天都有写不完的东西。写数学日记有利于培养学生发现问题、分析问题、解决问题的能力，有利于提高他们的数学素养。

为了提高学生学习数学的兴趣，我把一些数学问题"变成"歌谣，让学生吟诵，在学习数学知识中，得到诗文般的浸润。如：

三人行走七十稀，五树梅花廿一枝。

七子团圆月正半，除百零五便得知。

（3、7、15的最小公倍数是105）

柜中有只鹅，有人掐着脖。

说它活来它就死，说它死来它就活。

(可能性,有两种可能)

一六三棵树,十四马来栓,

请你算一下,是双还是单?

(一一对应)

除此之外,我还开展丰富多彩的数学教学活动,加强数学课与其他课的联系。

(1)课外阅读:《趣味数学》、《小学生数学报》、《中外数学家的故事》等。

(2)举办校园数学故事会,让学生讲数学家的故事,搜集与数学有关的趣事,提高学习数学的兴趣。

(3)让学生从古诗、古词、成语和格言中发现数学知识。

(4)每个学期,定期编辑几期《小学生数学手抄报》,编选《课外数学问题征集卡》进行成果展示。

这些做法,让数学课堂有了生机和活力,全面提高了学生的数学能力。

体验,让家乡成为丰厚博大的教科书

数学教学的一些尝试,让学生受益很大,于是我又把这种做法应用到综合实践活动教学中,紧紧围绕“了解、研究家乡的文化资源,培植学生热爱家乡、建设家乡的美好情感,提升学生的文化素养”这一目标,大力开展课外活动,引领学生主动学习,在实践中探究、感悟,获取知识。学生在一系列的活动中,开阔了视野,增长了知识,丰富了生活,有力地促进了良好习惯的养成。

(一)组织学生到嵩山风景区、龙门河、西山林场鸟类保护区参加活动,让学生了解家乡秀美的山川、丰饶的物产、悠久的历史和灿烂的文化,激发学生热爱家乡的豪情。活动中,师生共同欣赏家乡的风景,共同赞美家乡的美丽。学生写作文和日记200多篇,多篇作文得以发表。活动中,我为学生写了几十篇关于当地风情的文章,后来成为我校的第一本校本课程。还指导学生到河边认识塘坝的横截面是什么形状,以及怎样计算它的截面积,指导学生到附近林场考察原生态植被,了解植物的多样性,有力地提高了学生的科学和文化素养。

(二)积极带领学生参加社会实践活动,充分挖掘家乡的人文资源。家乡是沂蒙山区,也是革命老区,曾经涌现出许多可歌可泣的英雄人物和事迹,让学生深入采访、调查、了解这些人和事。活动中,学生进一步了解了家乡人的朴实、勤劳、勇敢和智慧。这些宝贵的精神遗产,成为一笔财富,砥砺了学生的意志,培养了学生的品格。

(三)指导学生了解家乡的变化,特别是改革开放三十周年来的巨大变化。先从自己的家庭开始调查,让学生通过询问爷爷、奶奶和父母,了解30年来家庭的衣食住行所发生的变化。充分利用身边的真人真事这些活教材去教育学生，收到了事半功倍的效果。带领学生到学校附近的养殖小区参观考察，深入到养牛、养鸡、养鸭专业户中，了解饲养和收入情况。带领学生到附近的蔬菜大棚调查，让学生计算大棚的面积，了解种植技术，感受科学技术给人们的生活带来的可喜变化，激励学生从小立志刻苦学习科学文化知识。这些活动，让学生既陶冶了情操，又受到了思想教育。

（四）开展“主题活动”。围绕热爱家乡这个主题，开展丰富多彩的活动。主要有唱家乡的歌，讲家乡的故事，了解家乡的文物古迹和风景名胜，调查家乡的土特产和名优产品等，还调查从家乡走出去的博士及专家学者。这些都有力地促进了学生的知识积累。

（五）组织“小记者采访活动”。经过培训选拔，确定了我班的小记者团队。先在班主任的指导下开展采访，然后独立活动。活动范围也由本地扩展到外地。最让人难忘的是2006 年，为纪念中国工农红军长征胜利七十周年，我带领学生步行到 10 华里外的淄博市凤凰山景区秋游。活动期间，小记者们居然跑到了山脚下的希望小学进行采访……回校后，又举行了一个作文竞赛，拉长活动链条，教育效果显著。

（六）开展“一日城市生活体验活动”，让学生感受多彩的城市文化和城市生活，开阔学生的视野，丰富学生的知识，陶冶学生的情操。

为了让乡村的孩子了解丰富的城市文化，进一步培养学生勤于思考、乐于观察、善于表达的兴趣和能力，提高学生的综合素质，让学生走进城市，走进繁华，进行“一日城市生活”体验。通过开展活动，启迪学生的智慧，让学生体验城市文化的多彩，感受城乡生活的巨大差异，激发学生的发奋学习、积极进取的精神。

体验主题：“多彩城市，多元体验 ”

主要了解：城市建筑、园林、公共文化娱乐设施、交通工具及城市居民的生活方式等。通过一日生活，进行多元体验。

体验内容：

1. 交通体验

从家门口乘车至城市。

A. 买票体验。学会上车买票，根据公交车上的图表，知道到达什么地方，应支付多少车费，学会买票、算账。在买票中学会使用文明用语。

B. 能看懂车上的一些标志。如：不准吸烟标志、防火标志等。

C. 让座体验。如果在车上遇上老、弱、病、幼、残、孕及抱孩子的妇女，要学会主动让座。乘车时要安静，不要大声喧哗。

D. 下车体验。学会按秩序下车。

E. 坐市内公交车，学会看站牌。根据站牌上的线路图选择某一路公交车，当多路公交车都经过目的地时，学会选择走最近的路线。

F. 上车时学会自动投币。目前临朐县城公交车的价格是每人每次 2 元。坐车时能灵活处理一些应急问题。(如:没有零钱,怎么办?)

2. 步行体验

A. 在城市中,学会走人行道。能够识别城市交通标志及表达的含义。

B. 学会过马路。过马路时要遵守交通规则,过十字路口时学会识别红、绿、黄灯信号,学会按规则穿越马路。

3. 购物体验

A. 走进商场言谈举止要文明礼貌。学会乘坐电梯。

B. 根据所需,学会自己挑选物品。

C. 学会刷卡购物,并能用所学知识对购买的物品进行总价估算。

4. 餐饮体验

A. 学会到饭店用餐。会买自助餐。

B. 学会集体用餐。怎样坐?怎样使用一次性碗筷?学会使用西餐用具。

C. 到洗手间时学会使用物品,能识别一些标志。

D. 学会(刷卡、现金)结算餐饮费用。

5. 参观娱乐设施

A. 体验一些免费娱乐活动。

B. 体验一些收费的娱乐活动。

C. 在娱乐场所,学会识别一些标志。

6. 感受居民的生活方式

A. 城市人上下班主要乘坐什么交通工具?体验它的优点和缺点。

B. 体验市民处理垃圾的方式。

C. 感受城市生活的卫生和便捷。

7. 体验城市的园林、雕塑、建筑等文化。

8. 到工厂参观体验

A. 参观国家(地方)名优工业产品生产线车间。

B. 了解产品的生产、加工流程。

C. 感受现代企业管理文化。

9. 邮递体验

A. 把在城市中的见闻或经历写成书信,寄给你的同学或家人。要写出真情实感。

B. 自己到邮局投递。

10. 到城市名校开展体验活动,感受厚重的校园文化。

11. 到科技馆或少年宫开展体验活动。

12.其他体验

每到一个城市，通过查阅资料或询问老师，首先了解这里最具特色或最具代表性的文化产品、工业产品等。通过参观、访问、调查、采访等形式前去了解。（如：来到临朐城，去奇石馆或奇石市场赏石、品石，感受奇石文化的魅力）

体验形式：

1.写出体验日记。（一、二年级的同学可用图画去记录）

2.写日记与摄影相结合。

3.有条件的同学拍下“视频”日记（或者记下英文日记）。

4.通过“一日城市生活体验”，感受丰富多彩的城市文化，写出体验活动报告。

5.比较农村生活与城市生活的差异，写出你的感想。

在课外实践活动中，家乡的丰富物产、名人名家是亟待开发的宝贵体验教育资源，我们通过开展“走出课堂，了解家乡”、“名家进校园”等社会实践体验活动，用身边的景、身边的人、身边的事，教育身边的孩子，为学生打开了情感之门、智慧之门。学生在一系列的活动中，开阔了视野，增长了知识，有力地促进了良好学习习惯的养成。通过开展体验教育活动，寓教于乐，促进了学生德、智、体、美各方面的发展，让热爱家乡不再是一句空话，而是变成了一种自觉的行动。

（七）搞好假期体验教育，让闲暇生活丰富多彩。制定了不同年龄阶段的体验标准，以实现体验教育的层次化。

（八）大力开展科技体验活动，让学生体验科学探究过程中的合作与交流，培养学生耐心细致、实事求是的科学态度，提高学生的探究能力和科学素养。

总之，通过开展丰富多彩的实践体验活动，让学生把家乡的文化精神深深地烙在心里，让家乡的底色永驻心间。

体验，让品德教育真切而生动

小学思品体验式教学是指通过引导学生联系自己的生活经历，凭借自己的情感、直觉、悟性等，去直观地感受、体味、领悟，从而认识、发现知识，提高道德品质的一种教学方式。思品体验式教学是在学生积极、主动、生动、活泼的体验中完成教学任务、实现教学目标的。

儿童时期是一个人最重要的成长阶段，认识世界和自我，探究陌生与新奇，参与活动与游戏，这一切无不构成一幅幅生动的画卷。只要老师“有心”，家庭、社区、街道、操场以及民俗风情、节假日等都是德育教育的课堂和课程。

2010年“三八”妇女节来临的时候，我们开展了“我的爱，对你说”活动，让学生为自己的妈妈做一件事情，用自己的行动祝贺妈妈的节日，让学生学会关爱他人。

活动设计：爱在“三八”节

在这春意盎然的日子里，我们迎来了一个世界上最美丽的节日——“三八”妇女节。这是全世界所有妇女的节日，更是每一位妈妈的节日。妈妈给了我们生命，给了我们最无私、最纯洁的爱。作为儿女，我们习惯了接受父母给予的无微不至的关怀，可是我们给过父母什么？这个问题你想过吗？“三八”妇女节到了，让我们向辛勤操劳的妈妈说一声：“妈妈，祝您节日快乐！”也许这一声简单的祝福就会让妈妈感动得眼含泪花，让我们给妈妈唱首歌，让我们给妈妈盛一次饭，让我们给妈妈洗一次脚……这一切都是我们爱的表达。同学们，动脑筋想一想，为妈妈做一件事情，让她开心地度过自己的节日！

你想为妈妈做的事情是什么？

你是怎样做的？把过程记录下来吧。

通过做这件事，你的感想是什么？

家长您好，在“三八”节这个活动中，孩子为您做了一件什么事情？请把感想写出来。希望通过这样一个小的活动，让孩子学会关爱别人，让您和孩子走得更近。

活动案例一：

学生：刘雪。

做的事情：给妈妈做了一个精美的卡片。

过程：下午放学回家，我把准备好的礼物藏在背后，让妈妈闭上眼睛。妈妈一睁开眼，见干干净净的桌子上放着一张精致的卡片，妈妈很惊讶，激动地说：“孩子，你长大了！”

孩子的感想：从小到大，妈妈送给我很多的礼物，在妈妈的节日里，我送给她一份女儿的爱，今天的爱比哪一天都浓。妈妈，我爱您！

妈妈的感想：让我最感动的一天。孩子已经11岁了，作为母亲，我和孩子一起体味着成长的快乐。做母亲的每一天都在盼望着，盼望着孩子快点长大。三月八日这天下午，孩子神秘地要我闭上眼睛，我顺从地答应了。只见孩子双手捧着一件礼物站在我的面前，刹那间，我觉得孩子长大了，已经长大了！激动的心里有一种无法表达的感觉。孩子真的长大了，知道关心和爱护妈妈了！此时此刻，所有的辛勤劳动、所有的酸甜苦辣都是甜的。女儿长大了，这是我第一次收到孩子的礼物，一张卡片！这是我过得最快乐、最幸福的一个“三八”节。

案例二：

学生：王玉娇。

做的事情：送给妈妈一张自己绘的画。

过程：放学回家，我就给妈妈做起了礼物。我画了一幅画，今年是虎年，我画了一个虎娃，虎虎生威的样子，手里拿着一束鲜花，我写上了一些祝福的话。

孩子的感想：我希望妈妈每一天都很漂亮，每一天都高兴，我要多给妈妈些快乐和惊喜。

妈妈的感想：今天晚上，玉娇很懂事，帮我干这干那，同时也变得很神秘。她做完作业后不让我进她的房间。过了好一会儿，她对我说："妈妈，你进来！"我看到一幅非常精致的画。孩子甜甜地说："妈妈，祝你节日快乐！"我真是高兴极了。虽然只是一份小小的礼物，但那是女儿的爱。画上还写着：送你一束花，愿你天天美丽，天天开心！

妈妈的感想：我的女儿长大了！我是多么幸福啊！我也祝愿孩子学习进步，快乐地度过每一天。同时也祝愿所有的妈妈幸福快乐。

案例三：

学生：李慧慧。

做的事情：对妈妈说："妈妈辛苦了！我爱你。"

妈妈的感想：今天，孩子放学后，一进家门就对我说："妈妈，你辛苦了，我爱你！"我听了后，很受感动，孩子长大了，懂事了。当知道是老师布置的作业时，实在是太感激了，真诚地说一声："老师，谢谢你们！"爱在"三八"节是一个多么有意义的活动！不在于孩子给妈妈说多少祝福的话，也不在于孩子给大人做多少事，只要让孩子懂得爱父母就够了。虽然孩子的一句话很简短，可这是我收到的最好的节日礼物。我要将这份礼物珍藏起来，直到永远。

案例四：

学生：李强。

做的事情：给妈妈盛饭。

妈妈的感想：吃晚饭的时候，坐在电视机旁看动画片的儿子忽然到厨房里说："妈妈，今天是你的节日，我来盛饭。"看着儿子盛饭时小心翼翼的样子，我觉得儿子一下子长大了，变得懂事了。爱在"三八"节这个活动搞得很有意义，它的价值在于教会了孩子如何去做人。

活动反思：

体验——让道德教育生动真实。

在"三八"节的时候，让学生为妈妈做一件事情，表达自己的爱，没有想到全班学生都用心完成了这个特殊的作业。这个班45个同学中，给妈妈洗脚的6人，说一句祝福话的15人，动手为妈妈做礼物的10人，买礼物的5人，帮助妈妈做家务的9人。

当学生为妈妈过"三八"节的时候，我感觉到孩子对于爱有了更深的理解。在日常生活中，父母的爱看起来很平常，但是当自己亲自去做的时候，才发现爱是那样伟大。许多家长都动情地写下了自己的感受，说得最多的一句话是：孩子长大了！孩子懂事了！

要想提高思想教育效果,就必须回归到现实生活中,与活动有机结合。在活动中,学生真切地体验了爱与被爱的幸福,虽然没有教师的说教,但学生和家长却都获得了发自内心的感动,记忆心中,珍藏久远。也只有真切的体验,才会对学生的成长起到巨大的引领作用。

因此,体验是让德育回归生活的有效途径。

我还利用生活中的多种教育资源,给学生创设各种体验的机会,先后开展了“春节的记忆”“新年的心愿”“缤纷的回忆”“今日我当家”“寻找妈妈的感觉”“一元钱有多重”“祖国在我心中”“走进社区”“节日文化研究”“走长征路,践行长征精神”等十多个主题或节日专题活动。

在思品教学中,通过精心设计和开展系列活动,让学生进行体验。一次次的体验,触动着学生心灵的琴弦,让孩子们弹奏出美丽的人生乐章。通过开展活动,不仅是学生,还有老师,都找到了自己的人生坐标,在塑造学生的同时,老师与学生共同成长。

体验,让语言文本变得如此隽秀灵动

体验是一种最朴素的教育方式,是促进儿童成长的自然“语言”。我在研究实践“数学生活化教学”“思品原生态教学实践”基础上,不断整合、提炼,将体验教育延伸与拓展到语文、英语等其他学科中,体验,让语文、英语这些语言类课程文本变得如此隽秀灵动。

(一)体验,架起语文文本与现实的桥梁

在语文教学中,大胆探索,通过开展主题读书和写体验日记等活动,让文本主题与现实体验活动链接,不断向生活延伸,让学生在感悟中升华精神,实现快乐学语文的目的。注重儿童的已有体验,从儿童的经验出发,引导儿童进入文本的想象世界、情感世界,以儿童的自我体验为契机,引发儿童与文本表达的思想感情产生共鸣。重情感培养,情感是体验生成的动力,文本蕴含丰富的情感,即使是叙述性课文也隐含着作者特有的感情和特定的态度。体验性的课堂注重学生积极情感的激发和调动,让他们把自己的生活经历融入到文本中。借助多媒体设置情景,让学生去体验、感悟。

1.创设情境,使教学氛围与学生文化体验结合起来

所谓创设情境,就是在阅读教学中,教师借助其他手段创设一定的艺术情境和情感氛围,让学生置身其中,使学生获得同感,从而动情,受到感染。小学语文教学尤其需要创设情境,特别是教学那些与学生心理年龄、时代特征有距离的文本或者是带有哲理意

味的文章。如教学《嫦娥奔月》，我创设情境，吟诗叹月，引入课题："同学们，老师将在黑板上写一个字，看到这个字，或许会使你联想起许多诗句，或许会让你回忆起儿时听过的故事……因为在人们的眼里，这个字的含义十分丰富，它有时代表着团圆、美满，有时又代表着忧愁、分离，还有时代表着寂寞、凄凉……它就是'月'字。（板书：月）看到它你想起了哪些千古名句或故事呢？"学生自由回答。我提出一个问题：月亮上有人吗？嫦娥怎么偏偏飞到月亮上去了？今天我们就一起来学习。

2. 回味经验，使教学内容与生活体验结合起来

文本中有许多内容贴近少年儿童的生活，在阅读教学过程中，如果能调动起学生已有的情感经验，就能让学生与文本产生共鸣，达到"物我合一"的境界，从而加深对文本的理解。如教学《黄山奇松》时我是这样导入的：

同学们，你到过黄山么？可能没有。但是你见过松树么？你见过的松树是什么样子的？请你说出来听听。黄山的松树有什么特点？为什么说是奇松？"奇"在哪里？……

3. 启发想象，使教学方法与情感体验结合起来

爱因斯坦认为："想象比知识更重要，因为知识是有限的，而想象力概括着世界的一切，是知识进化的源泉。"生活需要想象，阅读文本也离不开想象，想象是一种虚拟体验。那么，哪些课文应该调动学生想象，让学生在想象中体验情感呢？语文老师说，诗歌教学采用此方法比较好，因为诗歌本身就是想象的艺术。如《长江之歌》，学生要感受长江的宏伟气势和永葆青春的活力情感是有一定的困难的，所以在学生感知课文的基础上边听《长江之歌》这首歌曲，边欣赏课文插图，并思考：你看到了什么？想到了什么？让学生展开合理的想象，引入一个自主驰骋的思维空间，既有利于加深课文理解，又有利于促进学生思维的发展。

我校的语文体验教育表明：教师抓住课堂教学活动的契机，恰当地为学生留出空白，从而启发学生想象，放飞思想。让学生置身于作品之中，透过语言看到生活，获得感悟和美的享受。

（二）体验，让英语教学化枯燥读背为快乐体验

英语教学缺乏语言环境，为突破这个瓶颈，英语老师创设情境，让学生在体验中学单词、学句型，体验英语口语环境。

兴趣是最好的老师，兴趣是学习语言最大的动力，首先要培养孩子对英语的兴趣。

刚开始接触英语时,可以多组织孩子参加一些英语方面的活动,比如唱英文歌、做英语游戏、练习有生活气息的口头对话等。为孩子创造英语环境,培养语感,强化训练,增加接触英语的时间,以扩大语言的输入量。听和读是最基本的训练方法。听读的内容以书本为主,可以预习新知识,也可以复习巩固。随着学生年龄的增长,听读的时间可以延长,内容也不局限于课本。现在电视中有很多的固定少儿英语节目,也有有趣的卡通节目,让学生恰当选择。妙趣横生的卡通形象和情节,很容易被孩子们接受,能调动他们的视、听、说等多种感官,使他们在快乐中学习知识。

1.教学与文化体验交融

(1)创设语言环境。儿童学习语言的特点是在丰富的语言信息环境中,自然地把语法规则内化,从而达到熟练运用的目的。四五岁的儿童虽然并不懂得语法规则,但已能熟练地说话,他们依靠的就是长期在语言环境中潜移默化自然形成的。我们从儿童母语学习经验中得到启发,在英语教学中把营造氛围、创设语境放在首位。教室墙上张贴着形象化的字母表和色彩鲜艳的卡通画,书架上排列着内容简单、趣味性强的英文图画书。浓烈的英语氛围使他们感到新奇、亲切,为随之而来的学习做好了积极的思想准备。

(2)播放英语动画片。在空余时间,利用多媒体播放一些英语动画片,使孩子们在观赏精彩动画的同时,轻松自然地学习英语,同时增强了对英语的感性认识,提高了他们的欣赏力、想象力和创造力,既发展了智能,又丰富了儿童的文化体验。

(3)大力开展英语绘画和"一句话日记""一段话日记"写作活动。让学生一边画图,一边写词、朗读,从而达到画图写词,词连成句,句汇成段,段组成文的学习体验。

(4)给班里的每个学生起上一个英文名字。营造学习外语的氛围,提高学习英语的兴趣。

2.教学内容与学生生活体验交融

人的语言来源于生活,又运用于生活。不联系生活实际,照本宣科的英语教学很难引起学生的共鸣。因此,课堂上教师的主导作用就是有意识地将课本上的内容向实际生活延伸。找寻语言材料与生活的结合点,以教材为框架,以学生的实际生活为内容,以课堂为舞台,使师生进入交际状态。

例如:面包、冰淇淋、牛奶、咖啡等对于许多学生来说并不陌生,让学生结合自己的生活体验,模拟商店的情景,扮演店主和顾客,进行口语交际。利用生活体验,让学生对所学语言产生亲切感,从而激发学生学习英语的兴趣,促使学生学以致用。

3. 教学方法与学生的情感体验交融

在教学中，教师要关注学生的情感，营造宽松、民主、和谐的教学氛围。学生只有对英语学习有积极的情感，才能保持学习的动力并取得好成绩。消极的情感不仅会影响英语学习的效果，而且会影响学生的长远发展。因此，在英语教学中应自始至终关注学生的情感，尊重每个学生，积极鼓励他们在学习中的尝试，保护他们的自尊心和积极性。把英语教学和情感体验有机地结合起来，创设各种合作学习的活动，促使学生互相学习、互相帮助。在教学活动中，教师要从孩子的角度出发，去体验、去感觉，和学生在情感上保持一致。教学方法要有灵活性、趣味性，要有利于激发和培养兴趣。从我们的实践来看，把游戏表演、竞赛等形式引入课堂，收到较好的效果。例如在教人体部位的单词 face、mouth、nose、ear 时，将几个学生叫到黑板前，让他们做"Touch your face/mouth/nose/ear"等动作，做对的，下面的同学说"Yes"，否则说"No"。通过这一游戏，学生很容易地掌握了这些单词。又如在练习 26 个字母时，可预先让 26 个字母的卡片分别放在 26 个同学的手里，让其收藏起来，当老师说：Where is X? 拿 X 卡片的同学将卡片高举过头，大声地读"X! X!"这样调动了学生的积极性，使课堂气氛活泼有序，学习兴趣趋于浓厚，既提高了质量又愉悦了身心。

4. 课外活动与角色体验交融

在教学中，根据学生的年龄特点和兴趣爱好，积极开展各种课外活动，以利于学生增长知识，开阔视野，发展智力和个性。教师有计划地组织内容丰富、形式多样的英语课外活动，如朗诵、唱歌、讲故事、表演、英语角、英语墙报和展览等。学生可以根据自己的兴趣、爱好、特长选择适合自己的活动。教师要根据教材内容设计生活语境，如借学习用品、互相打招呼、问路、上学、回家、道别等内容，让教师和学生扮演里面的角色，使课堂变成了生动活泼的英语交际场所。这样，给学生增添了无穷的情趣，让他们在愉快的氛围中学习英语。再如，让他们扮演童话角色，孩子们如同置身于童话王国之中，童话的魅力给学习带来了活力和趣味。我们利用课余时间编排了童话剧《白雪公主》，通过表演，孩子们体验到角色的热烈情绪，由"被动角色"转为"主动角色"。角色体验不但能促使学生把英语学习和日常生活结合起来，还把所学的知识运用到实际生活环境中，把英语学习变成一种自然的交流活动过程。

在教学中，我校老师灵活地运用多种方式进行教学，充分调动了学生体验学习的积极性，把实践的空间、创造的空间留给孩子，鼓励他们去交流，去感知，去积累，去体验，以促进学生英语综合素质的提高。

构建自己的课程体系,让“体验”不断成长

体验教育是把学生作为学习的主体,亲自参与或置身某种情景中,用心智去感受、关注、欣赏、评价某一事件、人物、环境、思想和情感等,从而获得知识、技能、情感而达到教育目的。体验教育是一种“创设平台—自主体验—教师引导—反思矫正”的过程。其核心价值是:让孩子们在体验中快乐成长。通过开展“活动式体验”“情景模拟体验”“情感交流体验”“参观调查”“角色互换”“观赏式体验”“阅读感悟式体验”“访问式体验”等主题实践活动,让学生“走出”教室,“走出”课本,进行“学习体验”“行为体验”和“内心体验”,参与到社会实践当中,在学习中体验,在体验中成长。

几年来,我大力开展体验教育,让学习生活与广阔而丰富的社会生活链接。通过开展各种活动,培养学生丰富的情感、价值观和品格,为学生铺设了一段通往幸福人生的跑道。体验教育,提高了学生认识社会、参与社会、适应社会的能力;引领学生主动学习,主动实践,主动探究,为学生开辟了一条获取知识的渠道;促进了学生良好习惯的养成。体验教育,让学生在体验中感受生活,感受快乐,让学生在学习中体验自我、成长自我。

在领导、专家的辛勤培育和管理下,体验教育如春雨后的小树开始成长,如何让它长成参天大树?这是我面对并思考的问题。首先要有自己的课程和标准,进而构建课程体系。开发校本课程,在我们山区学校,无模式可循,无范例可鉴,一开始还让人感到有些神秘,后来逐步认识到,校本课程就在我们身边,是触手可及的。我把以前体验教育活动的材料加以整合,先后开发出“嵩山小学特色课程”“数学特色课程”“让家乡成为学生的另一本教科书”“体验教育课程上、下册”“科技体验教育”,还整理了《走在乡间的路上——我的教育生活手记》。在开发课程中,我始终坚持三点。一是目标主导,即校本课程要体现学校的办学特色。二是需求主导,即学生喜欢什么。在编写课程中,我详细了解学生喜欢什么和不喜欢什么,包括喜欢什么样的课程内容和学习方式,喜欢的理由和希望达到的学习目标等,作为我编写校本课程的依据。三是条件主导,即学校能做什么,看现实条件,须量力而行,不生搬硬套。在开发课程中充分发挥了家乡的文化传统、文化资源等方面的优势。

在我的带动下,许多老师根据学科教学特点,也积极开发自己的课程。这些教师中,有老年教师、中年教师,还有刚参加工作的年轻教师。他们的课程包括课程设计、课程实施和课程评价等环节。课程内容都能围绕主题和目标逐步展开,采用的是主题结构和课题结构,突出了个性、准确性和可操作性,呈现出地域性、开放性和生成性的特点。课程的开发促进了学生能力的发展,提升了教师的专业素质,老师们在开发课程中也开发着自己。我们的尝试说明:普通老师也能创立自己的课程。

随着体验教育研究的不断深化和课程体系的日趋完善,参与体验教育的教师越来越

多，我们就建立了“体验教育工作室”，目前我校组建了30多人参加的体验教育特色教师团队，编辑制定了《特色团队工作手册》，制定了章程和徽标。全国知名教育专家、天津教科所所长王敏勤教授欣然为我校的体验教育课程题词、作序并担任研究顾问。这一课题还得到了《人民教育》杂志记者钱丽欣，潍坊市原教育局长李希贵，潍坊市教科院潘永庆、崔秀梅院长、刘德义所长、薛炳群和李秀伟主任等专家领导的高度关注和指导。《农村大众》、潍坊电视台等新闻媒体作了宣传报道，体验教育，促进了教师的专业成长，提高了学校的知名度。体验教育已成为我校的特色品牌和名片。

体验教育花絮：我的体验教育故事

在教学中，要做一个有心的教师，善于发现身边的教育资源。

教育资源无处不在，要学会“拿来”为我所用，我常说的一句话是：“我不会，我会……”

（一）让学生唱黄梅戏

有一天，我无意中听到一个闲谈的话题：学校东面不远处有一位孙大爷，在家里闲来无事，常拉拉弦子，什么吕剧、京剧、黄梅戏等都拉，不少小孩去听。我得到这个消息，真是喜出望外，这难道不是很好的教学资源么？要“拿来”为我所用！我当天就与孙大爷取得联系，要求他给带“徒弟”。他非常高兴，满口答应做这件事情。

我马上挑选了陈雪、翟晓月两位同学学唱黄梅戏，先学唱其中的名段《还家》。两个女同学与老孙是邻居，相隔不远。陈雪声音粗，扮演董永，翟晓月声音细，扮演七仙女，要求利用空余时间学习，并与家长取得联系，请家长接送学生。哪知家长情绪也高涨，翟晓月的妈妈全程“陪学”，还在一旁协助指导。

老孙年轻时是村文艺宣传队的骨干，喜欢演唱，今天是余热生辉，教得非常投入。经过几天的学习，两位同学就熟练掌握了唱词、唱腔和动作。到演出时，老孙亲临现场奏乐，观众中有许多家长，无不拍手鼓掌，连连说：“唱得太好了！”

值得一提的是，通过表演这个节目，我还转化了翟晓月同学，让她从中等生成为优秀学生。原先翟晓月学习和表现并不突出，在班里得不到关注，自此之后，她成为班里的“新秀”，同学们刮目相看，我也借此机会多次表扬、鼓励，她对自己要求越来越高，学习成绩进步很快，仅半年时间，她就超越了自己。

我常想，作为老师，并非只是“传道、授业、解惑”，还应该为每个学生创造成长的机会，学生一旦产生“我能行”的信念，他们就会志向远大，积极进取。

（二）剪纸教学片段

去年春天的一个周日，我到刘梦雪家门前的田地干农活。刘梦雪是我班的学生，每次去干活，家长都端出茶来，非常客气，闲聊一番。这次无意中得知刘梦雪的奶奶很巧，有多种手艺，尤其擅长剪纸。如此教学资源我怎能放过？当时就提出，让她教剪纸，先教刘梦雪。

她听我这么一说，也是非常高兴，连忙到屋里拿出纸和剪刀，现场剪了几个样品让我看，有青蛙、蝴蝶、凤凰等，剪得非常好，线条流畅细腻，惟妙惟肖，让人惊叹。谁说我们没有剪纸老师？"专家"就在眼前！第二天，我马上成立了一个剪纸小组，并制定了学习细则，打印成文，人手一份，安排周六、周日学习。

学生学习时间虽然不长，但是剪得都非常好，还对着县电视台的镜头现场献艺。这几个同学就是班里的剪纸老师，开设剪纸课总算没有问题了。

这样的事例不胜枚举……

目前，体验教育已经成为我校校园文化。2011年在天津召开的全国"高效教学模式"博览会上，体验教育作为创新经验在大会上交流推广。

体验，让学习洋溢情趣，让活动流淌情意，让每个学生全面、和谐、生动地发展，真正感受成长的快乐，感受教育的幸福，

（李守祥）

日记教学：让学生拥有一种受益终生的好习惯

日记，学写日记，学会写日记，坚持写日记是丰厚学生文化底蕴，提高语文素养的有效之路。

我校自2009年开始，在日记教学领域开展了研究。日记有广泛的写作素材，以学生生活为基础，形式灵活，写作随意，有"小作文"之称，但又不受篇章结构的约束。日记教学对丰富学生语言积累、情感积累，提高学生的思维能力、表达能力，有着至关重要的影响。日记教学还能激发学生对周围人和事物的关注，对大自然的亲近，对书籍的热爱，对培养学生观察力、想象力及意志品质和审美情趣的提高有重要作用。同时，日记教学也是解决学生"愁作文，怕作文"的灵丹妙药。这些既是我们日记教学研究的初衷之一，也是新时期大语文教育的必然。

"文以载道"，写日记的过程，也是一种自我反思、自我教育的过程。相对而言，有一种或几种好习惯的人，犯错少、遗憾少，其人生多是幸福的、成功的。坚持写日记者，大部分是生活有规律的人，是善于学习、总结、反思的人。当然，也有因为写日记而走向自我封闭的人，但毕竟是少数。这样的人，不写日记也未必能走出自己的圈子。写日记是很平常的事，但常年坚持下去的并不多。没有相当的毅力，是不可能把日记一直写下去的。鉴于此种认识，我们从低年级起开始写一句话日记、拼音日记、说话日记等培养学生写日记的兴趣，随着学生年龄的增长、日记教学的深化，让学生坚持写日记，既是学生自我反思、不断成长的过程，也是一种意志品质的培养。通过日记教学来强化学生意志培养、习惯培养，是我们日记教学研究的深层目的，也是素质教育的要义之一。

日记能分多少种？

2011年，临朐县举办义务教育内涵发展亮点展评时，我校的"秘密武器"——日记教学，引起了大家的好奇。在我校的日记展室里，众人翻看着各种专题、各种形式的学生日记，热议不绝、叹为观止，久久不愿离去。各学校都开展过日记教学，但对日记的种类可算开了眼界。整个展览室分三部分：第一部分是按形式分的日记集子，有拼音日记、绘画日记、剪贴日记、录音日记、粘贴日记、文字(中文)日记、英文日记等7种；第二部分是按学科分的日记集子，有语文日记、数学日记、英语日记、音乐日记、美术日记、体育日记、综合实践活动日记等 7 种；第三部分是按专题分的日记集子，有节日日记、童话日记、摘抄日记、读书日记、特长日记、旅游日记、观察日记、亲情日记、校园日记、家庭日记、格言日记、环保日记、活动日记、人物日记、景物日记、影视日记、新闻日记、习俗日记等 18 种。

"日记被开发出如此多的种类，可行吗？日记如此分类是否科学？把日记'肢解'成这么多种，让教师怎么教？学生能学得过来吗？"一位参加点评同志问。

对此，学校作了肯定地回答："我们开展日记教学研究时间不长，这些日记形式都是根据日记教学的目标要求和教师们的教学实践总结出来的，并非强行分类、硬性规定。总结出这么多日记种类，是为了让教师们有更好的选择，让学生们有更多的选择。学生在不断成长当中，不同阶段有不同的日记形式。丰富日记形式，也是为了激发学生的热情，让学生把日记坚持写下去。大家只要看一看我们根据学生年龄段和认知规律制定的日记教学目标，对日记开发的种类将有进一步的了解。"

日记教学标准

<table>
<tr><th>年级</th><th>目标要求</th><th>课时安排</th><th>学段目标</th></tr>
<tr><td>一年级</td><td>1. 初步感受日记形式，学写一句话日记或几句话（不会写的字可用拼音代替）。对日记产生兴趣。
2. 用说、写、画等日记形式表达自己想说的话、想做的事，及对周围事物的认识和感想。
3. 学着用读书、听故事、及在生活中学到的词语运用到日记中。
4. 根据日记需要学习使用逗号、句号和问号。
5. 将自己的不同形式日记与同学、老师交流，感受写日记的乐趣。
6. 学会保存各种形式的日记。</td><td>每周两课时</td><td rowspan="2">第一学段：
1. 对日记有兴趣，写自己想说的话，写想象中的事物；写自己对周围事物的认识和感想。
2. 用图画或其他日记形式表达自己想说的话，想做的事，及周围事物的认识和感想。
3. 在日记中乐于运用阅读和生活中学到的词语。
4. 根据日记需要，学会使用逗号、句号、问号和感叹号。
5. 将自己的日记与他人交流，感受写日记的乐趣。
6. 学会保存各种形式的日记。</td></tr>
<tr><td>二年级</td><td>1. 对日记有兴趣，愿写自己想说的话，想做的事，及想象中的事物；愿写自己对周围事物的认识和感想。
2. 能用图画或其他日记形式，表达自己在学校、家庭生活中认识的事物及感想。
3. 在日记中乐于运用阅读和生活中学到的词语。
4. 根据日记需要，学会使用逗号、句号、问号和感叹号。
5. 将自己的不同日记与同学、老师、爸爸、妈妈交流，感受写日记的乐趣。
6. 学会保存各种形式的日记。</td><td>每周两课时</td></tr>
</table>

续表

年级	目标要求	课时安排	学段目标
三年级	1.留心周围的事物，愿意用日记的形式记录下来，逐步提高写日记的自信心。 2.用不同形式的日记表达自己的见闻和想法，注意表达自己觉得新鲜有趣或印象最深、最受感动的内容。 3.愿意将日记读给同学、爸爸、妈妈听，与他们共同分享日记带来的快乐。 4.在老师的指导下，学习修改日记中有明显错误的词语和句子。 5.愿意在老师的指导下，与同学、老师交流写日记的技巧，听取他们的意见和建议。 6.根据日记需要，学习使用冒号、引号。 7.妥善保存好各种形式的日记。	每周一课时	第二学段： 1.留心每天周围的事物，愿意用日记的形式记录下来，增强写日记的自信心。 2.能用不同形式的日记写下见闻和想法，注意表现自己觉得新鲜有趣或印象最深和最受感动的内容。 3.愿意将自己的日记读给同学、爸爸、妈妈听，与他们共同分享日记带来的快乐。 4.学习修改日记中有明显错误的词语和句子。 5.愿意与同学、老师交流日记的写作体会，听取他们的意见或建议。 6.根据日记需要，使用冒号、引号。 7.妥善保存好各种形式的日记。
四年级	1.注意留心周围事物的变化，或有意识的对某一事物进行连续观察，愿意用日记的形式记录下来，增强写日记的自信心。 2.能用不同的日记形式表达自己的见闻和想法，注意把自己觉得新鲜有趣或印象最深、最受感动的内容写清楚。 3.愿意将日记读给同学、老师、爸爸、妈妈听，与他们共同分享日记带来的快乐。 4.尝试着修改日记中有明显错误的词语和句子。 5.愿意与同学、老师交流写日记的技巧，听取他们的意见或建议。 6.根据日记需要，使用冒号、引号。 7.妥善保存好各种形式的日记。	每周一课时	
五年级	1.懂得日记是自我表达和与他人交流的一种好形式。 2.逐步养成留心观察周围事物的习惯，不断丰富自己的见闻，珍视个人独特感受，逐渐拓宽日记视野。 3.写好旅游日记、亲情日记、想象日记等，内容要具体，感情要真实。 4.与同学、老师、爸爸、妈妈进行日记交流，听取他们的意见和建议，增强写好日记的自信心。 5.与同学交换修改日记，做到语句通顺，行款正确，书写规范、整洁。 6.根据日记的需要，学习使用常用的标点符号。 7.有序整理各种形式的日记，并装订成册。	每周一课时	第三学段： 1.知道日记是为表达和与他人交流的一种好形式。 2.养成留心观察周围事物的习惯，不断丰富自己的见闻，珍视个人独特感受，拓宽日记视野。 3.能写好旅游日记、亲情日记、想象日记等，内容要具体，感情要真实。

续表

年级	目标要求	课时安排	学段目标
六年级	1.知道日记是自我表达和与他人交流的一种好形式。 2.养成留心观察周围事物的习惯,不断丰富自己的见闻,珍视个人独特感受,逐渐拓宽日记视野。 3.能写好旅游日记、亲情日记、想象日记等,内容要具体,感情要真实。 4.主动与同学、老师、爸爸、妈妈进行日记交流,听取他们的意见和建议,增强写好日记的自信心。 5.主动与同学交换修改日记,做到语句通顺,行款正确,书写规范、整洁。 6.根据日记需要,学习使用常用的标点符号。 7.有序整理各种形式的日记,并装订成册。	每周一课时	4.主动与同学、老师、爸爸、妈妈进行日记交流,听取他们的意见和建议,增强写日记的自信心。 5.主动与同学交换修改日记,做到语句通顺,行款正确,书写规范、整洁。 6.根据日记的需要,学习使用常用的标点符号。 7.有序整理各种形式的日记,并装订成册。

六岁娃娃也能写日记?

我校从一年级开始日记教学,过去的日记教学,是服务于作文教学,从小学三年级开始的。现在有所前伸,人教版小学语文教材二年级上册编入了日记,第24课编入《日记二则》作讲读课文,意在让学生初步感知日记这一应用文体的特点,对日记产生兴趣,并按日记格式学写日记。三年级上册语文园地四的习作栏目中,要求写一则观察日记。四年级上册的语文园地二的习作栏目中,专门以“作文”的形式来训练观察日记写作。

由此看来,日记教学的起点非常明确,就是二年级。四年级之后的教材未再强调日记教学,估计是认为日记教学比较简单,学生能写作文了,没必要再对“小作文”进行专门强调。但我们不能就此认为,四年级是日记教学和训练的终点。学生对日记的兴趣远远大于作文,还须长年如一地抓下去。日记是没有终点的,那么日记教学的起点,能不能再往前推呢?

有人说日记是最好的文章,是就总体而言,强调的是日记最富真情实感的特点,不是每篇日记都要写成文章,也不可能都写成文章。日记可长可短,哪怕只写一句话,也不能说不是日记。这既是学校领导和教师的共识,也是从一年级开始日记教学的初衷之一。

“今天下雨了!”这是篇学生日记,5个字加1个标点,显然与老师的期望相差甚远。下课后,张晓新老师回到办公室忍不住向同事们“炫耀”起这篇日记来。听着同事们的笑议,她反而笑不起来了。学生写错了吗?没错,今天确实下雨了。这么写不行吗?谁也没规定日记必须怎么写,而且自己在平时的日记教学中,一直鼓励学生不拘长短地写自己的所见所闻所感，能因为学生仅写了一句话，就“言而无信”地对学生大加嘲讽吗？

这件事对我们的日记教学产生了深远的影响。要不是因为这件事，或许我们就没有“一句话日记”“拼音日记”这两个概念。

事实的确如此，我们从此在一年级开始试行日记教学，让学生学着写一句话或几句话的日记，名曰“一句话日记”，目的在于让学生初步感受日记这一形式，对日记产生兴趣。遇到不会写的字，鼓励学生用拼音代替，就此又产生了“拼音日记”。

让学校下定决心在低年级大面积开展日记教学的事，发生在薛光霞老师身上。

2009 年教师节这一天上午，薛老师一进教室，就被孩子们呼啦啦地围住了。孩子们喊着“祝老师节日快乐”，纷纷送上了贺卡、鲜花等礼物。薛老师高兴地说：“谢谢同学们的礼物，如果大家花爸爸妈妈的钱来给老师买礼物，老师觉得不合适，老师最喜欢大家自己做的小礼物啦！”

言者无意，听者有心。下午上课时，孩子们举着一张张卡片又围住了她。孩子们的贺卡上，有的画着一朵花，写着“愿老师像花儿一样越长越漂亮”；有的画着一群小朋友和老师一起玩耍，写着“老师您好”……稚拙的画面，童真的话语，孩子们用自己最喜欢的方式表达了对老师的爱。感动之余，薛老师突发妙想——如果让孩子们写上时间和天气，这一张张贺卡不就是日记吗？

这也是日记？我也能写日记啦！孩子们兴奋地在贺卡上写上时间和天气，有的继续“题字”，有的继续“补画”……

薛老师“灵光一现”，不经意间完成了一次日记教学，我们的“绘画日记”就此而生。

小孩子都有强烈的表达愿望，他们最喜欢、最“擅长”的表达方式就是画画。用画画的方式来激励学生写日记，是一种很好的日记教学方法。在画上“题字”，既是美术教学的需要，也是语文教学的需要。从此，我们学校的孩子们逐渐养成了一种习惯，每次写日记时，都要为日记“配画”。而每次画画时，都要写上几句话，写上日期和天气。写日记与画画并行不悖、相互促进，孩子们热情高涨、乐此不疲。

2010 年 10 月 25 日　周一　晴

今天我用落叶做了一条小鱼。它在水里 yóu 来 yóu 去，还吐了许多小 pāo pāo。鱼身的上方和下方是同学从家里 ná 来的 qín 菜叶，其他的是从菜园里 shí 的落叶。

这是二年级(1)班刘嫒嫒的日记，她在白纸上用树叶拼了条鱼。除了她说的芹菜叶，还有两片叶子。鱼身是一片长条叶，黑乎乎的，像是橡皮树的落叶。鱼尾是片黄叶，大概是法桐叶。

受绘画日记的影响，老师们又开发出了“树叶日记”。这种日记，不仅锻炼了学生的文字，还锻炼了学生的动手能力、构图能力、想象能力。

“说话日记”让人印象深刻——学生说，家长用纸笔或电脑记录。“说”亦不求长短，只要学生乐意说就行。“说”的过程,也是与家长交流沟通的过程。在这一过程中,家长往往下意识地启发、纠正,也算一次作业辅导。查看记下的“日记”,则是一次复习巩固。说话和日记相结合,大大降低了低年级学生写日记的难度,解决了低年级学生会说不会写的难题。

说话日记、拼音日记、绘画日记等“一句话日记”,彼此相通,难分你我。这几种形式,都是基于学生的兴趣,基于学生的基础。低年级学生识字量少,一下子让他们“写日记”很不现实,只能一句两句地去“写”。写不出的字用拼音来代替,这种汉字夹拼音的日记形式,可以巩固学过的拼音和汉字,可谓一举多得。要求孩子们每天写一两句话,话不在长短,贵在真实,贵在坚持。

日记课该怎么上?

日记有这么多种形式,在课堂中如何教呢?我们对日记教学的课型也进行了探索,总结出四种基本课型。

一、基础引导课

基本教学过程:激趣—感受—指导—尝试—点评—练习。该课型重在日记格式、日记形式的指导和日记兴趣的培养。

二、技巧指导课

基本教学过程:定向导入—积累表达—方法指导—内化应用—点拨评价—自主练习。写日记需要有技巧,各种专题的日记都有自己的特点,因此在导入时就需要定向导入。该课型重在方法指导,如日记叙述顺序的安排技巧,素材的选择技巧,过渡的技巧,开头、结尾的技巧,各种专题日记内容的技巧等。

三、赏析评导课

基本教学过程:激情导入—佳作呈现—自主赏析—合作分享—集体评议—反思提升。该课型针对不同学段,侧重点不同。低年级的赏析评导课,由老师选择学生日记进行评导。中年级的赏析评导课,由老师教给学生赏析评导的方法,由学生尝试赏析点评同学日记。高年级的赏析讲评课,教师可以完全放手让学生自我赏析,自我讲评。如此训练旨在达到日记教学的最高目的,既培养学生的鉴赏能力,又提高学生的评改水平。

四、交流展示课

基本教学过程:创设情境,主题导入—小组交流,佳作推荐—班内展示,集体赏析—总结评点,深化主题。该课型以主题展开进行为佳,是对某一主题的日记在素材、方法等方面的集中交流展示,可拓宽学生视野,深化情感体验,达成教育目的,提升学生综合素养。

吴虹的观察式日记引导

吴虹老师认为，学生在写日记时无话可说，是因为“胸无成竹”，没有养成观察身边人、思考身边事的好习惯，眼睛缺少发现，大脑缺乏思考。

刚上二年级时，不少家长给孩子买了新文具盒。有个女孩的文具盒很新颖，她经常拿出来摆弄，有时上课时也忍不住摆弄。李老师没有批评她，而是巧妙地予以引导：

师：你的盒子真漂亮，能对大家介绍一下吗？

生：（很高兴地看着自己的盒子）快开学的时候，妈妈给我买了这个新铅笔盒，是在华兴超市买的。这个盒子是紫色的，上面画着我最喜欢的美少女战士。盒子有两层，上面一层是放铅笔的，旁边还有一个铅笔刀；下面一层是放橡皮和其他东西的，我很喜欢它。

师：你说得真好，快把你刚才说的话写下来，不会写的字就用拼音，这可是一篇很好的观察日记啊！

生：（很高兴地看着老师，眼里有惊喜，脸上有疑问）

师：（一脸笑意，双眼含笑地用力点了点头）

生：（如释重负地坐下）

众生：哇噻，日记原来这么简单呀！

谭明芹的续写式日记引导

谭明芹老师说，就好像看电视连续剧，我要求孩子们持续关注一件事物的发展，写下他们发现的变化，便形成了续写日记。这样写日记的好处是，既不用为写日记的题材犯愁，又能培养孩子们有始有终做事情的好习惯。

今天回老家，看到奶奶养的大灰兔生下了一窝小兔子。刚生下的小兔真小，没有长毛，肉嘟嘟地挤在一起，眼睛也没有睁开，看着它们这么小，我真着急，它们什么时候长大呀。

看完这篇日记，谭老师找到这名学生说：“你别急，兔子长得很快，等下周你再回老家时，小兔肯定就变大样了。老师可喜欢小兔子了，下周回家时，再把你看到的写下来好吗？老师也很想知道你家的小兔是什么样子的。”

学生高兴地答应了，第二周果然又写了小兔的日记：

今天是星期六，我和爸爸、妈妈回老家。一到家，我就跑到屋里让奶奶把小兔子抱过来看。呀！真和老师说的一样，它们变了，不是肉嘟嘟的了，都长出毛来了！三只小灰兔，还有两只小白兔，真可爱！

……

孩子在快乐中记载了小兔的成长，他的日记也和他的快乐一起成长。这样写日记，孩子们乐在其中。每有精彩日记出现，哪怕出彩的仅有一两句，谭老师都当堂奖励。孩子们都期望自己的日记能得到老师的肯定和奖励，写作兴趣愈发浓厚，再也不愁写日记了。

赵玉荣的兴趣式日记引导

引导学生根据自己的爱好和兴趣写日记，最易被学生接受和认同，写出的日记也容易“出彩”。

挖掘机可真厉害呀！它像一个大大的机器人，有一条长长的“手臂”。它的力气可真大呀！无论多么坚硬的土地，只要它伸出长长地“手臂”，用它的铁手轻轻一挖就挖开了。不一会，它挖的土就堆成了一座小山。

赵玉荣老师说：“前一阵子，我们学校门口搞建设，有台挖掘机在那里工作，我们班的一个小男孩对它很感兴趣，我让他课间去观察一下，结果他很快就写出了这篇日记。”

学生对观察对象产生了兴趣，只要稍加引导，就能够把观察到的说出来、写出来。有时候可能语言不够顺畅优美，但学生的情绪是高涨的，写出的日记不管长短，一定是真实的。长期引导，学生就会在不知不觉中产生写日记的兴趣，让孩子爱上日记的目的也就达到了。

刘玉琴的经历式日记引导

中高年级，学生的语言表达能力明显提高，情感、思想等逐步丰富，具备了写“大日记”的条件。布置作文时，刘玉琴老师还是喜欢布置“日记”，只不过让学生把日记加上个题目。每次对日记、作文进行评析时，她特别爱表扬学生的“亲身经历”。在她的一再“利诱”下，学生的写作越来越有真情实感。下面这篇日记，是六年级(2)班的张立坤写的。

2010年10月8日　星期五　晴

一支雪糕

以前，南环路口旁有一家小饭馆，爸爸经常带着我和他的朋友去那里吃饭。老板娘是一位和善的中年妇女，她高高的，胖胖的，脸上时常挂着微笑。我和她挺熟的，每次去我都是她的“跟屁虫”、“小儿子”。

一天晚上，爸爸对我说，中午带我和房叔叔去南环路的小饭馆吃饭。爸爸说话向来是不负责任的，而天真的我竟相信了他。

第二天中午，我左等右等也没有等到来接我的大人。我想爸爸可能忘记来接我了，他经常忘记来接我的，现在他可能已经坐在饭桌前与他的朋友聊天呢。决定后，我的“徒步大行动”开始了。

一开始，我雄赳赳、气昂昂地走过了骈邑路和弥河桥，快到弥南中学的时候，我渐渐变了：矫健的步伐成了拖沓的脚步声，高高昂起的头耷拉下去，小书包成了一个最大的负担。加上天太热，我又穿着毛衣，累得我满头大汗，一位好心的大娘看见我的狼狈相，就帮我把身上的毛衣脱下来了。在我坚持不懈的努力下，我终于到达了目的地——金源饭庄。我满怀希望地问老板娘，爸爸是否在这里，而得到的答案却令我大失所望：没在这儿！我再也忍不住了，“哇”的一声哭出来了。我之所以能走到这儿，是因为信念支持着我。老板娘见我哭了，急忙安慰我，并留我在她那儿吃饭。随后，她又拨通了奶奶家的电话，告诉爷爷奶奶我在这儿。不一会儿，爷爷奶奶就来了，在千恩万谢后，把我接走了。走之前，老板娘还塞给我一支雪糕。

如今，以前的小饭馆因拆迁的缘故早已移（夷）为平地，然而那支雪糕却留在了我的心中……

刘玉琴老师说，这篇“日记”写得不错，但她更看重的是学生的亲身经历。日记中的路、桥、弥南中学、金源饭庄都是真实存在的，那天下午上学张立坤迟到了，他爷爷还专门打电话向她解释过。

另外，我校还把“日记人生”作为日记教学的深化措施之一。日记人生是指学生从学写日记到会写日记，继而养成坚持写日记的过程。这个过程主要包括日记记录人生、日记指导人生、日记影响人生、日记改变人生，这是日记教学深化的必由之路。在小学阶段，学生通过日记记录人生这个过程，不断渗透日记指导人生，浸润日记影响人生，生成日记改变人生这个探索目标，只有坚持这个探索目标，日记教学才有不竭动力，才有创新和发展。

日记人生的表现载体主要是成长日记和反思日记。

成长日记。成长日记主要是中年级学段（3—4 年级）日记教学深化的载体，它是在低年级学段学生掌握一定写日记的知识、能力以及对写日记感兴趣的基础上，用各种表现形式记录自己成长过程，从不同侧面反映学生成长中的喜、怒、哀、乐，在与家长、老师、同学的交流过程中体验日记指导人生、影响人生带来的乐趣。成长日记，三年级间周一篇，四年级每周一篇，学年度末装订成册。

反思日记。反思日记主要是小学高年级学段（5—6 年级）日记教学深化的载体，学生在中年级学段写成长日记，体验日记指导人生、影响人生的过程中向日记改变人生转化。这个转化载体主要是“反思日记”，反思日记可从一件事、一天的课堂生活或家庭生活以及社会见闻中反思自己的认识、体验与感受，从中悟出一些真情实感，对社会的复杂、人生的艰难有初步的正确的认识，为学生良好思想品质的培养和行为习惯的养成打好基础。五六年级间周一篇成长日记，一篇反思日记，学年度末装订成册。

每名学生都有“自传”？

我校日记展室里“珍藏”的每册日记，都像一本书，封面是学生自己设计的，序言是老师写的，只是没后记罢了。内文用纸多是学校统一印刷的学生日记专用纸，装订整齐。

日记能入“书”，这对学生来说，是一种极大的荣耀，更是一种极大的激励。对落选者,则是一种极大的刺激。由此生发的一个小故事,颇耐人寻味。

一天,三年级(1)班黄××的家长向张继霞老师反映说:“孩子回家就抹眼泪,好心好意问了几句,竟把他惹恼了,冲我咬牙瞪眼,一跺脚,关门写字去了……等孩子睡了,我偷偷看了他的日记,才知道是怎么回事,心里很不是滋味。孩子这么要强,下一次要是选不上可怎么办?”

张老师解释说:“学校头一次办日记展,不可能把每名学生的日记都选上。如果让孩子觉得入选太容易了,不见得是好事。学校决定了,一学期举办一次日记展,尽量提高学生的入选面,有的学生可能次次入选,甚至一次入选多篇,有的学生可能两次甚至三次选一篇。”

听了黄××家长复述的日记内容后,张老师想办法让黄××把那天晚上的“私密”日记“贡献”出来,当众进行了点评:“黄××同学这篇日记,是我见到的最好的日记!嬉笑怒骂皆成文章,这是写作的最高境界。这个同学对学校、对老师有意见,心里怎么骂就怎么写,写得非常痛快!”在学生的哄笑声中,张老师接着说:“写日记就是要写出自己心里最真实的话,在日记中为什么不能骂人?老师不怕你们写骂人的话,就怕你们连骂人的话也写不好!”

这样引导学生写作,是因为事先沟通好,课堂引导好,黄××没有感到一丝尴尬,同学们也没取笑他,他反而“因祸得福”,懂得了一种为文之道。

正因为了解学生的“攀比”心理,我们学校的日记展览室才紧紧抓住了学生们的心,不断激发着学生写日记的热情,不少学生渐渐养成了坚持写日记的好习惯。

我们创办日记展览室的另一个目的,是引导学生养成保存日记的习惯。我校在日记教学目标中明确提出:一、二年级学会保存各种形式的日记,三、四年级妥善保存好各种形式的日记,五、六年级有序整理各种形式的日记,并装订成册。老师们对此显然有深刻的认识,每学期末都指导学生分类整理、装订日记,让学生把自己的日记“打扮成一本书”。然后拿出一节课,让学生们相互传看自己的“书”。尤其是学生的自我欣赏,像放电影一样“看”自己的过去,对强化日记习惯的养成起到了至关重要的影响。倘若一年一本“书”,生命有多少个年轮就有多少本“书”,这不就是“自传”吗?“自传”并非名人的专利,普通人几十年的风雨历程也是一本“大书”。

学校将这些日记长期保存下去,一学期添一批,每个学生毕业时,至少留下三篇日记,低、中、高每年级段一篇。不管过去多少年,每名师生都能在学校里找到自己的影子、看到自己的足迹!长期保留学生的日记,既是一种档案资料,也是积淀学校文化、厚重学校历史的一种好方式。

日记,有很高的史料价值。普通人的日记,是历史的细节。透过一个普通人几十年的日记,可以清晰、鲜活地看到历史的变迁。对名人的研究,对史上大事的研究,更离不开日记。当然，我们不是要培养学生都成为名人，但绝不能否认我们的学生中出不了名人。从这个意义上说，我们对日记教学的开拓，利在当下，功在百年。

日记教学的研究与深化，学生的观察能力、思维能力和语言表达能力有明显提高，日记水平的提高初步解决了学生“愁作文、怕作文”的问题。同时，学生在日记记录人生、日记指导人生、日记影响人生、日记改变人生和过程中，个人潜质得到开发，情感价值观得到塑造与提升，语文素养和综合能力初步彰显。我校的日记教学研究获得临朐县教育创新奖，《临朐教育》对研究作了报道引起了县内的广泛关注，《山东教育》以“这里的孩子都爱‘写’自传”为题作了报道。

今后，我们将进一步丰富各年级日记教学内容，挖掘日记与人生教育的内涵。开发并形成富有特色的日记教学校本课程。遵循学生的年龄特点和认知规律，让每一名学生都拥有一种受益终生的爱写、乐写、会写日记的好习惯，全面提高学生的习作水平，达到随时命题即时成篇的目标要求，提升学生的综合素养。

（朱西岳　王欣）

主问题教学:一问激起千层浪

1989年,当我踌躇满志地走上人民教师这一工作岗位时,我就下决心要成为一名学生喜欢的语文教师。在认真的备课、上课、听课、学习、反思过程中,我发现许多老师的课堂存在一个弊端:课堂提问既多又乱,多是随意的连问、简单的追问和习惯性的碎问,出现“脚踩西瓜皮,滑到哪里算哪里”的现状。一堂课下来,老师讲得卖力,学生学得吃力,回头问问,学的是啥都不清楚,更不用说自己独立阅读理解文章了。

怎样才能做到课堂既简约又高效?这成了我长期以来不断思考的问题。

经过不断的摸索、实践,我发现“主问题教学法”是一种良好的教学方法,它能够简化教学程序,优化教学效果,深化教学内容,能提高教学效率,活跃学生思维,是实现语文教学轻负担高质量的良好途径。一节课上,只要抛出一两个有价值的主要问题,然后激发、引导学生积极主动地去发现、去分析、去探究、去争论,就能使课堂变得既简约又高效。

“主问题教学法”,就是以提炼主问题,并围绕主问题组织教学的一种课堂教学方式,是相对课堂上提出的问题多、乱、肤浅而言的。

一石冲破水中天

《草原》是著名作家老舍的名篇,文美、情真。这篇文章传统的教学思路,大都是让学生读读背背,再分析分析结构,然后再根据文末的“蒙汉情深何忍别,天涯碧草话斜阳”来升华一下民族团结的主题。

我在教学这节课时,经过反复对比、思考,向学生提出了一个精心设计的主问题:“你认为草原的美在何处?仔细阅读课文,寻找依据来证明自己的观点。”

这个有挑战性的问题,一下子激起了学生的兴趣,学生的回答妙语连珠、精彩纷呈,恰如投石击破水中天。

生:“我认为草原美,美在草原的奇丽景色。——天底下,一碧千里,而并不茫茫。四面都有小丘,平地是绿的,小丘也是绿的。羊群一会儿上了小丘,一会儿又下来,走到哪里都像给无边的绿毯绣上了白色的大花。那些小丘的线条是那么柔美,就像只用绿色渲染,不用墨线勾勒的中国画那样,到处翠色欲流,轻轻流入云际。”

生："我认为草原美，美在热情好客的人—— 忽然，像被一阵风吹来的，远处的小丘上出现了一群马，马上的男女老少穿着各色的衣裳。群马疾驰，襟飘带舞，像一条彩虹向我们飞过来。这是主人来到几十里外欢迎远客。见到我们，主人们立刻拨转马头，欢呼着，飞驰着，在汽车左右与前面引路。静寂的草原热闹起来：欢呼声，车声，马蹄声，响成一片。车跟着马飞过小丘，看见了几座蒙古包。……主人们下了马，我们下了车。也不知道是谁的手，总是热乎乎地握着，握住不散。大家的语言不同，心可是一样。握手再握手，笑了再笑。你说你的，我说我的，总的意思是民族团结互助。"

生："我认为草原美，美在盛情款待的人情——奶茶倒上了，奶豆腐摆上了，主客都盘腿坐下，谁都有礼貌，谁都又那么亲热，一点儿不拘束。不大会儿，好客的主人端进了大盘的手抓羊肉。干部向我们敬酒，七十岁的老翁向我们敬酒。我们回敬，主人再举杯，我们再回敬。这时候鄂温克姑娘们，戴着尖尖的帽子，既大方，又稍有点羞涩，来给客人们唱民歌。我们同行的歌手也赶紧唱起来。歌声似乎比什么语言都更响亮，都更感人，不管唱的是什么，听者总会露出会心的微笑。"

生："我认为草原美，美在人们愉快联欢——小伙子们表演套马，摔跤，姑娘们表演民族舞蹈。客人们也舞的舞，唱的唱，并且要骑一骑蒙古马。太阳已经偏西，谁也不肯走。"

生："我认为草原美，美在人们之间的深厚感情——'蒙汉情深何忍别，天涯碧草话斜阳'啊！"

……

在热烈的辩论中，学生深入阅读并理解了课文，哪里还需要我再去分析草原的自然风光和人们的热情好客呢？此时，我精心设计的主问题，就像放风筝的线一样，牵引出学生思考的深度和高度。

领导听完课后是这样评价的："这样的课堂是高效的，因为它很好地解决了学生主体与教师主导相结合的问题，剔除了教学中的无效环节，达到了低耗高效的效果，激发了学生主动去分析，去探究的学习兴趣，使他们不拘泥于对教师和标准答案的依赖，而是自己主动去发现、去学习。"

拨开了迷雾，我如饥似渴地学习新的教育教学理论，抓住每一次外出学习的机会，并不断在教学中实践、总结、反思、改进。

三推六问成效显

采用"主问题"教学，问题的筛选是实施高效教学的关键。从哪儿入手？如何寻找涵盖全篇的"主问题"？如何引导学生走进文本、提出有价值的问题？在不断地教学实践中，我逐渐摸索出了一些心得：

一、问前准备

1.要了解学情。采用主问题教学,必须在问题设定前充分关注主问题的解读者,他们的知识储备和学习能力直接关系问题设置的成败。难度过高、过低或过于宽泛都会削弱主问题作用的发挥,直接影响到教学效果。要在了解学生学情的基础上设计对学生有吸引力、学生感兴趣的主问题。如在教学《梅花魂》一文后,可以设计这样一个情节问题让学生去思考,并尝试着写一写:外祖父终究没有回到让他魂牵梦萦的故土,但他那颗眷恋祖国的心,却随着墨梅图和绣有血色梅花的手绢回到了家乡,如果你有幸见到了这幅墨梅图和手绢,怎样向人们介绍它们?如在诗歌《太阳的话》教学中,我设定“诗中借太阳抒发了怎样的感情”为主问题,这个问题是让学生通过自主朗诵找出关键句子,来体会感情线索的。在自读中学生能较准确地把握“温暖”“花束”“香气”“露水”等色彩鲜明的感情,但对太阳的象征意及抒发的思想感情却不能全面认识,只能由教师来概括归纳。这说明在提出一个问题时必须立足学生实际情况,围绕问题作必要的背景补充或提示,根据学情、文本来设计问题,有效利用课堂时间,否则会弄巧成拙。

2.要大胆取舍。事实上,一篇文章可讲的东西很多,如了解背景、感知内容、理解层次、品味语言、探究中心、拓展延伸等等。想面面俱到必然会因教学时间的限制而演变成“蜻蜓点水”,浅尝辄止。所以,要视教学重点、难点来大胆取舍。如《桥》一文,如果泛泛而教势必会影响到学生对文章的认识和理解,使一篇美文支离破碎,所以我只提出了“置换题目”的主问题,这个问题让学生从整体理解课文内容的基础上,理解“桥”这一意象的含义与线索作用,体会设题的妙处,效果较好。

二、寻找关键点

寻找主问题应从哪里入手呢?

1.从文章的题目入手。如《永生的眼睛》:为什么说眼睛是永生的?再如《北京的春节》:北京的春节是怎样过的?

2.从文章的结构入手。这有助于学生整体感知课文的内容,把握文章的结构特点和写作思路,从而提高学生整体感知文章内容的阅读能力,提高学生分析理解文章的能力。如教学《圆明园的毁灭》时,在课文教学进行到一定的程度时可以设计这样一个问题:题目是圆明园的毁灭,而文章却用了大段篇幅写圆明园昔日的辉煌,为什么?

3.从文章的语言入手。如:优美、含义深刻的词句,细致的人物语言、动作、外貌、神态描写。如教学《斑羚飞渡》时,可以设计这样一个问题,文中有一句话"那就是一座用死亡做桥墩架设起来的桥",怎样理解这句话?再如在教学《难忘的一课》时,可以设计这样一个问题,文中有一句话"我是中国人,我爱中国"反复出现,作用是什么?

4.从人物形象入手。如:在教学《跨越百年的美丽》时,设计这样一个主问题:"居里夫人的美丽表现在哪里?"

20世纪最伟大的科学家爱因斯坦曾经说过这样一句话:"提出一个问题往往比解决一个问题更重要。"在不断的教育教学探索实践中,一个个疑问困扰着我,追根问底、反思实践就成了我的常态功课。我逐渐有了更全面的认识。

三、注意事项

1.有些文章的主问题可以不止一个。如《卖火柴的小女孩》,就可设计两个主问题:一是卖火柴的小女孩是怎样的一个小女孩?学生围绕这一问题,从现象到本质阐明了自己的观点,对课文的主要人物就有了一定的认识。之后提出第二个主问题:文章最后"她们在光明和幸福中飞走了。越飞越高,真的到了没有寒冷,没有饥饿的地方。新年的早晨,人们看到小女孩仍坐在墙角里,她双颊通红,脸上带着幸福的微笑。可是,她已经死了,冻死在圣诞节的夜晚,她手里仍握着一把烧过的火柴梗"。句中两个幸福含义相同吗?一堂课仅用两个问题,便领起了整个课堂,生出万般精彩。学生在这两个问题的牵引下激发出了思维的火花。

2.提出的问题要鲜明、凝练、去粗存精,避免琐碎繁杂。如《桂林山水甲天下》,"甲"在哪里,怎样写"甲"?《跨越百年的美丽》美在哪里?如《船长》一课,为了达到让学生走进成人的内心世界,体会成人的内心想法,理解船长身上那高度的使命感、责任感这一情感价值观目标,那就得在巧设情境上作文章,设计主问题,如:结尾处"哈尔威船长,他屹立在舰桥上,一个手势也没有做,一句话也没有说,犹如铁铸,纹丝不动,随着轮船一起沉入了深渊。人们透过阴惨惨的薄雾,凝视着这尊黑色的雕像徐徐沉进大海",为什么说"船长像一尊黑色的雕像"?

3.主问题提出后,教师应组织起积极有效的教学活动,或讨论探究,合作交流,或让同学们独立思考,表达见解,或批注点拨,斟酌成文。作为引导者的教师应留给学生充分质疑发问的时间,及时点拨调控,指导学生在有限的学习时间内掌握解决问题的方法。

4.采用"主问题教学法"教学有一个循序渐进的过程,作为教师不要急于求成,要慢慢地引导学生认真读书,学会发现文中的问题,并试着解决问题。

四、提炼教学流程

(一)看课题或初读课文,发现主问题。

有些课文在标题中就包含着主问题,如《最大的麦穗》,学生很容易就能够发现主问题,并针对课文标题提出主问题。

(二)精读课文,筛选主问题(或由教师直接提出主问题)。

有些课文不容易发现主问题,就要从面里寻点,通过引导学生精读课文找出相关问题,进行筛选。

1.学生精读课文,边读边画,画出自己的疑问、自己的收获,然后整理出自己以为最有价值的问题、收获。

2.带着疑问,带着收获,分小组交流收获,共同提高。同时发挥小组同学的智慧,解决疑问,完善答案,筛选出小组内最有价值的问题。

3.带着问题再读书,再思考。小组内同学集思广益,共同解决,小组内成员达成共识,然后班内交流。在交流的同时,其他的小组可以对其答案进行补充、争论,教师适时点拨,同时筛选出全班最有价值,需要深入探究的主问题。

如教学《地震中的父与子》时,学生精读课文交流看法,各小组筛选出最有价值的问题,经过全班交流,最后筛选出主问题:"文末有一句话:这对了不起的父与子无比幸福地紧紧拥抱在一起。课文为什么说这是一对了不起的父与子?"

(三)交流探究,解决主问题。

筛选出主问题后,再把主问题抛给学生。让学生再次浏览课文,引导学生重点品读某些段落或句子,通过多种方式进行交流、探究,教师点拨,完善答案。作为引导者的教师应留给学生充分思考、交流、讨论、探究的时间,及时点拨调控,指导学生在有限的学习时间内掌握解决主问题的方法。

如在学习《金色的脚印》时,师生共同发现、筛选出主问题:文章结尾"迎着耀眼的朝阳,狐狸们的脚印,闪着金色的光芒,一直延伸到密林深处"这句话中,"狐狸的脚印,为什么会闪着金色的光芒"?为解决这一主问题,我设计了以下三个环节

1.精读课文,把握情节,了解人物,理解主题。找出你感受最深的地方,说明理由。

通过朗读,交流探究,让学生了解人类对其他生命的珍重与爱护,体会动物之间生死相依的浓浓亲情,歌颂爱的伟大,懂得人与动物要和谐相处,从而理解主问题。

(各小组交流探究,派一代表在全班展示组内成果)

2.观看课件。

启发想象理解"金色的脚印"的含义。

3.(抓住时机引导)请同学们回忆上学期学过的以"金色的××"为题目的课文。

运用前后知识联系理解:“狐狸的脚印,为什么会闪着金色的光芒”?

这样,整堂课以文章结尾“迎着耀眼的朝阳,狐狸们的脚印,闪着金色的光芒,一直延伸到密林深处”这句话中“狐狸的脚印为什么会闪着金色的光芒”这一主问题为切入点,“一问激起千层浪”,在自主高效、轻松愉快的氛围中,学生主动参与到学习中来。培养了学生发现、筛选、分析、解决主问题的能力,促进了学生的自主学习,实现了师生间的良性互动,学生真正成了学习的主人,把语文课堂还给了学生,提高了教学效果。

(四)围绕主问题,设计训练,巩固提高。

围绕本节课的主问题进行有目的、有针对性地设计训练,分达标训练与拓展训练,以巩固提高。

再如学习了《卖火柴的小女孩》后,让学生挥动起想象的翅膀,采用虚实结合的写法,改写文章结尾,做个小小童话家。

(五)总结方法,探索、寻找解决主问题的规律。

现行教材大都是以单元专题进行编排,在教学中可以以一篇课文为例,通过引导学生发现主问题、筛选主问题、探究主问题、解决主问题、围绕主问题进行训练,总结方法,探索规律,达到举一反三、触类旁通的目的。通过让学生谈收获,谈经验,进行方法、知识梳理。教师帮助学生归纳、概括规律,让学生逐渐掌握自主学习其他同类文章的方法,提高学生的自学能力及语文综合素质。

如学完《地震中的父与子》后,通过解决主问题“课文为什么说这是一对了不起的父与子”,师生共同归纳出描写人物的方法,通过外貌、语言、动作描写刻画人物,学生依据此方法自学了本单元的后两篇课文《慈母情深》《学会看病》,效果不错。

学完《金色的脚印》后,拓展阅读毕淑敏的《仅次于人的动物》一文,学会自己发现、解决主问题。

案例:

《金色的脚印》课堂实录

教学流程

(一)激趣交流,导入新课

师:同学们,在你们心目中,你对狐狸有什么印象?【出示幻灯片1】

生:(交流对狐狸的印象,讲狐狸的故事)

师:看来狐狸在你们心里印象很差,今天我们来学一篇关于狐狸的故事的文章,学了以后,我想你会对狐狸的印象有所改变。【出示幻灯片2】

(二)出示课题,提出疑问

(师板书课题,生齐读课题)

师:看到课题,你的脑海里会闪现出一些什么问题?

生：谁的脚印？

生：为什么说脚印是金色的？

生：课文讲述了什么事？

师：同学们真会提问题，你们提出的这些问题，正是我们这节课要解决的问题，相信大家一定能开动脑筋自己读书解决这些问题。【出示幻灯片3】

（三）精读课文，自读自悟，解决疑问，筛选主问题【出示幻灯片4】

生：（自由读书，批注勾画）

师：巡视，了解学生的学习情况。

1. 师：同学们读书的习惯好，边读边批注，你们都读懂了哪些问题？

（生自由汇报）

生：这篇课文讲述了一个人与动物的故事：小男孩正太郎的佣人从山里捉回一只小狐狸，两只老狐狸想尽办法要救小狐狸出去，冒着生命危险住在正太郎家里的地板下面照顾小狐狸，并和十分同情小狐狸，偷偷给老狐狸喂食的正太郎建立了亲密信任的关系。后来小狐狸被送给邻居，正太郎为要回小狐狸，不慎掉下悬崖，两只老狐狸救护了严寒中昏迷的正太郎。最后，正太郎要回了小狐狸，和爸爸一起把它放回了山里，狐狸一家终于团聚并回到树林中。

2. 请同学们按自己的理解填充内容【出示幻灯片5】

课件出示

老狐狸为救小狐狸做了——事？（引狗、咬链、喂奶、做窝、咬木桩）

正太郎为救小狐狸做了——事？（投食物，要回小狐狸）

老狐狸为救正太郎做了——事？（正太郎失足掉下悬崖，老狐狸救正太郎）

3. 小组合作替老师设计板书

师：谁来回答第一个问题？

生：是狐狸的脚印。

可是，老师我不明白，文章的结尾"迎着耀眼的朝阳，狐狸们的脚印，闪着金色的光芒，一直延伸到密林深处"，这里"狐狸的脚印，为什么会闪着金色的光芒"？

师：好，这个问题提得好。

师：同学们真会读课文，那谁来回答他这个问题，实际上也就是刚才的第二个问题：脚印为什么是金色的？

（没有人举手）

师：这个问题也就是我们这节课需要解决的主问题，理解了这个问题也就理解了本文。

(四)交流探究,解决主问题【出示幻灯片6】

请同学们再读课文,思考"狐狸的脚印,为什么会闪着金色的光芒"。

看看文中哪些地方你感受最深,为什么?

(设计本题的目的,通过朗读,交流探究,让学生了解人类对其他生命的珍重与爱护,体会动物之间生死相依的浓浓亲情,歌颂爱的伟大,懂得人与动物要和谐相处,从而理解"脚印为什么是金色的"这一主问题)

(各小组交流探究,派一代表在全班展示组内成果)

生:"只见一只大狐狸正冲着秋田狗大摇大摆地走过来,它嘴里还叼着一只哆哆嗦嗦的鸡。秋田狗猛地扑过去,老狐狸迅速地转身逃跑了。"(调虎离山,大无畏的勇士精神,对孩子深切浓厚的爱,聪明)

生:"小狐狸一见老狐狸,就不停地哼叫着,用鼻子蹭着老狐狸的身子。它很想跟着老狐狸走,但是迈出两三步就被铁链拽住了。这样反复了两三次,老狐狸才发现了铁链,它用牙齿拼命地咬,费了好长时间,才明白过来,这样做是徒劳的,于是就卧在地上,给小狐狸喂奶。"

(依恋、求救、难舍 救子心切)

生:光秃秃的柞树林上边,露出冷清清的月亮。小狐狸孤零零地坐在窝里,仰起脖子号叫着。那是一种清脆的、悲伤的声音。

(离开妈的小狐狸,好可怜。我都有点同情它了)

生:正太郎决定给饿着肚子的老狐狸投送食物。每逢家里做过油肉、炸豆腐什么的,正太郎就留一些,扔进地板下面,并且每天把一杯牛奶倒在一只铁碗里。

("每逢、每天"正太郎对老狐狸的细心照顾)

生:过了一个月,老狐狸和正太郎熟悉了,小狐狸一见正太郎,也会用它那粗糙的粉红色的舌头柔和地舔他的手。有时家里没有别人,正太郎的屋门就会轻轻地响一声,那两只狐狸从稍稍拉开的门缝进来,舔正太郎的手,轻松自在地在屋里踱来踱去。

(正太郎的关心和帮助,才使狐狸与人越来越亲昵、亲密、信任,建立起深厚的感情)

生:不知过了多长时间,正太郎觉得脸蛋热乎乎的。他费力地睁开眼睛,蒙眬中看见一只大狐狸正在不停地舔着他的脸颊。另一只狐狸蹲在他的胸脯上,温暖着他的身体。

(聪明,知恩图报,如果人能与动物和谐相处,这个世界就更加温暖和谐)

师:同学们说得真好,请同学们按自己的理解填空。【出示幻灯片7、8】

小狐狸终于回到了父母的怀抱,回到了自己的家,这是多么幸福的一件事啊!请看这幸福的一家人。请同学们看课件。【出示幻灯片9、10】

你们看到了什么?(启发想象理解:"狐狸的脚印,为什么会闪着金色的光芒?")

师:让我们高高兴兴地齐读课文的结尾。

“小狐狸刚跑出十几米远,老狐狸不知从什么地方奔了出来,兴高采烈地在校狐狸周围跳来跳去,然后一起嗖的朝树林深处跑去了。

迎着耀眼的朝阳,狐狸们的脚印,闪着金色的光芒,一直延伸到密林深处。”

师:到此,你理解“狐狸的脚印,为什么会闪着金色的光芒”了吗?

(部分学生):老师,我们还是难以理解呀。

师:(抓住时机引导)请同学们回忆一下,大家可曾学过以“金色的××”为题目的课文?【出示幻灯片 11】

生:《金色的鱼钩》。

师:那“金色”是什么意思?这个题目你们当时是怎么理解的?(分小组回忆交流,联系理解金色的脚印的含义)

生:“金色”一般用来形容那些十分珍贵的、有意义的或值得纪念的东西。

生:小狐狸一家也像人一样生命同样珍贵,那回归山林的脚印正是珍惜生命的象征,这脚印中含着人类对其他生命的珍重与爱护,体现着人类美好的思想感情,所以它是金色的。

生:小狐狸一家能得到人们的关心、爱护而合家团聚,回到树林中去,又开始了他们美好的生活,这是最美好、最有意义的一件事,因而用“金色的脚印”来赞美这件事。

生:“金色的脚印”既是对全文的概括,也是对美好、崇高情感的赞美。

生:表面意思是阳光照耀下,印在雪地上狐狸的脚印,细想一下,它却有更深刻的含义:在这“金色的脚印”中,体现着狐狸一家生死相依的浓浓亲情以及它们对人类的友善。

生:我对狐狸有了新的认识:狐狸生性狡猾多疑是为了生存,只要人类友好地对待它们,它们也会对人类友善的。

师:(总结)【出示幻灯片 12】

“狐狸的脚印,为什么会闪着金色的光芒?”

表面意思是阳光照耀下,印在雪地上狐狸的脚印。深层次看,“金色”一般用来形容那些十分珍贵、有意义或值得纪念的东西。在这里指狐狸一家得到人们的关心而团聚,又开始了它们美好的生活;这脚印,不仅包含着狐狸一家生死相依的浓浓亲情以及它们对人类的友善,也包含着人类对其他生命的珍重与爱护。

(五)跳读课文,点评人物【出示幻灯片 13】

请以“我喜欢______,因为他(们)______”的句式发表看法,小组交流,并替老师板书。

生:我喜欢老狐狸,因为它勇敢、聪明、善良、知恩图报、爱子、有爱心。

生:我喜欢正太郎,因为他有爱心。

（六）探究主题，拓展延伸【出示幻灯片 14】媒体播放

请听歌曲《丹顶鹤的故事》。

课件出示本首歌的背景材料：

（生有的在低声抽泣）

师：听了这首歌，学了本文，你有什么要说的？【出示幻灯片 15】

生：（争先恐后）人与动物要和谐相处。

生：动物也是有感情的。

生：我们要保护动物。

师：三只狐狸，一个男孩儿，一颗爱心构成了一个感人的故事。是啊，人与动物、人与自然充满了爱。相信，在生活中，我们每个人都去付出自己的真爱，人与人之间、人与动物之间和谐相处，这个世界会更加美丽！但愿这颗爱心永驻人间。

（师生合作板书）

师：这节课，我们以"狐狸的脚印，为什么会闪着金色的光芒"这一问题为切入口，把握了故事情节，了解了人物形象，理解了文章的主题。【出示幻灯片 16】

（七）拓展阅读，巩固提高，学会自己发现、解决主问题

下面请同学们按照这个方法，自己阅读主题学习丛书中毕淑敏的《仅次于人的动物》一文，筛选并解决文章主问题。

（运用本节课所学到的方法进一步阅读文本，总结筛选、解决主问题的方法，寻找规律，加深认识，通过主题阅读，拓展提高。）

师：你以为本文的主问题是什么？你们是怎么解决的？

1.（分小组学习）生读书，边读边划，（师巡视生学习情况）

小组汇报交流学习情况。你读懂了什么？有什么问题？然后小组内交流学习情况。

2.通过读文章，小组交流，筛选、确定主问题：为什么说狼是仅次于人的动物？

（生再读文章重点语句在小组内交流探究、解决主问题，生派代表班内发言，老师稍作点拨。）

（聪明、伟大的母爱）

师总结：同学们既能发现主问题又能解决问题，看来同学们是越来越会学习了。

（八）作业

想象练笔，走近老狐狸：【出示幻灯片 18】

正太郎踩到悬崖积雪 栽下去，失去知觉，在这茫茫的、空旷的雪地里，不见一个人影，这时两只狐狸看见了躺在雪地里，昏迷不醒的正太郎，狐狸的妈妈、狐狸的爸爸的心情会是怎样的？（惊讶焦急）焦急的狐狸会有怎样表现？会怎样想，怎样做？可以用情节的描写方法，展开你的想象，写出来。

板书设计

狐狸的脚印，为什么会闪着金色的光芒？

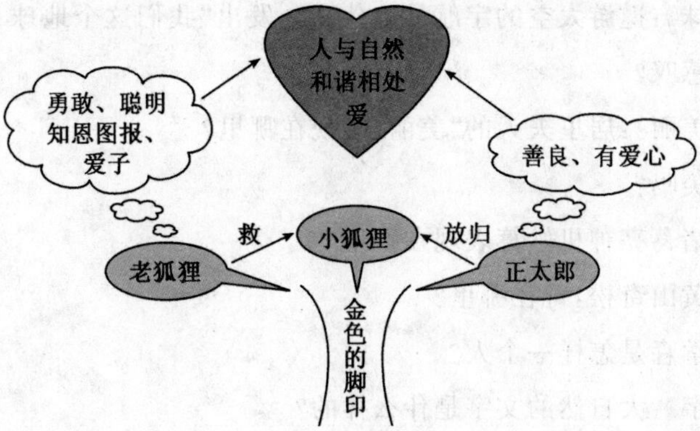

一路行来一路歌

精彩回放

在教学过程中，我精心设计筛选每篇文章的主问题，力求达到一问激起千层浪的效果，如：

《地震中的父与子》：文末有一句话“这对了不起的父与子，无比幸福得紧紧拥抱在一起”，为什么说“这是一对了不起的父与子”？

《精彩极了和糟糕透了》：对于同一首诗，为什么母亲说“精彩极了”，父亲却说“糟糕透了”？

《狼牙山五壮士》：为什么称他们为“壮士”？

《童年的发现》：童年有什么发现？

《晏子使楚》：课文最后一句话“从此以后楚王不敢不尊重晏子了”，晏子到底是怎样一个人，能让楚王不敢不尊重他了？

《金色的鱼钩》：“在这个长满了红锈的鱼钩上，闪烁着灿烂的金色的光芒”句中“金色的光芒”指什么？

《桥》：题目的含义是什么？

《将相和》：文中有一句话“我廉颇攻无不克，战无不胜，立下许多战功，他蔺相如有什么能耐，就靠一张嘴，反而爬到我头上去了”，这是一张怎样的嘴？

《刷子李》：刷子李的高超技术表现在哪里？

《永生的眼睛》：眼睛怎么是永生的？

《詹天佑》：詹天佑是怎样的一个人？

《索溪峪的“野”》：索溪峪的“野”表现在哪里？

《穷人》:穷人"穷"吗?

《金色的脚印》:脚印为什么是金色的?或为什么说狐狸的脚印闪着金色的光芒?

《只有一个地球》:遨游太空的宇航员为什么会发出"我们这个地球太可爱了,同时又太容易破碎了"的感叹?

《跨越百年的美丽》:居里夫人的"美丽"表现在哪里?

《草原》:草原美吗?

《草船借箭》:诸葛亮神机妙算表现在哪里?

《黄山奇松》:黄山奇松,奇在哪里?

《钱学森》:钱学森是怎样一个人?

《大自然的文字》:大自然的文字是什么样的?

初步成效

一、课堂效果提高了

1.简化了教学程序

删除教学无效环节,教学程序简单扼要又一脉相承,使学生思路十分清晰,形成了良好的学习气氛,使学生在简练的教学程序中目标更为明确,有的放矢。

2.深化了教学内容

采用"主问题"教学,使课堂提问精粹、凝练,有利于形成"读、问、议、讲"等生动活泼的立体式双向交流的课堂教学结构,从而增大课堂教学容量。"主问题"是从课文中提炼出来而又能让学生深入课文中去的大"问题",在课堂教学中,它能够让学生探求的眼光进入课文的每一个角落,从而达到引导学生细细思考、深刻探究的目的;而这些又始终是围绕着某条主线进行的,这就是"主问题"的"凝聚力"和"支撑力"。"主问题"的设计是教师精细阅读课文与精心思考教学的结果。每一个主问题都可以串起丰富的内容,都可以从不同的侧面进行探究,都可以起到"牵一发而动全身"的作用。"主问题"的设计减少课堂教学中的大量的无效提问,让学生真正占有时间解决问题,真正把培养学生的阅读能力放到了语文教学的重要位置,真正把语文课堂还给了学生。同时"主问题"的设计将课堂教学引向以学生课堂思维活动为主的整体性阅读教学,真正让学生成为课堂学习的主体。

3.优化了教学效果

主问题的提出使学生带着明确的问题、怀着探求的兴趣进入课文，品评咀嚼，听取点拨，参加讨论，从而使能力提高和技巧训练合为一体，使教学效果达到最优化。事实证明，只有提出“牵一发而动全身”的问题才能真正让学生在互动、合作、探究的课堂中有效学习，才能使学生细读文本，提高理解能力与阅读能力，避免教学内容的空洞浮泛。

二、学生发展了

主问题教学大大激发了学生的学习兴趣，提高了学生的综合能力，让学生真正成为课堂的主人。高质量的手抄报和黑板报频频在学生手中绽放异彩，大量的精品习作让孩子们妙笔生花。在市县级的演讲、诵读、征文、书信和读书比赛中多次获得一等奖。如孙维辰获县“历史的选择”演讲比赛一等奖第一名，并成为县里唯一一名被推荐到市里参加比赛的学生；白云轩获潍坊市感恩父母书信大赛一等奖；郑淑鑫、张佳成获全县“书香校园”创建活动征文一等奖；张浩、徐新雅、徐露洁等获县中华古诗文朗诵比赛集体一等奖；徐新雅获县故事大王比赛一等奖。

三、教师成长了

作为教师的我，不但自身得到了充分的锻炼，而且收获了前所未有的职业幸福。

2010年我被评为临朐县特色教师。

2010年3月我们出版了第一集校本教材《主问题教学法教学设计与反思》。

2010年4月15日在全县特色教学交流会上采用“主问题”教学法提供一节公开课《卖火柴的小女孩》，并作为经验材料进行了书面交流。

2010年8月采用主问题教学课堂教学法执教的《皇帝的新装》获全国优秀课例评选二等奖。

2010年9月我构建的“语文主问题”教学法被立项市级课题。

2010年12月在全省创新教育课堂教学展示会上提供一节“主问题教学课堂教学法”执教的公开课《跨越百年的美丽》。

2009—2011年，《永生的眼睛》课堂实录及反思、《一问激起千层浪—语文主问题教学法》、《金色的脚印》课堂实录分别发表在全国中小学语文主题学习专刊《实验通讯》杂志2009年第12期、2010年第10期、2011年第1期上。

2010年7月《小学语文主问题教学课堂教学法》发表在省级刊物《当代科技》杂志上。

2010年7月《一问激起千层浪—主问题教学课堂教学法》论文获山东省优秀成果奖

一等奖 。

2011 年 6 月《主问题教学模式的探索与研究》案例获山东省优秀成果奖一等奖。

2011 年 10 月《金色的脚印》获全国优质课一等奖。

2011 年 11 月《主问题，彰显语文课堂魅力》获全国优秀论文二等奖。

2011 年 11 月参加了全国高效课堂展示，提供公开课《钱学森》，并对本教学法作经验介绍。

2011 年 11 月“语文主问题教学法浅析”发表在《山东教育报》上。

数字是枯燥的，但数字更是令人欣慰的，在临朐这片热土上，在教研室领导的支持、引导下，我们一路行来一路歌。

（马玉会）

主题习作:让学生“有米可炊”

始终忘不了那一幕幕:

“学生小心翼翼地捧着蚕种,像呵护着自己的小宝贝一样。看着自己亲自养大的蚕宝宝,欣喜难以自抑。

“‘呀!我的鸡蛋碎了。’伴随着一声惨叫,一个鸡蛋粉身碎骨,惨兮兮地摔在了教室的地面上。张凯懊恼的表情一览无余地写在脸上。

“孩子们在教室里围坐在一起正津津有味地品着香茗,一股茶香氤氲而来,品茗之后的激情喷薄而出。

“一股饺子馅的味道从六(1)班教室里传出,一双双小手笨拙地捏着饺子皮,孩子们望着自己包的奇形怪状的水饺,抿着嘴笑了。”

一次次的体验,一个个的活动,一次次的抒发,一篇篇的作文,这是我和我的学生们在主题习作道路上最真实的写照。一路走来,虽然落花残蕊不断地铺陈,但我欣喜地看到孩子们的转变。渐渐地,渐渐地,在一次次的体验中,由好奇转化为喜欢,由喜欢转变为不舍。听到他们深情的诉说,看到他们娓娓而来的习作,我庆幸在习作的道路上,我为我的孩子们找到了一条“有米可炊”的道路。

第一境界:“昨夜西风凋碧树。独上高楼,望尽天涯路。”

我们知道,一个人亲身经历一些有意义、有情趣的活动,会在记忆里留下难以磨灭的痕迹;每一个精彩的活动留给孩子的都是一粒珍珠。当他长大以后,岁月的丝线把这些珍珠串起来,就成为人生珍贵的项链。孩子太需要活动了。如果孩子不断参与各种主题活动,如果孩子在活动中有切身的体验和感悟,那么他们就会有各种各样的故事可以讲述,加上基本的阅读积累和写作训练,他们又怎么会怕写作文?作文时又何愁无话可说?所以,语文教学要从儿童的视角入手,突破课堂教学狭隘的圈子,让语文融入丰富多彩的生活,让活动来“放养”语文、丰富语文、拓展语文。

而实际的情况是,写作时,很多学生紧锁着眉头,咬着笔杆,在那里冥思苦想。好不容易一节课下来,再看学生的作文,生编硬造,语言干干巴巴。那这种现象究竟应该怪谁呢？是我们的学生天生笨拙，还是我们做老师的，没有给学生足够的米让他们下炊呢？

这个问题我终于于 2009 年 12 月份在高密组织的全市作文教学研讨会上找到了答案。此次学习是给我震撼最大的一次，一天半的时间我们听取了潍坊实验小学李秀红老师的接力日记，昌乐支沟小学吕映红老师的赏评作文教学、王香兰老师的生活化作文的报告及王香兰老师的一节作文课，最后参观了高密康城小学王香兰老师的展览室。我终于明白作文原来可以这样教。想想自己以前的作文教学，真是觉得有愧于我的学生，这三位老师的学生碰到这样的老师该是多大的幸运。会议结束，我怀着激动的心情回到学校，快速将自己本次学习的体会写了出来，在领导的支持下，我迈开了习作教学的第一步。

第二境界："衣带渐宽终不悔，为伊消得人憔悴。"

（一）纸上得来终觉浅，绝知此事要躬行。——在步履蹒跚的尝试中行走

记得一句话说："想做就去做！只有做了，你才能真正懂得它对你意味着什么，敢于尝试是开启成功大门的钥匙，好运就在尝试中。"

于是，从高密回来之后，我便采用了循环日记的形式让学生做初次的尝试。14 个小组，14 本日记本，每个小组开始了在小组日记本上的耕耘。作为 1 号的小组长丝毫不敢懈怠，使出浑身解数，自然第一次日记超水平发挥。我趁热打铁，隆重地表扬了他们，并把写得好的日记在班上共同赏评。而下一步的措施则是让 2 号同学在写之前，要赏评 1 号的作品。我告诉同学们，要带着放大镜去看别人的作品，先找优点，然后用比较委婉的语气指出不足之处，因为我们是"同伴赏语"，重在一个"赏"字。一开始同学们赏语写得并不是很好，我也没做很多指导，但是我注意了一点，就是从第二天开始我的赏评就加上了"同伴赏语"的赏评，我将写得好的赏语读给同学们听，并给这个同学所在的小组加分以示奖励。这样以来不长的一段时间，同学们的赏语就写得很好了，同学之间通过赏语互相鼓励，互相加油，有时还调侃上一两句，例如：

"这一次你写得可真多，不但写出了一家人的性格特点，还写出了你们家人各自的优缺点，真是让我大开眼界，也认识了你们一家人。第一段你用幽默的语言写出了你们总的特点，写你妈妈时，你写她做饭做得那么好，我看后也想吃，流出了口水；写你哥哥时，你用'妙手空空'来形容他，写出了他的可爱，还写出了爸爸的脾气火爆，写出了你是一个读书虫。整篇文章语句幽默，字里行间透出一股亲情，若不是出现了几个错别字，真是十全十美了！"

初次的尝试我便获得了巨大的成就感，原来习作真的不难教，这更加坚定了进行主题习作的决心，我决定沿着这条路走下去。

(二)问渠哪得清如许,为有源头活水来。——在异彩纷呈的活动中提升

主题习作必须让学生在活动中体验、感悟,所以,结合我们班的实际情况,我确定了这样的几个主题:走进生活、校园记事、活动开路、学会感恩、与书为友、感悟生命、毕业前夕。

1.走进生活

每一个人的生活就像是一本字典,蕴涵的内容丰富多彩,而如何挖掘行之有效的生活资源呢?在初步的摸索阶段,我让学生开展了“护蛋”“养蚕”“养植物”“学会观察”等一系列活动。

护蛋,就是一个小组共同保护一个鸡蛋一星期。其规则是:中途不能退换;鸡蛋必须完好无损;小组内每人护一天;每个组员在保护鸡蛋的这一天同时完成一篇护蛋日记。紧张而有序的护蛋行动开始了,有出谋划策的,有给鸡蛋加保护膜的,有给鸡蛋布置安全家园的,仿佛一场没有硝烟的战争。“护蛋行动”紧张而有序地进行着,一星期后,一篇篇习作应运而生了。

有写护蛋过程的:

“好不容易等到放学了,我捧着茶叶盒小心翼翼地走着,我感觉我像一个使者一样神气。回到家,我急忙打开盒盖,一阵茶香扑鼻而来,我说:‘这真是一个茶叶蛋!’好长时间我都沉醉在茶叶香里。我用五分钟的时间给它制作了一个宝座,它坐上去,真像一个鸡蛋女王。我把它的家重新装饰了一下,我真佩服其他几个组员的用心和细心,它的家里尽是些柔软的被褥,我想这几天这只鸡蛋该是多么的享受和舒服呀。我把鸡蛋放到我的台灯下面,这样能让它感到我对它的温暖。我开始放心地写作业。”

有写从中悟出的道理的:

想到这里,我的心不禁一震。这是容易碎的鸡蛋,里面只有蛋清和蛋黄,但是这两个东西却包含着多么深的爱啊!还组成了一个鲜活的生命——小鸡。这也就是母亲死也要保护好孩子的理由——因为它是一个生命。这时,我又想起了我那毛茸茸的小鸡。

通过这次护蛋行动,当了一次母鸡妈妈,我有很多体会:我们的妈妈把我们养这么大,非常不容易,所以,我们要好好孝顺妈 妈。

通过这次“护蛋行动”,我懂得了:鸡蛋掉了还能再买一个,可人的生命也是只有一次,如果我们把生命给毁了,别的不是想都别想吗?老师这次让我们保护鸡蛋,就是让我们珍惜生命,在人生的道路上一定要谨慎;又锻炼了我们的耐心和恒心。

有写自己惊心动魄的护蛋之旅的:

下第二节课时,我把盖子打开,把上面两层拿掉,看到是一个“梨”。妈呀!这是蛋吗?是梨吧?因为它足足有三个蛋那么大。我先扯掉外面的卫生纸,又脱呀脱,脱呀脱,

晕！心想："一睹尊容还真难呀！"当脱掉最后一层时，保层套都快掉到桌下面去了，我数了数，足足有七层，真是要多软有多软，心想："好呀！比人住得都舒服！"放学时，我像怀里抱着一个二十克拉的钻石一样谨慎，弄得一些行人投来异样的目光。为了鸡蛋就牺牲一下自己的潇洒吧。我回到家才仔细观察起来，虽然它被一层泡沫扎成糖果状，还是可以看到的：它的颜色是肤色的，但是比我手的肤色要浅一些嫩一些。它身上的斑点像一个人脸上的雀斑。它的身上有老师的亲笔签名，正是这个签名，它才成了宝贝鸡蛋。

早上刚一睁开眼睛，大脑立刻清醒：鸡蛋怎么样了？我马上穿起衣服，妈妈在旁边嘀咕："平常连拽都拽不起来，她是不是转性了？"我似一条泥鳅"哧溜"一下蹦到床下，没整理衣服、没梳头就冲到茶叶盒前，双手颤抖地拿出"梨"来，一层一层地脱下它的保护膜，并留意有没有流质出现。当只留下它的天然保护膜时，我恨不得带它去医院做X光检查有没有裂缝。谢天谢地，没缝儿。它像一个刚醒的婴儿，好像在说："我睡得正香呢，你吵醒我了！"我心里的大石头总算落了地。

吃完早饭，我开始做作业，刚做了一会儿，心血来潮的哥哥便蠢蠢欲动地向鸡蛋伸出手。哼！你看我都不乐意还要摸，岂有此理！我以迅雷不及掩耳之势把鸡蛋抱在怀里，说："这神圣的鸡蛋，哪是你这凡夫俗子玷污得的？"哥哥一听，知道没戏了，如泄了气的皮球，乖乖地写作业去了。

一次护蛋行动却让同学们妙笔生花，文字在他们的体验中变得灵动、活泼起来。

如果说护蛋让他们知道了什么是责任，那么养蚕更让他们懂得了生命的珍贵。在孩子们为期一个月的精心呵护下，伴随着蚕宝宝的成长，一篇篇习作交到了我的手上：

现在的蚕宝宝，就像一个个刚出生的婴儿一样，柔软的身体特别娇嫩，但是却昂着头一副初生牛犊不怕虎的样子。我将洗干净的桑叶轻轻铺在它们身上，蹲在旁边观察，一会儿，一只蚕宝宝的头露了出来，桑叶被它咬了一个小洞，它还在那里继续咬那小洞洞，丝毫没有顾及我站在它旁边。我只顾观察它了，再去看其他的蚕宝宝时，它们也都探出了小脑袋，我蹲下身子将耳朵靠近蚕房，只听一阵"沙沙沙"的声音。看着它们吃食的样子，想象着它们不久的将来将会变成一只只洁白的茧，我内心无比的喜悦。蚕宝宝，加油，我们期待着你长大。

多么细腻的观察，多么详尽的描述，从孩子们的笔下我看到了他们思维的跃动、内心的喜悦，灵动的笔尖下缓缓流淌的是对生活的无尽的热爱。

走进生活去体验，无论成功与失败，让习作拥有了灵魂！

2.校园记事

学校是同学们待得时间最长的地方，很多同学认为校园生活是单调的，是机械重复的。但是，只要你是一个有心人，你就会发现这里每天在上演着不同的故事，虽然主人公都是一样的。

(1)观察式的校园记事

题目：今天班内新鲜事

规定：让同学们抓住一个“新”字，像新闻记者一样，用一双敏锐的眼睛来捕捉生活中的新鲜事。这样同学们都做起了新闻记者，不放过他们看到的任何一件小事，老师检查作业，班内哪个同学留了新发型，哪一位穿了新衣服，甚至哪个同学今天说了一句什么有趣的话，都成了同学们的写作素材。没想到这一招倒使得很多说脏话的同学也文明起来，不然的话上了哪个同学的“新鲜事”里，会很难堪的。

习作：

班里的新鲜事

要说“新鲜事”，有，而且很重要，想知道？那我就告诉你吧。

头号新闻：

这“头号新闻”非“期中考试”莫属了。几天前，我们得到这个消息时心里都很慌，虽然有老师那句“题目很简单”的话压惊，但还是十分担心。真正的大战在今天上午拉开了帷幕。考试前的气氛既紧张又有趣，空气中还充满了火药味——紧张地翻书复习，有趣地说说笑笑，心里暗暗地确定一个目标，一定要超过他。发下卷来，教室里鸦雀无声，同学们一个个奋笔疾书，不一会手心就出了汗，真是一番苦战啊……试后，同学们互相对着答案，一阵阵欢呼，一阵阵哀叹。一个上午，一次考试，就在这嘈杂的声音中结束了。到了下午，同学们疯了似的玩乐，好像要把一上午的紧张洗刷干净。

简讯：

在星期一的美术课上，由于老师对我们班的不满，把外出写生改成了画课本上的水彩画，这可把我们难坏了。草草画完交上后，老师撇下狠话：“下节课我一个一个找你们算账。”这不由得让一些同学暗暗叫苦。这节课老师印证了她的话——画得太小，重画；画得难看，重画；画得与课本上不大一样，重画。没办法，同学们又拿起了画笔。课上老师还布置了课下作业，又是画水彩画，同学们个个叫苦连天，但是有什么办法呢？

听了我的讲述，你知道是什么“新鲜事”了吧！如果你也有“新鲜事”，不妨拿出来晒晒吧！

(2)体验式的校园记事

因为我们实行的是小组合作学习，每个组都有一个小组长，为了给每个同学锻炼的机会，我进行了一轮组长轮换制，就是让组内的每个同学每人一天担任小组长，晚上以“今天我来当组长”为题目写一篇习作。这次活动不仅让同学们有了内容可写，更让他们感受到了当一个好组长并不是一件容易的事，在以后的小组合作管理中，他们因为有了亲身体验，也就更容易接受小组长的管理了。

现在不是流行资源交流共享吗？我们在班内也来了个组长组员大交流，先是组长交流，就是两个组的组长交换，一组的到二组担任一个星期的小组长，二组的到一组担任一个星期的小组长，这样组内有了新的变化，一个星期的习作素材相应产生，同学们以“组长交流”为话题自命题目写一篇习作。第二星期的组员交流，也是如此。两轮的交流下来，同学之间的了解又深入了很多，也增进了彼此的感情，还让同学们加强了自律性。

(3)生成性的校园记事

记得一次上语文课时，靠南边窗户的两个同学眼睛老往外看，不时还小声说上两句，在课堂上这样的情况我是不允许的。我悄悄走进他俩，他俩的眼睛还在窗户上，我也随着他们望去——原来是一只蝙蝠停在了我们的窗户上，我一看不要紧，大家的目光都跟了过来。我也停止了讲课，招呼同学们悄悄来观察，不要惊跑了这位不速之客。

蝙蝠大家并不陌生，但这样近距离地观察它，大多数同学还是第一次。一开始还静悄悄的，一会儿就唧唧喳喳议论起来，有个同学大概想与蝙蝠来个更近距离的接触，情不自禁向这位客人伸出了手，蝙蝠却不领情，一扑棱翅膀飞了起来，但它好像对我们的教室还有点留恋，并没有直接飞走，而是转了一圈才飞远的，这也给了学生足够的时间来观察蝙蝠飞翔的样子，还让学生产生了丰富的想象力。

蝙蝠飞走以后，我也直接调整了课堂思路，让同学们畅所欲言，说一说自己看到的、想到的。语文课成了习作素材交流课，那一天，同学们主动要求晚上的作业就来写这件事。第二天作文交上来，写的真是不错，同学们大都以“班里来了不速之客”为题目写得生动有趣。

3.活动引路

为了给学生提供更多的写作素材，我们在班内举行了很多活动，如呼啦圈大赛、掰手腕比赛、叠衣服大赛、包水饺、品茶等一系列活动，只要能在课堂上进行的，我们都要尝试着做一做。这些活动不仅给我们的习作带来了活力，还锻炼了同学们的各项能力。

一提到包水饺，很多同学都说会，都说做过，以前也写过包水饺，但是要在课堂上包水饺，同学们还是激动万分，都跃跃欲试。但是包水饺不像其他活动那样简单，准备工作需要很多。一开始我也是有点犯愁，该怎么准备呢，又是面又是馅的，但当我在课堂上一说时，很多同学立刻相应，主动承担起拿面拿馅的重任。这两项完成了，其他的都好办，四人一小组，同学们分分工，每人带什么东西，很快我们就布置好了。

到周四下午的习作课，还没等走进教室，香香的水饺陷味扑面而来，引来了其他班很多同学的围观。我走进教室，同学们四人一小组已经全部准备好了，首先是我的示范，我给同学们示范了从揉面到完整的包好一个水饺的全部过程。老师的精彩亮相赢来了同学们的啧啧称赞，然后我找了一两个同学到讲台上包水饺，这一比较赢得了同学们的一句话“姜还是老的辣啊”。我强调了比赛规则，十分钟之内每个组完成20个水饺，哪个组包得又快又好，为获胜小组。随着一声“开始”，教室里顿时热闹起来，此时的教室好像变成了一个大厨房，同学们个个都成了大厨师。我在教室里巡视，偶尔还要指导这个捏皮，指导那个擀皮，看着这些十几岁的孩子手忙脚乱又一本正经的样子，我不禁暗喜。

这次我又低估了他们的水平，预计十分钟完成的任务，有个小组五分钟全部完成，让我过去验收，真不简单，20个水饺摆放得整整齐齐，大小均匀，水平不亚于我们成人。然后陆续有小组完成，当全部完成的时候我们从速度和质量两方面进行了评比。但是此时的结果已不显得那样重要，同学们看着自己的作品，看着同伴的作品，不管是像样的还是不像样的，在他们眼里都是可爱的，因为那是他们自己的劳动成果，这份成果给他们带来了极大的喜悦。在第二节的习作课上，同学们奋笔疾书，到下课时有些同学还是意犹未尽，只好安排晚上写完。放学的时候，我听走在我后面的马成功对他旁边的同学说："我还有很多话想写，可惜纸不够了。"我暗自高兴，要知道这个同学以前的作文那可只是三言两语啊。下面是几个学生的习作片段：

开始，老师先给我们示范。只见老师迅速把面拉成一长条，然后弄成一个个小面团，并放在手里揉一下，接着摁了一下。现在老师要擀皮了，同学都瞪大了眼睛，唯恐错过一点点。只见老师左手拿面的一角，右手快速转动擀面杖，转了没几下，一个圆圆的面皮就诞生了，

同学们不仅为老师鼓起掌来，老师却微微一笑，幽默地说："小菜一碟啊！"看来我们老师做家务也是一流的。

然后老师叫上了张月雯和徐元泽上台展示，从她们笨拙的动作来看，就知道不是老师的对手，但第一次包这个样也算是及格了。

——王天宇

只见老师灵巧地揉着面，雪白的面团老老实实、温温顺顺地滚来滚去，不一会就成了一个球状。老师又在球的中间开了个"天窗"，然后把它扩大成了一个细细的圆环，拉断。又一手握住一端，另一只手熟练地摘下一个个小面团，老师把它们压成一个个小面饼。蘸了一点面粉，然后右手拿擀面杖，左手拿着小面饼，只见老师右手擀一下，左手的小面饼就迅速旋转一下，小面饼逐渐变大了，我们还没看清楚怎么回事，老师就完成了擀面皮的任务。接下来是包了，只见老师用筷子夹了一些肉馅放在面皮的中央，压了压，然后是拉、叠、挑、捏，十指如飞碟舞动。一眨眼，一个小巧、玲珑、可爱的水饺就完成了。

——张月雯

在课堂上品茶对每一个同学来说都充满着诱惑，伴随着"说—泡—观—品—写"一系列活动的结束，一篇篇关于茶的作文交到了我的手上，光是题目便足够吸引人了，如"一缕茶香""茶香飘满屋""茶韵"，语言清新活泼，其中有的同学写道：

这时班长把水倒进了杯子，受到冲击的茶叶，跟随着水流旋转着。过了几秒钟，像一群受惊的小鱼一样上蹿下跳，又像起了龙卷风一样旋转，水里的茶叶纷纷扬扬地上浮下

沉。这种乱糟糟的场面只持续了极短的时间，上浮的稳当当地浮着，下沉的老老实实地沉着，中间像隔了一条"楚河"。我埋头记笔记，大概只有一两分钟吧，当我抬起头时，已经天翻地覆了：原本清澈透明的水变成了绿黄色，墨绿的茶叶皱巴巴的身体舒展开来，成了一片片小巧玲珑的茶叶片。

——徐元泽

学生在一次次的活动中陶冶着自己的情操，荡涤着自己的心灵。

4.感恩生活

有时候我们经常抱怨，现在的孩子不懂得感恩，总觉得家长、老师为他做的一切都是应该的。鉴于这一点，我们确定了"感恩生活"这个主题，让学生通过一系列活动学会感恩父母、感恩学校、感恩社会。

首先，利用母亲节父亲节，让同学们为自己的父母做一件事，并观察他们的反应，记录下来，写成一篇文章。有调查显示，中国的孩子做家务非常少，有的是父母的原因，有的是孩子自身的原因。小学生的课余时间应该还是很多的，合理引导孩子做些力所能及的家务对他们来说也是一种锻炼，不仅培养他们的自理能力同时也让他们体会到父母的辛苦，从而多一份对父母的理解与感恩。如果只简单让同学们写"做家务"，不会调动同学们的兴趣，因为在中年级段我们已经写过这类文章。我在布置作文之前，先让同学们去做，做什么呢？我的要求是做一件以前从未做过的家务。我们都知道，小孩子喜欢尝试，越是新鲜的东西越喜欢，如果让他们做以前老做的事情，他们会很厌烦，或是干脆不去做。此项活动是在家里完成，从学到做好一个星期的时间，同时完成一篇自拟题目的习作。我看作文时最令我感动的是，同学们不仅仅体会到了父母的辛苦，还有一些同学，写自己去买菜，看到一些年纪比较大的老人在卖菜，他们主动和老人聊天，了解到他们生活的艰辛，写了自己的感受。

另一项活动是"我的成长足迹"，让同学们将能证明自己成长的东西带到学校，比如衣服、照片、用过的东西等，拿来最多的是照片，我将照片给他们反拍下来，投到微机上，让他们来看，他们看到自己一年年的照片，都哈哈笑起来。是啊，从一个襁褓中的娃娃，到一个蹒跚学步的孩子，再到一个意气风发的少年，成长本身就是一种快乐！此时我给同学们呈现了两位家长的相片，都是两张，一张是十年前的，一张是十年后的，我让孩子们再来观察，不知什么时候教室里变得异常安静，有个小姑娘眼圈竟红了，我请她站了起来，说说自己的感受，她哽咽着说："我们长大了，可是我们的妈妈有了白头发，脸上也多了很多皱纹，我以后不再惹妈妈生气了。"她的话引起好几个孩子抽噎起来，本来高高兴兴的课堂竟因为两张照片的出现而变得凝重起来。我顺势引导他们，回家以后好好看看自己的妈妈爸爸，并对他们说出自己想说的话，也可以写下来。一篇《我长大了》写出了同学们对父母的感恩之情。

现在的小学生有一个普遍存在的问题,就是教着自己的老师是老师,不教自己或以前教过的老师就不理。在课堂上我引导同学们回忆以前的老师的一颦一笑,回忆老师是如何教育我们的,这样记忆的闸门被打开,同学们一篇《给前任老师的一封信》写得也是有情有义。

现在社会上出现了很多热衷于公益事业的人,做公益事业不仅仅只是成功人士,那么多的志愿者,他们并不富裕,但照样在为他人奉献着自己的光与热。课堂上我利用多媒体让同学们认识了很多的志愿者,还有一些做公益事业的他们熟悉的影视明星,从而激起他们要做一个对社会对他人有用的人。引导他们利用双休日走进社区,走进街道,走进敬老院……做一些有意义的事情,然后写成一篇文章。

最后我们以一篇《幸福》结束此主题,让同学们写出自己对幸福的感悟。

5.与书为友

习作离不开阅读,丰厚的阅读储备是习作的源头活水。我一直引导学生多读书,读好书,读整本的书。每学期初,我会为同学们列出必读书目,从中选择自己喜欢的书来阅读。好的书,我们要求人手一本,在阅读课上统一阅读。比如《草房子》一书,为了调动同学们的兴趣,我选择其中的精彩段落进行美读,并简单介绍了其中的主要人物——桑桑。这样很短的时间,班内70多个同学基本人手一本《草房子》。读完以后,我们写了《读草房子有感》《我心目中的秦大奶奶》《我喜欢的一个人物》,由此同学们还爱上了本书作者——曹文轩,很快班内就流行起了曹文轩热,曹文轩的其他作品也成了同学们的最爱,《根鸟》《山羊不吃天堂草》《青铜葵花》等都陆续走进了课堂,走进了同学们的心灵。

6.感悟生命

六年级学生早已开始关注社会热点,如最近几年,连续发生的几起自然灾害,汶川地震,玉树地震,舟曲泥石流,这些都牵动着孩子们的心。他们通过电视、通过网络了解到当时的一些情况,第二天就会交流,有时候我们干脆利用课堂上的时间让同学们交流自己知道的最新消息,课堂成了新闻发布会。每到此时,同学们俨然都成为一个个小大人,他们为灾区人们担心、焦虑。我们一改以前的那种《给灾区人们的一封信》的写法,而是让同学们自己起一个更响亮的名字,把想对灾区人们说的话写出来。这样,同学们写出了《我们共同拥有一片蓝天》《汶川,别怕》《让我牵起你的手》等很多情真意切的文章,对生命也多了一层感悟。

7.毕业前夕

这个班我是从四年级开始接的,三年的相处,师生之间、同学之间已建立了深厚的感情,面临毕业,不管是老师还是同学,都多了一份留恋与不舍。但作文还照样写,我们写了两篇回忆性的文章,分别是《快乐从这里开始》《那些零碎的记忆》。同学们打开记忆的闸门,回忆自己即将走过的小学生活,将自己的留恋与不舍通过自己的文字永远留在老师和同学们的心目中。

(三)水光潋滟晴方好,山色空蒙雨亦奇。——在多元化的评价中激发兴趣

1.同伴赏语

同伴评价重在一个“赏”字,我告诉同学们,每个人都应该拿着放大镜来欣赏同学们的习作,放大什么呢?当然是优点了,一个好的词语,一个好的句子,都应该欣赏鼓励。下面是几个同学的“同伴赏语”:

“你这篇习作不仅语言幽默还把自己捉老鼠时的神态、动作和所想都写了出来。我特别喜欢你写的捉老鼠时的情景:‘突然,那只老鼠跑了出来,我立刻一个箭步冲上去,一挥扫帚向它打去,可老鼠没打着,自己却被绊了一下,多亏爸爸眼疾手快,不然我会和大地来个亲密接触。’读了,如身临其境。希望你能再接再厉,写出更好的文章,再得一个100分,加油!”

上面评价,可以说是真的“赏”了,因为被评的几个同学习作的确写得不错,也难怪同伴会有这么高的评价。但班内也总有几个比较差的学生,我们看看同伴是怎样评价他们的:

“这一次你可真算是大爆发,不但写了三页纸,并且写得还不错,虽然有一些是抄我的,虽然字写得还是不太好,但是你的进步还是值得鼓励的,希望你以后再接再厉!”

“你的这篇作文极度不认真,而且篇幅很短,也没什么有趣的细节,这次,给你提几点问题。(1)书写不认真,不能在本子上勾勾画画,写错了可以用一条线割去,像你这样画一个圈涂黑,难看不?(2)标点符号请你注意一下,像“,”你写成“、”,连个句号也没有,我数了数,你没有加标点的地方就有六处,就不说你全文写了几个“,”“。”“!”“?”(几乎没有)

希望你接受批评,继续努力,期待你下一篇佳作。”

特别是最后一个评语,真的是言辞非常的严厉,同伴给了这样的批评还需要我们老师说很多话吗?

2.老师赏评

相比之下,学生更看重老师的评价,我尽量去找每个学生身上的闪光点,然后将它夸大,绝不吝啬自己鼓励的语言和表示肯定的红波浪线。

3.班级博客——搭建交流展示的平台

为了给更多的学生提供一个展现自我的平台,我们建立了班级博客。每个同学都可以在班级博客上发表自己认为比较好的日记,也可以对其他同学的日记进行赏评。现在我的博客里收集了同学们上百篇的习作,特别是毕业前夕,很多同学把他们的习作当成

留给我的礼物,发到我的博客上。

第三境界:"众里寻他千百度,蓦然回首,那人却在灯火阑珊处。"

一年半的时间里,我和我的孩子们徜徉在主题习作的幸福里,我们享受着、快乐着。一句"我们可爱的语文老师脑子里怎么有那么多点子,今天又不知带来什么鬼花招了,好期待啊!"让我感动了很长时间,我与同学们的距离拉近了,我成了他们的大玩伴。幸福就这样不言而喻。

我的主题习作教学也得到了各级领导和同行们的认可,我被评为全县首批特色教师,曾几次到乡镇去送过课。并且参加了去年在新华中学举行的全省特色教师研讨会,并提供公开课一节,得到了领导的好评。12 月 16 日在我校举行"全县小学习作教学经验交流会",我提供公开课一节,并做经验介绍。

更重要的是"主题习作"大大提高了同学们的写作兴趣,班内学生整体习作水平提高了很多,也真正做到了将"要我写"变成了"我要写"。学生的多篇习作在《红领巾报》《临朐教育报》发表,校刊上更是满载着我们班的诸多作品,屡次作文比赛,我们班总是遥遥领先。

泰戈尔说过:"不是槌的打击,乃是水载歌载舞,使鹅卵石臻于完美。"让孩子们在老师智慧的天空里熠熠生辉。

(徐　霞　孙传红)

专业视点：

个性发展成就均衡诉求
——山东临朐特色教学研究有深意

李秀伟

2010年元旦期间，临朐县教研室教研员收到的感谢特别多，这与往年单纯的新年祝福是不一样的。这些感谢，大都来自临朐县中小学的老师，老师们表达的感激之情来自近两年来在临朐县教研室“打造特色教学，培养个性化教师”活动中的发展与收获。这些老师，有的在县城中小学教学，有的在大山深处的村级小学里，地域优势不一样，却都得到了教研室的发现、指导和引领，老师们不仅发现提炼出了具有个性特色的教学方法，收获了专业成长，而且他们的工作状态和生命状态也得到了根本改变。

2010年元月1日下午，我在单位值班，临朐县第二实验小学的侯忠彦老师打车近百里路，来到我的值班室，递给我他写的厚厚的三卷“教育丝语”。窗外寒风正紧，20多万字的材料袋上依稀带着雪花，也带着侯老师对教学的幸福体验。侯老师是临朐县第一届“特色教师”，前一天刚刚在全县的“个性化教学研讨会”上执教了公开课，他的“品诵教学”以及其他两位老师的“日有所诵”教学等得到了与会近两百位教师的欣赏。正是带着这样的收获，侯老师迫不及待地在假期里来与笔者交流他的教育教学心得。

好消息接连而至，职业的敏感让笔者意识到，临朐县教研室的“特色教学研究”，其价值或许远远大于产生了几个有特色的教学模式。那么，教研室真的具有了让老师们亲近而又感激的职能？老师们的研究状态发生了怎样的变化？而这一项研究对于临朐县的教育又起了怎样的作用呢？带着这些疑问，笔者走进临朐县“特色教学”研究现场。

“择其善”而凝聚的“软实力”

临朐县教研室李庆华主任说，临朐县是当地经济发展相对落后的县，教育发展面临着诸多困难，而教师队伍基础性素质较低是一个现实性的重要问题。不突破教师成长这一困境,就难以实现全县教育的再发展,而教师发展却是一个严峻的话题,对于他们来说,一般意义上的专家引领、同伴互助、自我发展等教师专业发展策略都面临着基础条件的困难,统一性的高标准定位是不现实的。

如果没有有效的机制和良好的平台,让教师既有发展的动力,又有发展的能力,继而实现自我超越,显然并非一般学校、一般教师所能,而教育的均衡发展价值和教研工作的职责恰恰需要每一所学校里的每一位教师都能够有所发展和进步。如此一来,面对困境,并非只有勇气和干劲就能解决问题,现实逼迫他们认真思考和决策。

出路在哪里?

一、"知之信之"方见发展之道

"君子忧道不忧贫",教育需要精神境界,而教师无疑具有自我发展的内在需求与动力。问题是,许多教师在教学中有了经验,有了初步的思考后却没有展示的平台,没有得到肯定,也无法对自己的研究成果有正确的认知,在犹豫彷徨与不自信中,发展的动力便磨灭了。而对大多数教师来说,安于现状仍是一种普遍心态。临朐县教研室从肯定教师的发展能力入手,决定启动"特色教学"研究工程,带领教师走富有个性化的"特色教学研究"之路。择每一位教师所善(擅)呵护和培养,从教师精神力这一"软实力"上下工夫,塑造教师研究教学、自我成长的信念和价值认同。

第一轮特色教学活动首先从沂山镇蒋峪初中、五井镇五井两初中、五井小学和下五井西村小学、龙岗镇龙岗初中和吴兴小学、寺头镇石家河初中、辛寨镇辛寨小学、城关街道北苑小学等10所学校开始。以教师自我申报和教研室论证认定的"双向选择"方式,从中选出了沂山镇蒋峪初中语文教师石金彦、寺头镇石家河初中语文教师白兴玲、龙岗镇吴兴小学数学教师郝志坤、城关街道北苑小学英语教师于化红等十几位教学有特点的教师,以及三百多位愿意参与研究的教师组成了研究团队。特色教学研究正式启动了。

最初的活动主要有三项:一是初定的特色教师执教公开课,各镇、县属学校相关学科骨干教师听课;二是特色教师定期作报告,梳理、汇报特色教学研究进展和心得;三是科研室人员就特色教学发表意见,并组织大面积交流与研讨。在活动开始之前和之后同所在学校主要领导进行交流座谈。研讨活动内容充实,将讲课、听课、报告、评议为融为一体,紧密联系教学实际,环环相扣,成为许多教师期盼的良好学习方式。

半年时间,意想不到的效果产生了:教研员的手机经常深夜或凌晨响起,那是有些老师突然有了教学灵感和新的改革思路后,迫不及待地希望得到交流;于化红老师的丈夫打来电话询问,说于老师是不是精神有问题,因为于老师常常半夜起来写随感,而用于老师的话说,一天到晚思考教学,连梦中都常有课堂和学生;由于研讨活动不定期,于是很多老师常常打电话询问下次研讨活动开始的时间；赵焕爱谈起教学研讨活动，每每抑制不住激动，热泪盈眶……

一项单纯的教学研究活动，何以会产生这样的效果呢？教研室高主任的亲身感受，给了笔者最好的解释。

第一，他们承认每位教师都有亮点。每位教师虽然教学水平有高低，但本身就是一座风景不同的高山，都有自己的亮点，如果能扩大自己的亮点，都能获得成功。于是他们在工作中，心中有教师，眼睛始终扫描他们的亮点，头脑始终考虑教师的发展，基于教师需要而决策。从教师的“亮点”出发，给教师谋发展之路，想成功之策，增强教师的自信心，激发他们的自尊意识，激发他们的成功欲望，自觉地进行教学研究。

第二，他们坚持科研是高水平的教学管理。在教学管理方面，立足质量，潜心研究教师的教学亮点，为教师提供发展的平台，帮助教师发展亮点，形成特色。这样，就会激发教师的教学热情，教师的教学就会不仅仅停留在努力备课、上课上，而是把心思用在教学上，积极地研究教学。从这个意义上讲，达到这样的一种局面，就是最好的教学管理。这种理念易于被教育干部接受，尤其是主要领导所接受，所实践，并能取得良好的效果。

第三，他们坚信发展才是尊重。科学发展是永恒的主题，人人都有发展的愿望。在教育工作中，以人为本，核心是得师心，得师心者得教育。得师心的关键是对教师的尊重，而最好的尊重就是发展教师。另外，教师的自我发展也是自己对自己的尊重。希望得到尊重是人的天性，教师的自尊心更为强烈。

第四，他们期待着“小球转动大球”。认为教师发展可以大局着眼，小处着手。即特色教师个人影响其他教师，特色教师影响单位；特色教学单位影响其他所有学校。先让一部分教师、单位“名”起来，发挥他们的辐射带动作用，达到“一石激起千层浪”的效果，推动全县的教学与研究水平，逐渐开始承载全县教师发展的“厚望”。

精神力不是文物，文物会因古老的沉淀而自然具有价值，而精神需要不断地调动与创新，才具有不竭的生命力。临朐教研室特色教学所带来的“梯次培养，整体成长”，激活了教师的精神力。

二、“三级研讨”凸显区域优势

方向和目标有了，采用何种机制来推进这一工作成为当务之急。长期的教研工作让他们感觉到，教研室、教管办和学校、教师三者之间往往有“三张皮”现象，没有形成合力，于是，他们创造性地提出了“三级研讨”的教研新思路。“三级研讨”工作法指的是教学研究之中教研员与教研员之间、教研员与管理人员之间、教研员与实践教师之间不同层次、不同内容的研讨。

一是教研员与教研员研讨,强调研则立。教研员之间研讨是从设计层面来谋划教学改革的思路和方案。不定时对课题和项目研究的内容、目标及活动安排进行研讨,不同学科、不同学校之间的教研员群策群力,出点子、定策略,从而拟定每一阶段的研究工作计划,确定教学改革的思路和方法。

二是教研员与管理者研讨,强调研则畅。教研员与管理者研讨是从管理层面来促进管理者认同任务,达成共识。教研员到乡镇教办或学校后,与教办主任、校长以及分管教科研工作的领导座谈研讨。教研员将自己的教学改革设计和思路向他们阐明,基层管理者把自己的教研需求和实际问题表达出来,教研员与行政人员在教研内容、目标、任务、要求等方面达成共识,使教研部门和管理执行部门的教学改革思路统一起来,目标统一起来,形成合力。工作任务在研讨中得到转化,由教研员的单方任务变成双方共同的任务,增强了基层管理部门工作的主动性和创造性,研讨中促成对话和理解,促进了研究工作的良性循环开展。

三是教研员与教师研讨,强调研则高。教研员与教师研讨是以对话的方式来获取信息,继而提升教师的理论水平和教学水平。教研员以课堂为切入点,参与教师教学的全过程,对特色教师实行跟踪听课,跟踪指导,特别重视与教师一起解读教材、处理教材,指导和帮助教师完成备课和教学设计,教师课堂教学任务完成后,与教师一起反思、研讨,从理论和实践两个层面点拨教师的课堂教学,使教师改进和完善课堂教学既有理论指引又有实践指导。教研员不再是旁观者,史慧清是临朐县的小学数学教研员,她的周围团结着一大批老师,这源于史老师自己的亲自上课,躬身示范,她的博客也成为数学老师的"精神家园"。

"三级研讨"实质是一种多元的、深度对话研究机制,突破了传统教研机制远离实践,不受基层校长、教师欢迎的尴尬处境。开放的教研思路赢得了学校、教师的尊重,教研活动成为大家的一种由衷期待。

临朐县第一实验小学刘学芝校长对此感受颇深,笔者看到,在这所学校里,每一位教师都有自己的教学研究方向,其中,36 位教师的 36 个教学思路得到了县教研室的肯定。在调研后,县教研室于 2010 年 1 月 11 日下发了这样一份《关于对临朐县一小创建特色校的建议》:

你校在以特色教学、特色课堂为抓手争创教学特色校方面有自己明确的思路,干劲大,做法实,取得了明显成效。2010 年 1 月 6 日在你单位听取了 24 位教师关于特色教学的汇报,现根据教师们的汇报内容和平常了解的情况,以及科研室研究探讨的意见,现对你校特色教学建设工作提出如下建议。

(一)分梯次培养

建议把李超香、马彩清、刘海芹、张永芳、李娟(小)、张爱杰、西静、王树玲、程艳作为第一梯次培养,把英语、体育、音乐研究项目作为学科教研组整体项目来研究。

（二）对教师、学科的具体建议

1. 李超香老师的美术“诗画合一”教学法，重点在“画”的指导与训练，同时要加强分年级诗画系列教材建设。

2. 马彩清老师“语文黄金目标教学法”，对课堂教学时间的重视、划分是亮点。具体操作中，要针对一篇课文的教学常规有效环节进行设计：如速读课文、质疑探究、精讲点拨、训练积累等，要注重每个环节所用时间的科学量化。

3. 刘海芹老师特色教学确定为“数学阅读式自学”，要围绕课题，重新修改材料，重点研究数学学科中如何进行阅读，要充分体现“数学阅读式自学法”的特点，要有明晰的课堂教学流程，将师生交流、教师点拨纳入阅读自学环节中，后加训练测试一个环节。

……

10. 英语、体育、音乐

英语以教研组为单位组织好“英语单词教学”的研究，在同一课题下，提倡百花齐放，形成“一小”独具特色的“英语单词教学法”；体育组的“小学体育自主愉悦教学法”，在教学流程上再科学具体些，便于操作；音乐组应以特长生、特长团体的培养为重点构建特色教学。

另外，每位特色教师还要做好以下五个方面的工作：(1)要根据学科特点解读好课程标准，帮助教师理解重构课程，这是搞好特色教学的奠基工程；(2)积累好特色教学材料，并相应归类，档次要高，内容要丰富，这是特色教学研究必不可少的工作；(3)要加强学习、借鉴；(4)要在课堂上认真运用，坚持运用；(5)要不断反思和总结提升。

临朐县教研室

2010年1月11日

这是笔者所见最与众不同的教育文件，只有最深层次的研究，才能对学校教学工作作出这样具体、恳切的指导和建议。面对这样的教研品质，我们的校长、我们的教师所生发的除了动力，还有很多很多。刘学芝校长在电话里深有感触地对笔者说：作为一所百年老校，我们有文化、有内涵，然而，许多教师发展缺乏动力，方向不明确，这种直言不讳、深入教师课堂的指导和建议，让我们的许多教师行动起来了，大家能够心平气和、踏踏实实地坚持去研究，内心充满着成长的快乐。

临朐县第一批特色教师，五井镇五井小学的程雪老师说出了许多老师的心里话：

盘点今年的教育教学工作，不由得感慨万千。我最想说的就是“谢谢”——谢谢县教研室的三位老师，谢谢他们的指导和引领，使我收获了前所未有的职业幸福。

（一）指点迷津

我还清清楚楚地记得今年三月份的那次座谈会。

那次是县教研室到乡镇教办组织特色教学调研会。各学校报了很多特色教学方法，水平参差不齐，教研室老师们一一认真听取汇报，并和在座的老师逐一探讨、商榷，提出深入细致的修改建议。

当时我报的题目是小学语文多触角教学法，包括现代文阅读、写字、古诗词诵读等内容。当时虽然提出了这样的设想，但心中总是朦朦胧胧，对特色教学缺乏明确的认识和思路。

教研室一位老师了解到我们班的孩子背了大量的古诗词后，提出了影响我后期发展的重要建议："可以进一步尝试着引导学生仿写。"

正是这一建议为我指明了方向，奠定了我开展诗文语言与思维训练相结合的基础。

（二）热情鼓励

确定古体诗词仿写的目标后，因为自身水平有限，又没有什么现成的资料和经验可资借鉴，我不由得有些彷徨、愁闷。县教研室高老师及时察觉了我这种情绪，主动找到我，鼓励我，给我打气："你有比较好的基础，我们相信你能做好。"他和我一起分析怎样着手去做，确定了在给学生降低要求，放低门槛，从格式入手，先做到字数整齐，然后再要求押韵、措辞、对仗的原则。

高老师的热情鼓励，打消了我心中的疑虑，鼓舞了我前进的勇气。

（三）大力推进

确定了仿写的目标，我便着手去实践。经过慎重的考虑，我确定了三个仿写原则：学生自主拟题，自由写作；师生同台竞技，共同尝试仿写；赏析佳句名篇之后仿写。

经过一段时间的训练，学生逐渐能够诌得几句"诗"了。可是因为师生水平有限，再加上我们早已远离了那个"之乎者也"的年代，学生写出的东西"诗味"寡淡，离我的想象有着很大的距离。我又一次感觉漫无目的，前途渺茫，不知道"红旗到底能扛多久"。

为了帮助我做好，教研室的三位老师多次深入我的课堂听课会诊，并且和我一起商讨下一步实验的方向和方法。在一次次的听课、评课、探讨、指导中，我最终确定了以"诗文语言与思维训练"为主题的特色教学思路。高主任着重指出，训练点要小而细，要系统。这样一来，可操作性就大大提高了。

确立了前进的大方向，还有许多细小的、具体的问题需要考虑，比如说，语言训练包括哪几个方面，思维训练要从哪些角度入手等等。2009年11月10日，高老师在百忙之中拿出整整一下午的时间，和我探讨这个问题，提出了非常中肯的建设性意见；12月10日下午，三位老师又来到学校，和我坐在一起，共同研讨训练的思路、方法、内容。

他们的指导，使我对自己应该做的工作有了明确的认识，使我的实验更加有条理，事半功倍。

（四）成效初显

确定了研究的大方向，又敲定了训练的细节，我的实验便迈入了有条不紊的实施阶段。经过在实验过程当中的不断再认识，我看到了诗文语言与思维训练对学生终身发展的重要意义。大量的古诗词诵读，可以帮助积蕴人生，修身养性；系统的思维训练，更能够启迪思维，开阔视野，使学生思考问题更全面，能塑造良好的思维品质。而这一点，正是一个人走向深远、走向成功、实现终身发展不可或缺的要素之一。

在实验的过程中，孩子们得到了不断的丰富和提高，我个人的教育教学水平也不断提升，深深地体会到了前所未有的成就感、幸福感。

程老师的感激之情溢于言表，在临朐，有这样一种现象，每当与教师讨论教学问题，他们大都会不住地说起县教研室教研员与他们一起研讨的情景，说起教研员与他们在一起的教学研究，许多老师的眼睛里闪动着泪花，他们说，是教学研究让他们贫瘠的教书生活有了价值、有了意义，他们愿意为教学研究而奉献。

教研工作的价值在于发现来自教学一线的“善”，在于为学校、教师服务的“惠人”之举，在这一点上，临朐县教研室通过鼓励个性化教师的特色教学，使教学与教学研究成为教师的生命自觉，实现了教研工作价值的蜕变。

雅斯贝尔斯说：“如果人与一个更明朗、更充实的世界合为一体的话，人就能够真正成为他自己。”临朐县这样一个乐于发现、能够发现教师亮点的研究团体，让每一位教师找到了自己，找到了职业的生命意义。

“有立有恒”才有教学特色

教师形成自己较为稳定的教学思想并能够付诸实践，需要两个核心要素的支持：一是让教师“有立”，就是让教师能够自我归纳形成属于自己的“概念化”的成果。临朐县选择了帮助教师归纳每一个人有特色的教学方法来进行，这是有道理的。这一过程实际上就是对于教师每一天循环的教学的“概念化”，让教师先对自己的教学有一个目标性、方向性的认知，由此，才能够引领教学研究的兴趣。二是让教师“有恒”，就是教师在由外而内的不断的肯定与支持中建立研究的信念。临朐县教研室搭建了多元化的研究平台，带领教师在教学研究中体会教学研究的价值和意义，实现了“移情”和“忘怀”，教师在摈弃了功利、私我与形式的境界里进行情感和精神的自由遨游。

“本立而道生”，笔者相信，初“立”之时，即便是“名词概念满天飞”，又有何妨？看似躁，实则是有为之举。教学研究因之有了风光无限的吸引力。

一、曾经：苦似“南征北战”的历练

成果不会自然天成，临朐县的“特色教学”研究是在行动与坚持中一步步成熟与发展

起来的。老师们戏称,教学研究曾经苦似“南征北战”,但是他们享受那段艰苦的经历。

1.全程听课活动:全程听课,初步定型

窥全豹而解“豹”。要对特色课堂进行解读,秉持“窥一斑而知全豹”的理念是不行的,要解“豹”,必须窥全豹。全程听课活动,即连续听完特色教师对一篇课文的课堂教学全过程或一单元教学内容的课堂教学全过程,了解“全豹”,然后帮助教师设计完成各种课型的教学模式和教学流程,使特色教师的教学特色初步定型。县教研室对“语文主题集结教学”、“语文批注阅读教学”、“小学英语简笔画辅助教学”、“‘三小’数学教学”等特色教师的课堂教学进行了全程听课,了解了特色教师的课堂教学情况,根据他们的不同实际,而提出建议。教师根据建议,从教学理念、教学方法等方面进行研究探讨,初步形成自己的教学思路和方法。

2.当堂教研活动:趁热打铁,促进定型

一些有教学特色的教师,虽然课堂上有自己的亮点,但课堂教学不同程度的存在着课堂结构不合理、质疑问难不深入、教学目标未达成等问题。以往都是听课后将这些问题提出,但效果不够理想。当堂教研,很好地解决了这一问题。一是在听课人员上有所变化,听课人员为教研员和讲课教师,改变以往教研员听课全体相关科目教师齐上阵、大呼隆的做法。二是在课堂上进行即时研讨,提建议。如在语文课上,利用学生自主学习的时间,教研员就课堂教学中出现的问题同教师交换意见,交流看法,提出建议,教师根据课堂实际即时思考和调整。教师感受到了调整后带来的可喜变化,增强了自觉反思调控课堂教学的意识,同时为特色课堂的完善、定型起了促进作用。

3.一课多讲活动:多元实践,自我认定

借助校际间的联合而采取的一课多讲活动让教师有了更多的尝试与反思机会。即教师就一篇课文(或章节),经过精心备课,在不同的班级进行讲授,每次讲过之后,都写出教学反思,对教学理念,教学方法,课堂结构方法等逐步感悟,逐步形成自己的教学特色。在第一轮、第二轮特色教师培养过程中,特色教师教学教改热情迸发,教学成绩优异。研讨不分时间,不分地点。车上研讨、饭桌研讨、电话研讨、登门研讨、网上研讨,一心琢磨特色教学。在特色教师相互听课活动时,有的教师到达的目的地近百里,但克服困难,提前到达(一般要求7:30前赶到)。在某个单位结束活动,刚一上车,本来大家都感到累了,想休息一会,但有些老师就主动提出:我们再研究研究吧,大家谈谈我上的课有什么问题?顿时群情昂扬,教研室的同志也被老师们的热情所感染、感动。虽然这些教师参加活动多,上课时间耽误多,但教学成绩始终名列前茅。

4.三学段多学科课堂教学观摩活动:联动研讨,相互借鉴

为开阔小学、初中、高中三学段特色教师的视野,避免固步自封,进行了跨学科、跨学段的课堂教学观摩活动。比如2009年10月20—22日,教研室组织小学语文、数学、英语

和初中语文、数学特色教师开展了第一轮为期两天的课堂教学观摩活动，教师人人登台，人人听课、评课，相互学习，相互借鉴，相互启发，相互共勉，实现了联动提高。

5.特色课堂展示活动：课堂展示，彰显特色

特色课堂展示活动，要求特色教师通过课堂教学，把自己的教学特色展示出来，做到个性鲜明，充满人格魅力。一年以来，北苑小学于化红的“小学英语简笔画辅助教学”、吴兴小学郝志坤的“‘三小’数学教学”、蒋峪初中石金彦的“语文主题集结式教学”、石家河初中白兴玲的“语文批注阅读教学”、五井初中吴佩荣的数学“三级学案”教学等十几位教师的课展示上百次。

临朐五井初级中学的刘霞老师是第二批特色教师培养人选，她对笔者叙述了自己参加特色教学研究以及成长的经历：

在 2009 年 3 月，一次偶然的机会与县教研室的教研员坐在一起讨论教学问题，教研室高主任肯定了我的教学方法，鼓励我认真钻研自己的教法。从那以后我就开始积累自己的做法，12 月份，我又在全县的“轻负担・高质量”研讨会上做了交流，高主任用赞赏的口吻对我进行了表扬，并会后第一时间亲自动笔帮我加以修改，提出了若干需要优化提高的地方，给了我动力，更给了我方向。于是，我回单位，及时向教办领导和学校领导作汇报，提出自己下一步的新设想，又征得领导的帮助支持，我的课堂教学研究又前进一大步。在 11 月份，在县科研室特色教学方法征集评选中，我坚持尝试的课堂教学方法被领导看好，因此被确认为临朐县特色教学执教教师。今天教研室又给我提供了一次展示自己的机会，更高兴的是和很多同行交流各自的教学特色，收获很大。在县教研室的指导下，目前我的“备课式自主学习研究教学法”也初见成效，我也能上出有自己思想的公开课了。

二、而今，特色课堂异彩纷呈

深秋时节，我们的汽车在崎岖的山路上颠簸辗转，来到沂山深处寺头镇的石家河初中。在白兴玲老师的教室里，我们看到了初中学生自主主动、自由自觉的“批注阅读”。

批注阅读就是边读边圈点勾画、标注阅读体验、评价。它的实质是主动探究，读者主动地运用已有的生活经验和知识储备，设身处地地与文本进行广泛的、深入的、全方位的直接对话。在思考、分析、比较、归纳的基础上，用不同的符号，简洁的文字加以标记。可议论，可描摹，可抒情，可记叙，可联想，可赞扬，可批评，可理性，可感性。它强调的是学生在独立阅读的过程中，对语言文字的感悟、理解、鉴赏、评价。是广泛的吸收，真实的吐露，是浮华热闹的课堂表象的反叛。它遵循了“以读带写，以写促读、以写促思、以说促写、读写说思结合”的理念。

可以说，批注并不是一个新鲜的话题，然而，白兴玲老师却赋予了它全新的和深刻的

内涵:批注阅读分为五个流程。即初读批注感知、精读批注理解、品读批注表达、迁移批注悟读、批注的交流提升。

白老师这节课是以学生的自主批注来组织的,教学第一环节:“掀起你的盖头来:初读批注感知。”老师要求对课文印象性体验进行批注,包括文体、作者、背景、内容、生字词、关键语句、重要段、有疑问处、有感叹或惊奇处。具体方法是学生感知目标,了解这节课的学习任务;感知文本,用符号和文字批注。

自读批注分两步:初读用符号批注,段序用阿拉伯数字标出、生字难字(●)、总括句、过渡句、重要句“—”、重要段落语段(★)、有疑问处(?)、有感叹或惊奇处(!)、注意处、发表感想处△、好词(oo)好句(～～～);再读用文字批注,在文首批注作者及背景资料、文体,在文中标注生字的拼音、生词及常用词的语境意义,在文侧批注写法,在文后批注文本写了什么或为什么写。

白老师说:此环节的设置在于促进学生走进文本和文本进行直接对话,调动自己的经验,积极的思维活动和情感,获得独特的感受、体验。

教学第二环节:“众里寻你千百度:精读批注理解。”批注疑惑的解除方法、谋篇布局的方法等。

批注疑惑的解除方法中的疑惑是针对词句篇而言的,不知写了什么,为什么这么写,怎样写?白老师引导学生从词语入手,查工具书、心理揣摩、语境推断、联系主题、换词比较、语法分析、词语的色彩等。来分析其表达作用并在文首记下问题解除的方法。

批注谋篇布局的方法,即文本写了什么,为什么写,怎样写。包括内容的选择,写作思路等。白老师要求学生在文中用“‖”、“/”批注段落与层次;在文侧用简洁的语句批注段落与层次的大意;用(oo)批注文中富有表现力的词(提示性、总结性、主题性、过渡性、因果关系、转折关系、递进关系等)或关键句。批注过程一般是:先自己批注,再小组内交流研究,后全班交流

白老师说,此环节旨在培养学生主动参与、乐于探究、勤于动手,收集和处理信息、分析和解决问题的能力。

教学第三环节:“你在丛中笑:品读批注表达。”品读批注的内容很宽泛,大到篇章结构,小到遣词造句。

品词句的要求是在文中用(oo)、(～～～)标出自认为写得最恰切,最生动形象,给人强烈美感,给人有力的感染,给人最自然的思想教育等内容的词句都可以。品词可品词的意义,色彩,生动形象,具体准确,概括等;品句可从修辞、内容、哲理、句式、长短等并可结合自己的体验来品读;品段可从内容、修辞、写作方法、写作手法、表达方式、在全文中的作用等方面来品读;品篇可从开头和结尾、过渡和照应、层次结构、详略的安排、点题显志、写作方法等方面来品。

教学第四环节："靠近你温暖我：悟读批注迁移。"由课本走向课外的批注，给学生提供同主题的文章，进行阅读批注。运用性批注包括读书心得，改写、缩写、续写、美文仿写等多种形式。可灵活运用。

由此，以课本为例，举一反三，培养了学生的独立阅读的能力，注重情感体验，丰富了积累，形成了良好的语感。

批注阅读的形式包括文本式批注、笔记式批注、收藏式批注、手抄报式批注、摘记卡式批注、蜜蜂采蜜式批注、亲子共成长式批注、集射式批注、小蝌蚪找妈妈式批注等。

教学第五环节："轻歌曼舞还复来：交流批注提升。"师生共同交流这些批注，既是检验展示学习成果、分享思想的过程，也是思维碰撞、产生新思想的过程。学生在听说读写的实践中，透过文字、发现问题、树立新的思想、完善自己、升华自己，在阅读中学会了阅读。(课外阅读的交流)每节课抽出五分钟，学生交流自己的阅读收获，如读书心得，背诵名句名篇名段，读好文章，说出推荐理由；每周进行一次剪报展评、读书笔记交流；每月进行一次手抄报展评；不定期地进行作文竞赛、即兴演讲等，让学生有一种成就感，激发学生积极的读写。交流的形式、时间可不拘一格，可根据学生学情、师生需要、目标任务的不同而定。但一定要给学生留出充足的时间来准备交流的内容。

课堂上的批注学习迅速迁移到了学生的课外阅读上，白老师的学生自然地选择了"不动笔墨不读书"的方法。白老师也在研究"批注阅读教学法"的过程中，深深地爱上了教学，读书与教学已经成为她生命中最具幸福体验的一部分。

像白老师一样，临朐县中小学的许多教师已经热恋上了自己的教学事业。遍及城南城北、山里山外的几十位教师的特色教学思想、特色课堂向我们呈现着生命化的教学魅力。高源主任对笔者说：以前教师不会研究，不愿研究教学，我很忧虑；而今，我也很替老师们担心，他们太"着魔"了！

教学研究也要经历一定的层次，从"志于道"到"游于艺"，是临朐教师特色教学研究的真实感受，"游于艺"不仅在于技术、技艺达至得心应手，进入了"精神生命畅游"的自由状态，这是一种超越"自律"的"审美自觉"的境界。当教师的教学研究处在一种自由自觉的审美境界中，那么，也已经把教师引入了"教育研究这条幸福的道路上来了"。

从"仰之瞻之"到"钻之从之"

一般的教师培训，专家报告高瞻远瞩、名师示范精彩纷呈，然而，却往往让普通的教师望而却步，而校内的同伴互助难免陷入"萝卜炖萝卜"的低层次循环研讨的难题中，临朐县以区域特色教师培养为切入点，带来了良好的辐射效应，出现了许多意想不到的"临朐现象"。

一、燎原之势正在形成:“后生可畏”的“研究生态圈”现象

毕业刚刚两年的郝志坤老师还是一个腼腆的小姑娘,却成为临朐县的第一批特色教师,她的“三小”教学法在临朐也是小有名气,她也被誉为“小名师”。是不是郝老师有什么特别的基础,有什么过人的本领?用郝老师的话来说,她是因为“三小”学生才有了今天的成绩。在她刚刚参加工作不久,课堂上屡屡和学生发生冲突,后来学生告诉她:“老师,我们以前的老师在那里转悠转悠就行了,课都是我们自己上的!”

什么?!老师上课光“转悠转悠”就行了?!郝老师不敢相信五年级的小学生会这样理直气壮地“指导”他们的老师怎样教学。

于是,郝老师在教学的第一年就被学生所引领开始参与龙岗镇吴兴小学已有的“三小”教学模式研究。“三小”教学是在小学教学过程中,学生在教师的引导下当小问号、小工兵、小先生,最终成为一个学习者、探索者和合作者的一种角色教学。比如在数学教学中,就是在整个数学教学过程中,学生在教师的引导下当小问号、小工兵、小先生,最终成为一个学习者、探索者和合作者的一种数学角色教学。

郝老师的课堂随之也发生了变化。

例题让学生自学:自学例题—交流—检查。

比如五年级上册第四单元《简易方程》第一课时《用字母表示数》,郝老师先让学生当小工兵自学课本44页内容,并简单地写出自己的发现和不明白的问题。然后小组交流:小组内每个人说说自己的发现和不明白的问题。组内请小先生解决。解决不了的组长记录下来。教师检查自学情况,以组汇报为主。当小问号提出组内解决不了的问题进行全班交流。教师适时点拨,帮助学生突破重难点。

然后是学生“模仿出题”,环节是:出题—做题—互查—纠正。

自学并讨论解决完疑、难点后,让学生当小先生模仿例题给同桌出题,也可以根据本节课内容在小组内轮流出题,大家共同解决,做完后互相检查或请一名同学解答,其他人对照答案,改正错误,不会的请小先生帮忙讲解改正。

“巩固练习”也是学生自己的,环节是:练习—交流—检查—纠正。

这一环节,学生当小工兵做课本中的练习题或教师出的拓展练习,帮助学生掌握本节要点。学生出题并做完后,小组内交流做题时的发现和疑问,两个人互相检查或组长检查。学生板演,全班交流,请小先生评判,教师适当补充。改正错误,不会的可以再请小先生帮忙,组长给错题的同学出相同类型的题目检查掌握情况。

学生自主的“达标测试”同样精彩,环节是:做题—批阅—纠正—汇报。

这一环节,主要检查学生对本节课所学知识的掌握情况,达标测试卡是小先生们选

择的，教师审查后分发给学生，学生独立完成。做完后小组内交换批阅或组长批阅，错误的及时改正，不会的请小先生帮忙。小组汇报结果。对易错疑难问题进行讲解。

在这样的课堂里，真正达到了教师轻松、学生聪明，学生习惯了当课堂上的“小问号、小工兵、小先生”，而且，每一个人都在轮换着“小问号、小工兵、小先生”的角色；不习惯的是在课堂上听老师讲。

在这样的环境里，郝志坤老师自然多了几分对教学的思考，大学里所接受的主体性、人本主义等教育学理论，她也曾经感觉讳莫如深，甚至将信将疑，如何去实践原本就是心生忐忑的事情，其中的奥妙却被学生一语道破。当然，郝老师并没有随便地“转悠转悠”就上完一节课，而是科学地把课堂还给了学生，让学生解决他们自己愿意解决、能够解决的事情，而老师则有了充足的时间思考如何给予学生进一步的引领，如何更好地“因学定教”、“因材施教”。

无意间，郝志坤觅到了“不言之教”“不为而成”的境界。

当然，年轻的郝老师是有作为的，作为就在于迅速发现并积极实践着有效的教学方法，良好的教育研究生态让原本好学的郝老师不到一年时间就走出了“入职初期”的迷茫与困惑，迅速成长起来。

在临朐县，年轻教师的成长也是有个性的，成长的轨迹是不同的，但相同的是他们都处在一个具有教学研究氛围的生态环境圈里。

二、多元借鉴蔚然成风:“周而不比”的“学习共同体”现象

石金彦是临朐县沂山镇蒋峪初中的语文教师，她的“语文主题集结”教学模式，是按某类语文“主题”集结教学内容而开展语文教学活动，使学生形成知识系统，提高语文素养的一种教学模式。特点是主题集结、分工共学；块状推进、知识成树。基本课型包括：集结式预习课、集结式讲析课、集结式诵读课、集结式积累课。

石老师的课不受课时约束，大致分四个阶段：

一是集结式预习(2课时)。

集结式预习主要是整体感知和识记字词。

二是集结式讲析(2课时)。

学生自主批注。教师根据单元(或集结内容)学习重点，确定所要集结的学习“主题”，让学生根据确定的“主题”内容，读课文，用批注符号在文中圈、点、勾、画，学生通过批注知道课文内容、写法、主题等。同时，对自己不明白的问题打上问号。

交流展示。采取合作、互助学习的方式，让学生进行同桌交流或小组交流或班内交流，展示自己独立学习的收获。交流展示可采用抽签式，以调动学生的参与积极性。

精讲点拨。对学生不能解决的问题、重点问题等进行精讲。对学生理解不透、心存迷惑的问题予以点拨。

拓展训练。根据学习内容和学生的学习情况,有针对性地进行知识迁移训练、专项集结(用词、修辞、写法、主题等)训练等,做到知识内化、能力提高,学以致用。

在集结讲析的过程中,构建知识系统,在黑板(或多媒体)上形成知识树。

三是集结式诵读(1课时)。

先是指导,从音准、流畅连贯、抑扬顿挫、轻重读音、感情色彩等方面,对学生进行朗读指导;然后是选读,学生选读朗诵材料,以课本内容为主,或老师指定的文章,或学生自选;再就是展示,朗读展示的方式不拘一格,如小组展示、小组PK、个人PK等。

四是集结式积累(2课时)。

积累的内容主要是积累语言和积累材料,语言、材料的积累以背诵、摘抄为主。

石老师的集结式语文教学打破了时空界限,整体上统整、建构提升学生语文素养的系列化课堂,得到了老师们的一致认可,大家纷纷借鉴,很多老师自发地来到石老师的语文课上学习研究,并且结合自己的教学进行迁移改造,逐渐形成了自己的教学思路,通过研讨石金彦老师的"语文主题集结"教学,打开了一扇语文教学研究的大门,临朐县中小学语文教师对课堂教学的思考与借鉴越来越深刻和多元:"单元教学""主题学习""海量阅读"等教学思想在这里得到了"软着陆";"侯忠彦小学语文品诵教学""白兴玲初中语文批注教学""王萍语文辐射阅读教学"以及大面积推进的"语文主问题教学"等,而且石老师也借鉴了白兴玲老师的批注阅读教学,多种交流,学术共享,将全县语文教学推向了一个具有生命力的多元化发展空间。

学科间的合作更令人惊喜,语文教学改革,启迪了其他学科教师的教学改革思路,马兴山老师的"初中历史模块教学"、吕学良老师的"初中物理捆绑式教学"、胡翠美老师的"数学整体化规律教学"等应运而生。

学术是需要独立的,只有独立才有自由,只有自由才能够产生真正的学术。然而,独立和孤立不同,独立和同舟共济不矛盾。这就是"周而不比"存在关系,在这样的关系里,才能够自由地展示自我,自由地批判与借鉴,达到学术共赢的目的。

在临朐县教研室搭建的"特色教学研究"平台上,就实现了这样的相互依存、对立统一的协作。石老师的"语文主题集结"教学也遭到了许多同伴的质疑,他们认为语文的本质不在于单位时间里的量,而在于学生能否借助单位时间里习得的方法实现一生自我阅读的能力、兴趣和习惯,但是也同样借鉴了石老师整体件的教学理念,从而使得逐篇课文教学的课堂增加了整体感知和文化品位。

不同学科、不同学段甚至不同观点的教师在一起研讨、切磋,这样的学习共同体让每一个人在每一天都在慢慢逼近自己的思想制高点。

三、整体发展已现端倪："送课进城"的"农村包围城市"现象

"送课下乡"、"支教农村"曾经是我们在均衡发展和教育服务中的一般选择，在临朐，农村教师豪情万丈地喊出了"送课进城"！

临朐县城关街道北苑小学于化红老师创立了小学英语简笔画教学，她永远忘不了第一次"送课进城"的感受。

12 月 1 日—2 日，在县科研室的统一安排下，我们四位来自乡镇甚至山区的农村学校教师竟然要进城为县直学校师生"送课"，(一般都是县直学校教师给农村学校"送课")说实话，在备课阶段，我并不像面对自己的学生那么自信，到底别的学校的学生熟悉不熟悉简笔画，到底他们能不能看懂并作出反应呢？我的心里七上八下，吃不好，睡不好，心里总放不下这件事，尽管这些画我已画了上百遍，不管是从速度，还是形象性出发，我都做了最大限度地准备，可总觉得心里没底。当时那种焦虑真是无法用语言形容，11 月 30 日那天晚上我几乎一夜没合眼，整节课的设计像过电影一样在脑海里闪现，唯恐有哪一点想不到而影响到学生听课。第二天我们来到一小，我在黑板上画出了一只大袋鼠，还没等我的问题出来，学生便大喊"Kangaroo."学生的反应让我一下子找到了感觉，事实证明我的顾虑是多余的，学生完全能明白简笔画表达的含义。最让我感动的是 2 日下午去冶北小学上课的情景，我认为这节课是两天来最成功的一节，孩子们不仅听讲认真，而且课堂参与性非常强，在"Guessing game"这个环节，有的学生竟爬桌子回答问题，自始至终的课堂气氛"一浪高于一浪"，不让谁回答都不行，他们争先恐后地要求上台表演，不知不觉一节课结束了，当我和孩子说再见时，他们竟大呼"No，no."台下的老师们笑了，我也笑了。下了课竟有一大群孩子围着我要我"签名"，我简直就成了明星，这是我送课两天来最令我感动的一刻，我不过是用我最基本的教法，给他们上了一节最普通的课，就得到了这群孩子这么多的爱。我感受到：只有走进孩子心灵世界的教育，才能引发孩子心灵深处的共鸣。

附本课简笔画：

“送课进城”不仅让于化红老师成了城里孩子眼中的明星,很多老师在听了于化红老师的“小学英语简笔画情景”教学示范课以后,也纷纷学习,引发了“英语教学热”。其他学科教师听课后表示希望成为一名英语教师,因为他们感觉这样的英语课太有意思了,也太有意义了。有的语文、数学老师甚至找到校长希望调课,当然,课不是可以随便调的,于是,更多的老师选择在自己的学科课堂上引入“简笔画”教学,收到了很好的效果。

“送课进城”虽然只是一种教学研究方式,但是,无论对送课者的农村教师,还是学习者的城里教师,这一活动都引发了足够的震撼。其历史意义是深远的,有着颠覆性的教育价值,让我们看到了教育均衡发展实现的光明路径。

结语:理想与责任的辨证

教育均衡发展的前提是发展,教师作为教育过程中的资源性因素,其发展状态是至关重要的。而教育均衡发展的重点在于区域教育的均衡,这其中,县级教育的发展尤其值得关注。

教育部袁贵仁部长将区域内“加强队伍建设,均衡配置校长和教师资源”作为义务教育均衡发展的重点环节之一。这是因为,从整体意义上来说,教师也是公共教育资源,在当前的社会经济与基本用人体制下,实现教师的完全平均分配是不现实的,而且也不符合教育和人才发展的规律。那么,在现实条件下,教师发展也成为教育均衡发展的一部分。我们在人才配置问题上已经有了太多的不均衡、不公正,期待着我国在2012年“努力实现义务教育区域内初步均衡”目标的时候,能够通过行政干预的手段实现教师的均衡配置显然困难重重,在这样的背景下,教育行政、教学研究、教育培训等的积极跟进,显然意义重大。

许多教师由于长期从事教师这一职业,在日复一日、年复一年的重复机械的工作中,渐渐会产生一种疲惫困乏甚至是厌倦的心理。在工作时,只是依仗着一种机械的“惯性”来工作,依靠“惯例”来处理问题,全无任何的“积极性”“创造性”“主动性”可言,这种离开了对教育中的“人”的内在关注,离开了对责任感的认同的教育行为已经很难称其为教育。那么,教师专业精神的打理,专业技能的提高,专业素养的发展,就不仅仅是教师个体成长的追求,也是教育责任的承担。承担这一职责在于每一个教师,更在于伴随教师成长的教育行政、研究、培训等部门。

翟博先生理解的均衡发展有这样一些内涵:均衡发展不是限制发展,而是共同发展;均衡发展不是平均发展,而是分类发展;均衡发展不是划一发展,而是特色发展;均衡发展不是短期发展,而是持续发展;均衡发展不是单一发展,而是整体发展;均衡发展不是孤立发展,而是协调发展;均衡发展不是同步化发展,而是要积极推进区域均衡发展;教育均衡不只是办学条件和水平的均衡，其目标是合理配置教育资源，办好每一所学校，教好每一个学生。

从翟博先生的观点来观照临朐县的“特色教学”研究，这虽然只是教学领域里的改革，但是，它触动了教师教学研究，特别是一般学校、一般教师研究的底线；它触动了教师自我发展，特别是一般学校、一般教师发展的底线；它也触动了区域内教师资源在公共配置后，作为县域教研室的公共教育服务职能向着均衡发展努力的底线。

以“特色教学”研究引领而实现的教师个性化发展，乃至区域内教师的整体协同发展，已经为临朐的教育均衡发展开启了人力资源的保障。

我们无意于提高临朐县这一研究项目的价值，特色教学研究下的教师个性化并没有多少神秘的内涵和轰动性的效应，其意义在于符合“人”的自由发展的本性。在呵护自由，在尊重自由的状态中，获取了意想不到的巨大效应。

用临朐县教研室李庆华主任的话来说：我们的特色教学研究并没有收获了不起的教学成果，但是我们收获了一支遍布整个临朐县的了不起的教师队伍。

后记

事情一般起于较简单的想法和做法。

2008 年春天，全县教学改革创新会议召开之后，我们做了一次课堂教学调研，发现一些老师很注意用方法激发学生学习兴趣，效果很好。于是我们在全县开展了有效教学法的征集活动，在评选的过程中，觉得一些方法非常有个性、有特色，于是我们给这些方法起了个名字叫特色教学法，相应地老师称作教学特色教师，课堂叫特色课堂。简单的想法有了名称，觉得有了较明确的思路，便开始评选特色教师，第一批评了 11 人，相继开展了一课多讲、异学段异学科听课、外出学校讲课、全过程研讨等活动。教师进步和成长很快，给了我们很大的信心，感到思路是正确的。

特别是我们以文件的形式在全县下发了《关于学习借鉴石金彦老师主题集结教学法的通知》，首次以个人名字命名教学法并发布全县，这产生了很大影响。很多老师开始有意识地反思自己的课堂，寻求适合自己特点的教学法。课堂改革创新有了初步的方向和目的。

探索自己的教学法、争做一名教学特色教师，在全县蔚然成风。我们又组织了第二、三批特色教师评选，越来越多的教师参与到这一活动中，于是有了“百名特色教师”团队。近期又由基层单位自主推荐，申报了一批特色教师和教学特色新秀，更加壮大了队伍。随着活动的不断开展，老师们不断进步，出现了一批职业道德和敬业精神高尚、教学严谨、风格鲜明、教学质量很高的优秀教师，成为特色教师个人成长的典型代表，可以评选为特色名师，从而形成教学特色新秀—特色教师—特色名师成长系列。

我们和老师们一起走上了特色教学研究之路。

一路走来，从总结方法到提炼特色方法、到构建特色课堂、到评选教学特色教师，从个人到团体、到单位，我们坚持着。

一路走来，已不再单纯只关注教学方法，更开始去关注教师的教学心理、教学生存状态、职业道德、工作责任和义务，努力引导老师追求一种境界，努力使我们老师成为刻苦学习的典范、执于教改的典范、敢于创新的典范、乐于奉献的典范，为教育教学积极承担的典范。

我们欣慰地感受到了老师们不倦的精神。他们专心教改、精心教学、苦心钻研、热心育人、痴心研究，他们的精神让人感动。

我们欣喜地看到了老师们的成长。去市里介绍教学经验，去省里参加名师评选，去北京执教全国公开课，去天津交流教研课，去南京参加全国课堂教学大赛，老师们的教学赢得了赞誉。

路子才刚刚开始，我们的特色教学并没有取得多么大的成绩。但我们已经收获了遍布临朐的了不起的教师，有了这样一支出色的队伍，我们的教育会蓬勃发展。

因为正如齐鲁名师李秀伟老师所说："教师可依。"

出个能体现老师们成果集子的起意很仓促，但很快得到大家的积极响应，于是忙起来。其实不过几天的工夫，就有了这些文字。苦了这些老师，这是他们几年来用心研究和实践的成果。石金彦实践撰写《语文吹起集结号》，于化红实践撰写《简笔画画"活"了英语课堂》，马彩清实践撰写《高品位悦读：向阅读的最高处行走》，白兴玲实践撰写《批注阅读：与文本深层次对话》，史会清实践撰写《数学参天树　文化是根基》，程雪实践撰写《沐浴诗风词韵的阳光之旅》，侯忠彦实践撰写《品诵教学：让心灵触摸语言之美》，宫来政撰写《"三小"教学：让农村孩子敢问会教》，陈元芳实践撰写《对比教学：给语文教学插上腾飞的翅膀》，李守祥实践撰写《体验教育：体验生活，体验快乐》，朱西岳、王欣实践撰写《日记教学：让学生拥有一种受益终生的好习惯》，马玉会实践撰写《主问题教学：一问激起千层浪》，徐霞、孙传红实践撰写《主题习作：让学生"有米可炊"》。

感谢是少不了的。我们特色教师的成长，特别得到了李秀伟老师的倾心指导和帮助，衷心地感谢他。有关省市领导和专家对我们的特色教学给予了极大的关注和指导，在此谨致谢意！

由于水平有限，书中难免有误，请方家批评指正。

编　者

二〇一二年三月